잔혹한 약탈자

스틸러

THE STEALER

잔혹한 약탈자

스틸러

THE STEALER

• 김상철 지음 •

매일경제신문사

추천사

한국 경제의 미래 성장 동력을 발굴하자

산업화를 시작한 지난 50여 년 동안 우리는 줄곧 앞만 보고 달려왔다. 척박한 이 땅에서 오직 잘 살아보겠다는 일념으로 갖은 난관을 극복하고 이 정도의 위치까지 온 것은 거의 기적에 가깝다. 고작 가발이나 직물을 수출하던 우리가 반도체·스마트폰·프리미엄 TV 등에서 글로벌 1위 수출 국가로 부상하였다. 그러나 그 과정에는 엄청난 땀과 눈물, 그리고 서러움이 동반했다. 우리의 다음 세대들에게 밝은 미래를 물려주기 위해 기꺼이 그 고난에 동참한 것이다. 줄기차게 남의 뒤를 따라가는 데 익숙하다 보니 패스트 팔로워 경쟁에서는 타의 추종을 불허하는 발군의 실력을 보여주기도 했다. 이에 힘입어 남보다 앞서가면서 퍼스트 무버의 경지에 올라가 있는 부문도 다수 생겨나고 있기도 하다. 하지만 더 이상 이런 어정쩡한 방법만으로는 번영된 미래를 기약

할 수 없다. 우리에게 익숙해져 있는 체형과 체질을 바꾸어야 다시 도약의 장정에 다가설 수 있다.

특히 우리는 일본을 따라잡기 위해 안간힘을 썼다. 일본을 극복하지 않으면 글로벌 경쟁에서 우리 설 자리가 없다는 것을 너무나 잘 알고 있었기 때문이다. 일본 기업으로부터 문전박대와 기술 도둑이라는 누명을 쓰면서까지 그들을 넘기 위해라면 떫은 사과라도 덥석 깨물었다. 뒤늦게 빠른 추격자의 대열에 합류한 중국은 우리를 집요하게 괴롭히고 있으며, 심지어 일본마저 위협하고 있는 상황이다. 글로벌 비즈니스에는 영원한 승자도 그리고 패자도 없다. 승자의 독식은 오래가지 않고 승자의 저주도 심심찮게 목격된다. 지난 20여 년 동안 우리는 중국 시장을 수출의 보루로 마음껏 활용했다. 중국 시장의 매력에 탐닉한 나머지 우리가 일본을 넘으려고 했던 것과 마찬가지로 중국 기업이 우리를 뛰어 넘으려 한다는 사실을 간과했다. 그들은 더 빠른 속도로 우리를 추월하고 있고, 이미 상당한 분야에서 멀찌감치 따돌리고 있다.

21세기 들어 두 차례에 걸친 글로벌 경제위기를 겪으면서 세계 각국은 더 이기적이면서 폐쇄적으로 바뀌고 있다. 미래 먹거리 선점을 위한 기술 쟁탈전이 점입가경으로 치닫고 있다. 기술을 뺏으려는 자와 빼앗기지 않으려는 자 간의 샅바 싸움이 치열하다. 이 전쟁의 전면에 G2, 즉 미국과 중국이 있다. 상품과 관련한 보복 관세와 기술과 관련한 지식재산권 보호 장벽이 갈수록 높아지고 있는 형국이다. 최근 미국 백악관 보고서에 의하면 중국은 전 세계에 4만 명의 산업스파이를 배치하고 있다고 한다. 기술만 가지면 미국 등 선진국을 뛰어넘는 세계 1위 경제대국이 될 수 있다는 저의가 깔려 있다. 현재 글로벌하게 불고 있는 4차 산업혁명 열풍은 우월적 기술의 확보를 통해 경쟁자를 따돌리겠다는 발상에서 비롯된다. 이에 따라 자기 것은 움켜쥐고 남의 것을 취하려는 풍조가 만연하다. 엄밀하게 따지자면 국가나 기업, 심지어 개인마저도 스틸러Stealer가 되고 있는 셈이다.

국민소득 3만 달러 시대에 진입하면 생겨나는 후유증이 있다. 이는 우리보다 앞서간 선진국들이 대체적으로 경험한 사례로 더 이상 성장 동력이 생겨나지 않는다는 점이다. 경제적 파이가 더 이상 커지지 않다 보니 내부에서 분열이 일어나고 자중지란自中之亂에 빠져들기도 한다. 새로운 성장 동력을 찾으려는 경제 패러다임 전환 노력은 실종되고, 사회적 자본은 고갈되어 갈등의 골이 더 깊어진다. 그래도 우리에게는 제조업의 저력과 한류를 매개로 하는 서비스업의 매력이 건재하다. 다만 성장의 물꼬를 어디에서 트고, 실타래를 어떻게 푸느냐 하는 것이 관건이다. 지난 수십 년 간의 성장 패러다임인 모든 것을 다 해야 한다는 강박 관념에서 탈피하여 잘할 수 있는 분야에 특화를 하는 전략적 수정이 시급하게 요구되는 시점이다. 어떻게 해야 경제적 파이를 키울 수 있을 것인지에 대해 지혜를 모아야 한다. 아웃바운드와 인바운드 경제에 대한 조화와 균형적 접근도 필요하다.

저자는 미국, 중국, 일본을 비롯한 해외 여러 국가에 오랜 기간 주재하여 세계 경제의 흐름을 정확하게 꿰뚫고 있는 보기 드문 현장 중심의 국제통상 전문가다. 이런 축적된 경험을 바탕으로 한국 경제의 현상에 대해 노심초사하면서 매년 미래에 대한 담론을 열정적으로 그려내고 있다. 《스틸러: 잔혹한 약탈자》는 이른 바 뉴 노멀New Normal로

몸살을 앓고 있는 글로벌 경제의 혼돈 속에서 우리가 어떻게 생존해야 할 것인가에 대한 정확한 좌표를 제시한다. 세상 돌아가는 이치와 트렌드를 읽을 수 있어야 경쟁에서 뒤지지 않는다. 경쟁에서 이기려면 어떤 준비와 무엇을 해야 하는 지를 고민하는 분들에게 반드시 권하고 싶은 책이다. 현실에 안주하지 않고 미래를 꿈꾸는 이들이 읽어야 할 필독서다. 우리 모두가 한국 경제의 성장 동력을 만들어가는 데 방관자가 아닌 적극적 참여자가 되어야 한다. 그것은 미래 세대를 위해 오늘을 사는 우리들이 져야할 무거운 짐이다.

글로벌비즈니스연구센터GBRC 원장 김수익

프롤로그

우리 먹거리 산업을 모두 뺏길 것인가? 아니면 스틸러가 될 것인가?

혼돈의 시기에는 게임체인저들이 나오기 마련이다. 현재 상황에 대한 부정과 이를 통해 결과나 흐름을 주도하려는 인물·사건들로 넘쳐난다. 글로벌 정치판은 자·타칭 게임체인저들이라고 하는 스토롱맨들로 채워지고 있다. 이들은 존재감이나 영향력을 최대로 끌어올리기 위해 치킨게임이라는 벼랑 끝 전술을 동원한다. 최악의 상황 직전까지 갔다가 멈추고 협상 테이블을 만드는 반전과 효과의 극대화라는 노림수까지 던진다. 혹자는 이를 두고 신新경제냉전 시대의 서막이라고까지 평가한다. 더 많은 전리품을 챙기기 위한 전략적 행동들이다. 경제적으로도 이와 유사한 현상·사건들이 지속적으로 만들어지고 있다. 거시적으로는 4차 산업혁명, 보호무역, 포스트 차이나 등이 대표적인 사례다. 선진국과 신흥국, 선발·후발 주자 간 경계가 빠르게 무너지면서 글로벌 경제의 주도권을 차지하려는 몸부림이다. 미시적으로도 보더라도 미래 먹거리를 선점하려는 기업이나 개인들의 행보가 예사롭지 않다. 이와 관련한 현상들을 보면 중국의 AI 굴기, 제조업과 IT의 합종연횡, 스타트업들의 반란인 유니콘과 데카콘의 출현, 모방꾼과 스틸러Stealer들의 대거 등장 등을 꼽을 수 있다. 게임체인저, 즉 퍼스트 무버First Mover가 되겠다고 몸부림을 치고 있는 부류들이다. 그러나 모두가 진정한 의미의 게임체인저가 되는 것은 아니다. 역사가 이들에게 정당한 판정과 자격을 부여해 줄 것이다.

좀 더 세밀하게 들여다보면 게임체인저만 있는 것이 아니고 또 다른 부류들의 움직임도 있다. 영화나 TV 드라마 등에서는 신 스틸러Scene Stealer가 존재한다. 직역하면 '장면을 훔치는 사람'이다. 연기력이나 독특한 개성으로 주연 이상의 주목을 받는 조연이다. 이런 명품 배우들이 더 끈질긴 생명력을 유지하고 활용도 측면에서 훨씬 더 높은 가치를 인정받기도 한다. 게임체인저들에게 흔히 발견되는 허장성쇠가 이들에겐 없다. 반면 실질적 변화를 주도할만한 충분한 저력과 촘촘한 실력을 갖고 있다. 지나간 역사의 흐름을 보더라도 형식적인 게임체인저의 뒤에서 내용을 획기적으로 바꾸어 놓은 신 스틸러들이 의외로 많다. 지금 숨 가쁘게 전개되고 있는 글로벌 경제적 현상을 한 마디로 집약해서 표현하면 미래 먹거리의 선점 경쟁이다. 이는 자연스럽게 기술에 대해서 우위를 차지하려는 행위로 나타나고 있다. 기업이나 개인이 전면에 나서고 있고 각국 정부는 뒤에서 이를 백업하고 있는 양상이다. 궁극적으로 기술을 가진 자가 힘을 갖게 되는 세계인 것이다. 그래서 모두가 기술을 노리는 스틸러가 되려고 한다. 비슷한 기술을 가진

자들은 과감한 짝짓기를 통해 우월적·독점적 위치에 올라서려고 분주하게 움직인다. 기술이 부족하거나 없는 자들은 기술을 모방하거나 훔치려고 안간힘을 쓴다. 여유가 있으면 돈으로라도 매수를 하여 일시에 강자로 부상하려 한다. 기술 패권을 차지하기 위한 글로벌 경쟁이 실로 점입가경으로 치닫고 있다.

디지털 시대의 스틸러, 기술과 인재를 훔치다

게임체인저들이나 스틸러들에게 나타나고 있는 또 다른 공통된 특징이 있다. 혁신에 매우 민감하다는 점이다. 많은 스틸러들이 경쟁에서 이기는 방식으로 혁신을 선택하고 있다. 세금을 낮추고, 규제를 철폐하여 진입 장벽을 낮춘다. 현명한 스틸러들은 악착같이 기업·기술·인재·자금을 자기 쪽으로 몰아오려고 한다. 글로벌하게 전개되고 있는 4차 산업혁명의 본질이 제조업의 혁신이고 시장으로의 귀환이라는 해석이 전혀 틀리지 않다. 나가는 것이 아닌 들어오는 인바운드Inbound 경제에 초점을 맞추고 있는 것이다. 미국은 집 나간 자국 기업들은 물론이고 미국에서 상품을 팔려는 외국 기업들까지 자국 내로 들어올 것을 강요한다. 이를 통해 일자리를 창출하고 시장을 활성화한다. 제조업이 더 이상 저임금 국가를 찾아 해외로 전전긍긍하지 않아도 되는 시대가 가까워지고 있는 것이다. 중국은 인재와 기술들을 끌어오기 위한 매력적인 생태계 조성에 골몰한다. 인구 절벽을 극복하면서 경제 회생을 시도하고 있는 일본도 빠르게 혁신 경쟁의 대열에 뛰어들고 있다. 독일·프랑스·스페인 등 유럽 국가들도 제조업 경쟁력 제고와 창업 활성화에 열을 올린다. 후발 신흥국가들도 이에 질세라 글로벌 트렌드에 속속 합류하고 있는 추세다. 혁신과 관련한 글로벌 경계가 허물어지면서 기업·기술·인재·자금들이 자유롭게 국경을 넘나든다.

우리는 어떤가? 글로벌 스틸러들에게 무방비로 노출되어 있다. 기업·기술·인재·자금 관련 대차대조표를 보더라도 플러스보다 마이너스가 더 많다. 환경적인 측면에서 안보다 바깥이 유리하다는 판단을 하면서 모두가 밖으로 나가려고 안달이다. 안에 들어와 있는 외국 기업도 보따리를 싸려고 채비를 한다. 임금 인상에 걸맞지 않게 노동생산성은 급속하게 감소하고 있는 반면 강성 노조의 목소리는 좀처럼 수그러들지 않고 있다. 친親기업적 정서는 사라지고 반反기업적 분위기가 기승을 부린다. 자칫 수년 내에 우리 제조업에 공동화가 올 수 있다는 우려의 목소리가 분출하고 있다. 설상가상으로 해외 시장에서는 한국 상품이 중국 혹은 일본에 밀리는 '뉴 넛 크래커New Nut Cracker' 현상이 다시 대두된다. 과거에는 일본에 품질, 중국에 가격이 밀렸다. 현재는 거꾸로 중국에 품질, 일본에는 가격에 쫓기는 형태로 판세가 바뀌고 있다. 특정 상품 혹은 대기업에만 지나치게 의존하면서 미래에 대한 투자를 게을리 한 한국 경제의 처참한 몰골이 여지없이 드러나고 있는 셈이다. 지금 이 시간에도 중국은 엄청난 양과 속도로 미국과 어깨를 나란히 할 정도로 굴기 퍼레이드를 펼친다. 일본은 한국·중국과의 무모한 양적 경쟁을 지양하고 핵심 보유 기술을 중심으로 사업구조를 재편하면서 견실한 부활의 신호탄을 쏘아 올린다. 마른 수건을 쥐어짜듯

허리띠를 졸라매고 20년의 서러움을 차근차근 걷어내고 있다.

스틸러가 되지 않으면 추락할 뿐이다

정말 사면초가다. 금세라도 주저앉을 것만 같은 현기증으로 아찔하다. 그들은 엑셀을 밟고 있는데 우리는 후진을 하고 있는 모양새다. 한국 경제의 젖줄인 제조업에 비상등이 켜진 지는 이미 오래 전이다. IT 강국인 한국이 4차 산업혁명 경쟁에서 잠재력이 가장 높은 국가로 잠시 분류되기도 했었다. 안타깝지만 지금 그런 이야기를 하는 전문가는 아무도 없다. 경쟁 지표에서 모두 낙제점을 받고 있으며, 앞선 경쟁국과의 간격이 갈수록 더 벌어지고 있는 현상을 목격하면 가히 충격적이다. 경제 강국이 되려면 기본적으로 제조업이 강해야 한다. 미국의 제조업 있는 1등 경제대국, 독일의 Industry 4.0, 중국의 중국제조 2025, 일본의 아날로그 모노즈쿠리 → 디지털 모노즈쿠리 대국 등도 다 이런 맥락에서 출발하고 있는 프로젝트다. 우리에겐 이런 것이 없다. 모든 것은 단절되고 일관성은 그 어디에도 잘 보이지 않는다. 아날로그에서 디지털로 전환되는 경제 혁신의 큰 물줄기가 기술보다는 사람에 의해 좌우된다는 말이 그래서 더 설득력을 얻는다. 사람이 변하지 않고서는 결코 혁신 경쟁에서 이길 수 없다. 한국 경제가 안고 있는 가장 근본적인 문제점은 물적·인적 자본의 결핍에 있는 것이 아니라 사회적 자본이 축적되지 않고 오히려 고갈되고 있는 점이다. 사회 구성원들이 힘을 합쳐 공동 목표를 달성하려는 모습은 실종되어 자취를 감췄다. 진영 논리에 사로잡힌 편 가르기가 판을 친다. 보수·진보, 기성세대·신세대, 금수저·흙수저, 사용자·노동자, 대기업·중소기업, 동·서 지역 간 갈등의 골은 더 깊어지고 있다. 4차 산업혁명의 핵심 키워드인 콜라보레이션Collaboration은 어디서도 찾아볼 수 없다. 광장은 양분되어 자기 목소리만 높이고 국가의 경쟁력은 갈수록 수렁에 빠진다.

결국 모두가 지게 되는 이 게임의 고리를 단절하지 않으면 우리에게 미래는 없다. 우물 안 개구리에서 탈피하여 다시 세계로 눈을 돌려야 한다. 물고 물리는 글로벌 경쟁에서 승리를 쟁취할 수 있는 스틸러로의 변신이 필요하다. 20세기엔 우리가 일본과 더불어 산업화를 통해 가장 성공적으로 경제적 성취를 이룩한 국가로 평가를 받았다. 아직도 반도체·디스플레이, 자동차, 스마트폰 등 ICT, 조선, 가전, 석유화학 등 주력산업 분야에서 상대적 강자의 면모를 근근이 유지하고 있다. 중국의 추격과 일본의 부활에 안절부절할 것이 아니라 대안을 찾아 나서야 한다. 기피해서 될 일이 결코 아니다. 두려움과 어려움이 있다 하더라도 포기하지 말고 과감하게 극복해낼 신념과 혜안을 가져야 한다. 동시에 미래 먹거리와 관련한 신산업을 육성할 수 있는 혁신 생태계의 복원과 비클Vehicle을 작동시켜야 한다. 미국과 중국, G2의 패권에 혐오감을 느끼는 지구촌 친구들에게 한류를 정착시켜 나가는 노력이 필요하다. 뺏길 것과 빼앗을 것을 정리하면서 과감한 구조조정을 서둘러야 한다. 진정한 스틸러는 자기 것은 완벽하게 지키면서 남의 것을 빼앗는다. 새로운 성장 동력의 확보를 위한 한국 경제의 리포지셔닝을 더 이상 미루면 안 된다. 산업 지도를 다시 그리고, 아웃바운드와 인바운드 경제의 균형 접점을 찾아야 한다. 다시 고삐를 죄고 스틸러로서의 본색을 완벽하게 회복해야 할 것이다. 생각의 말을 갈아타고, 해외지향적 DNA로 무장해야 한다. 여기서 더 낙오하면 우리의 미래 세대에게 치욕만 안겨주는 빚진 자가 될 수밖에 없다. 남북한 화해와 협력도 경제가 지탱해주어야만 가능한 일이다. 동시대를 살아가는 사람들에게 더 큰 책임과 도덕적 가치를 공유해 나갈 것을 진솔하게 제의하고 싶다.

김상철

/ 차 례 /

02

뺏고 뺏기는 기술 전쟁, 한국의 약탈자는 누구인가

03

한국 산업 지도 어떻게 다시 그릴 것인가

04

新스틸러가 되기 위한 9가지 산업 전략

01

혼돈 속의 미래 먹거리 경쟁

미래 먹거리 경쟁
중국이 주도권 잡나

매년 1월 초 미국 라스베이거스에서 개최되는 CESConsumer Electronics Show는 글로벌 기업들의 기술 경연 각축장이 되고 있다. 원래는 단순히 그 해의 가전제품 기술 트렌드를 파악하는 정도의 이벤트에 불과하였으나 수년전부터는 미래 먹거리 선점을 위한 경쟁의 장이 되고 있는 분위기다. 이에 따라 가전제품뿐만 아니라 갈수록 전자제품화 되고 있는 미래 자동차가 눈길을 끈다. 미래 먹거리 시장에서 가장 돋보이는 것이 바로 미래차이며, 이미 대세로 확실히 자리 잡았다. 2000년대 들어 가전제품 시장 트렌드를 끌고 가는 선두주자가 일본 기업에서 우리 기업으로 바뀌면서 CES 전시장 핵심 위치에 삼성·LG가 자리를 차지했다. 하지만 최근에는 글로벌 자동차 기업의 대거 가세로 이런 프리미엄도 점차 퇴색되어 가고 있는 듯하다. 기술과 산업 간의 경계가 무너지면서 생겨나고 있는 새로운 판세를 잡아 보려는 '게임 체인저Game Changer'가 되겠다고 아우성이다. 미래 먹거리 선점을 위한 다양한 힘 있는 글로벌 플레이어들의 전면 경쟁이 이미 카운트다운에 들어간 셈이다.

2018년 CES에는 AI(인공지능)와 로봇, 스마트시티까지 대거 가세함으로써 명실공히 4차 산업혁명의 흐름을 한 눈에 파악할 수 있는 장소가 되었다. 기술이 어떻게 진보하고, 시장이 어떻게 진화할 것인지에 대한 큰 흐름을 가감 없이 드러냈다. CES 2018 주제는 '스마트시티의 미래The Future of Smart Cities'로 종전과 다르게 기술의 공간을 홈(가정)에서 시티(도시)로 옮겨 놓은 것이다. 먹거리 파이를 키우고 이를 통해 더 많은 기회를 만들려고 하는 저의가 돋보인다. 미래 기술의 지평을 가정에서 도시로 공간 확장함으로써 그와 관련한 솔루션을 대폭 확대했다. 스마트시티는 사람과 가전제품, 집과 사무실, 도로와 자동차, 생활용품 등 도시를 구성하고 있는 모든 요소들을 AI와 연결하겠다는 강력한 의지의 표현이다. 오는 2020년까지 전 세계 스마트시티 프로젝트에 투입되는 비용만 353억 5,000만 달러(약 38조 원)에 달할 것으로 전망된다. 스마트시티가 미래 먹거리의 중심으로 급부상하고 있는 것이 현실이다.

한편 제조업체와 AI 솔루션 업체 간의 조화로운 결합이 본격화되고 있다. 결국은 짝짓기가 시장에서 살아남을 수 있는 비결이 되고 있다고 해도 과언이 아니다. '이종교배' 혹은 '합종연횡'이라는 트렌드가 대세로 정착되고 있는 것이 확연히 눈에 띈다. 자동차와 AI·5G, 가전과 사물인터넷·AI 등과 같은 교집합이 두드러진다. 구글과 아마존은

AI 플랫폼의 선두주자로 전면에 등장했다. 가전과 자동차업체들을 자기들의 우산 아래에 줄 세움으로써 궁극적인 승자가 되기 위한 초석을 깔고 있다는 평가를 받기도 한다. 또 하나의 특징은 중국 기업의 두드러진 약진이다. 이미 10년 전부터 CES에 중국 기업이 참가하지 않으면 흥행이 되지 않을 정도로 이들의 공세가 무섭다. 출품업체 절반 이상이 중국 기업들이다. 양으로만 본다면 가히 중국의 독무대라고 해도 틀린 말이 아니다. 중국 기업의 움직임이 어디에서도 화제가 된다. AI, 로봇, 전기차, 빅데이터, 가전제품 등에서 중국의 추격 속도가 너무 빨라 혼란스러울 정도다. 소위 말하는 차이나 스피드China Speed가 여타 경쟁자들의 혼을 빼놓고 있는 것이다.

스마트폰 이후 미래 먹거리는?

이러한 모든 움직임은 현재의 스마트폰 이후 10년간 미래 먹거리 시장을 선점하기 위한 몸부림으로 이해된다. AI 기술을 주도하는 자가 세계를 지배할 것이라는 명분이 대세다. 이를 두고 미국과 중국, 즉 G2가 전면에서 맞붙고 있다. 실로 숨 가쁜 경쟁이다. AI는 경제뿐만 아니라 군사력에도 큰 영향을 미칠 수 있기 때문에 중국이 악착같이 따라붙으려고 하는 것이다. 미국이 앞서가고 있긴 하지만 중국의 'AI 굴기崛起'도 만만치가 않다. 2030년까지는 AI 부문에서도 미국을 앞서겠다는 강력한 의지를 표명한다. 미국이 반도체 기술에 대한 중국의 접근을 강력하게 저지하고 있는 것도 이러한 의도를 충분히 인지하고 있기 때문이다. 미·중 간 무역 갈등이 기술, 즉 데이터 보안 전쟁으로까지 번지고 있다. 자율주행차·AI·빅데이터 기술을 무기화하면서 양국이 공히 규제 장벽을 높이 쌓아간다. 이른바 데이터 전쟁이다. 중국은 적극적인 M&A를 통해 미국의 아성에 성큼성큼 다가간다. 각종 규제를 통해 외국 기업의 중국 데이터 시장 접근을 차단하고 있다. 한편 유럽은 빅데이터 시장을 통합하여 데이터 보안 전쟁의 한 축이 되겠다고 선언하고 나섰다. 데이터 유통과 관련한 시장의 도래를 두고 글로벌 신경전이 치열하다.

최근 뜨고 있는 또 하나의 화두가 AR과 VR 기술이다. 다수의 스타트업들이 차별화된 AR 기술과 소프트웨어를 과감하게 선보이고 있다. VR과 달리 AR은 별도 기기가 필요 없다는 점에서 대기업은 물론이고 기술력 있는 중소 벤처기업들의 도전이 거세다. 미국 기업들이 특히 이 부문에 푹 빠져들었다. 스마트폰, 거울, 차 전면 유리창 등 이미지를 띄울 수 있는 곳이면 어디든지 이를 적용하고 있다. 게임·영상 콘텐츠 이외에도 공장·물류 창고 등 산업현장에서도 활용도가 늘어나고 있는 추세다. VR의 경우 머리에 뒤집어쓰는 헤드셋이 무겁고 번거로워 상대적으로 대중화 속도가 늦다. 이런 어려움 속에도 마니아층 중심으로 게임 분야에서는 나름 선전하고 있다. 2017년 전 세계 VR 기기 출하량 370만 대 중 점유율 1위는 170만 대로 소니가 차지했다. 플레이스테이션 4에 연결해 쓸 수 있는 플레이스테이션 VR이 좋은 호응을 얻은 결과다. 한국 업체들은 하드웨어보다는 VR 게임에 적합한 콘텐츠 개발에 집중하고 있다.

이러한 글로벌 트렌드에 위기의식을 느끼고 있는 국내 기업들에게

미래 먹거리로 어떤 것들이 부상하고 있나?

스마트폰의 배턴을 '스마트카'가 이어 받는다

→ 친환경차, 자율주행차, 커넥티드카(사물인터넷 융합)

자동차와 경쟁하거나 접목하는 새로운 미래 먹거리

→ AI(인공지능), 5G, IoT(사물인터넷), AR(증강현실) & VR(가상현실), 로봇, 스마트시티, 빅데이터, 3프린팅, 블록체인, 공유경제

분리된 기술이 아니라 궁극적으로 융합 기술이다

도 발등에 불이 떨어졌다. 특히 IT·바이오 미래 먹거리 기업들의 투자가 본격화되면서 사상 최대의 R&D 전쟁이 예고되고 있다. IT 기업들은 AI, 빅데이터, 사물인터넷 투자를 획기적으로 늘리고 있다. 대기업은 물론이고 인터넷·게임 업체들도 최대 12배까지 연구·개발 투자를 확대하고 나섰다. 핵심 먹거리로 부상하고 있는 바이오 분야에서도 10대 제약업체의 투자가 처음으로 1조 원을 넘어섰다. 총성 없는 글로벌 먹거리 전쟁 시대에 분주해진 쪽은 기업이다. 대·중견기업은 혁신, 미래 먹거리 발굴과 관련해 엄청난 경쟁의 전면에 노출되어 있다. 중소기업은 살아남아야 한다는 강박감에서 허우적거린다. 경쟁자들과의 속도 경쟁에서 밀리고 있다는 것을 인정하지 않을 수 없다. 다시 허리띠를 졸라매고 패러다임을 혁신적으로 바꾸지 않으면 삼류 기업, 국가로 전락할 수 있다는 위기감이 도처에서 감지된다. 중국은 첨단산업 일류 국가가 되겠다고 물불을 가리지 않고 밀어붙인다. 일본은 국가

개조로 새로운 패러다임의 제조업 강국을 추구한다. 특히 구시대 적폐의 상징인 공공 부문의 변신이 놀라울 정도다. 이런 추세라면 향후 5~10년 후에는 산업화의 선·후발에 관계없이 국가경쟁력 순위가 크게 반전될 가능성이 크다. 이런 판에 기업 혼자 전쟁터에 나가 싸워서 이기고 돌아오라고 하는 것은 너무 안일하고 무모한 발상이다. 다른 경쟁자들과 마찬가지로 민·관이 합세하여 총력전을 펼쳐야 한다. 기업들을 더 끌어안으면서 미래 먹거리와 관련한 신산업 지도를 정교하게 그려야 할 필요가 있다. 경제 동력의 패러다임을 '혁신 성장'에 두고 원점에서 다시 디테일한 프로그램을 설계해야 한다.

신흥국에서 등장하는 유니콘 시장을 선도하다

전 세계적으로 우후죽순처럼 생겨나는 스타트업 혹은 벤처기업들의 꿈은 '유니콘Unicorn'이 되는 것이다. 유니콘이란 신화 속에서 나오는 이마에 뿔이 달린 말이다. 스타트업이 소위 '기업가치 1조 원(10억 달러) 클럽'에 가입하는 것이야말로 상상 속에서나 가능하다는 것을 의미한다. 기업이 창업한 후 3~7년 차의 기간을 죽음의 계곡, 즉 데스밸리Death Valley라고 한다. 대부분 스타트업이 이 기간의 계곡을 넘지 못하고 소멸한다. 특히 국내와 같이 시장이 협소하고 자금 조달이 여의치 않은 환경에서는 더욱 더 그렇다. 유니콘 스타트업을 배출하는 국가로는 미국·중국이 압도적이며, 영국·인도 등이 뒤를 잇고 있다. 한국도 쿠팡, 옐로모바일 등 2개 업체를 등재하고 있어 그나마 체면치레나 하고 있을 정도다. 한편 유니콘을 뛰어넘어 단번에 그 10배나 되는 '데카콘

전 세계 213개 유니콘 스타트업

국가	기업 수	대표기업
미국	107	우버(차량공유), 에어비앤비(숙박공유), 위워크(사무실공유) 등
중국	56	디디추싱(차량공유), 샤오미(IT기기), 루닷컴(핀테크), DJ(드론) 등
영국	10	브루도그(식료품), 파페치(온라인쇼핑) 등
인도	10	플립카트·스냅딜(온라인쇼핑) 등
독일	4	큐어백(바이오테크), 헬로우프레쉬(온라인쇼핑) 등
한국	2	**쿠팡·옐로모바일**
일본	1	메루카리(일본 온라인쇼핑)

자료: CB인사이츠, 2017년 9월 기준
* 유니콘: 기업가치 1조 원(10억 달러) 이상

전 세계 데카콘 기업

기업 이름	기업 가치(달러)	유니콘 된 시점	국적	분야
우버	**680억**	2013년 8월	미국	차량공유
디디추싱	560억	2014년 12월	중국	차량공유
샤오미	460억	2011년 12월	중국	IT 기기 제조
메이탄·뎬핑	300억	2015년 12월	중국	배달 앱
에어비앤비	293억	2011년 7월	미국	숙박 공유
스페이스X	215억	2012년 12월	미국	우주 개발
플랜티르 테크놀러지	200억	2011년 5월	미국	빅데이터 분석
위워크	200억	2014년 2월	미국	사무공간 공유
루닷컴	185억	2014년 12월	중국	핀테크
핀터레스트	123억	2012년 5월	미국	이미지 공유 검색
플립카트	116억	2012년 8월	인도	전자상거래
리프트	115억	2015년 3월	미국	차량 공유
터우탸오	110억	2017년 4월	중국	뉴스큐레이션
드롭박스	100억	2016년 11월	미국	파일 공유
인포	100억	2011년 10월	미국	기업용 소프트웨어
DJI	100억	2015년 5월	중국	드론 제조

자료: CB인사이츠

Decacorn[기업가치 100억 달러(약 11조 원) 이상인 비상장 스타트업]'들도 미국(9개)과 중국(6개)에서 속속 등장하고 있다. 본격적인 데카콘 시대의 도래가 예고되고 있으며, 이 부문도 미국과 중국이 주도권을 쥐고 있는 모양새다. 그나마 인도가 거대 내수시장 배경으로 가능성을 보여주고 있기는 하다. 분명한 것은 우리 같이 좁은 내수시장에서는 유니콘, 데카콘 같은 스타트업을 배출하는 것이 현실적으로 어렵다는 점이다. 대박을 꿈꾸는 스타트업이라면 처음부터 글로벌 시장으로 진군해야 하는 이유가 이 대목에서 더욱 분명해진다.

시장 질서를 바꾸는 핵

최근 등장하는 유니콘, 데카콘 기업들에게 나타나는 선명한 특징이 있다. 혁신에 기반을 두고 있는 기업들이지만 절대다수가 '매치메이커(짝짓기를 해주는 중개자)'라는 사실이 경이롭다. 매치메이커란 다양한 집단이 모이는 현실 또는 가상의 플랫폼을 구축해 연결성과 접근 권리를 제공하는 기업이나 사업 모델을 말한다. 비교적 최근에 개념적으로 정의된 용어이기도 하다. 이들은 기본적으로 플랫폼 참가자 간의 마찰(거래비용) 가치를 창조한다. 거래 당사자의 갈등을 줄이는 것이 가치 창출의 근간이며, 이것이 성공의 비결이 된다. 매치메이커들은 미국, 중국, 인도, 베트남 등 비교적 소득이나 인구 규모가 큰 시장일수록 성공할 확률이 높다. 애플, 페이스북, 구글, 마이크로소프트, 알리바바, 텐센트, 바이두, 비자, 마스터카드 등이 대표적인 거대 글로벌

주자들이다. 에어비앤비, 우버, 스포티파이 등 신생 유니콘 10개 기업 중 7개가 바로 이런 매치메이커들이다. 특히 대표적 온라인 마켓 플레이스인 중국의 알리바바는 B2B, B2C 사이에 존재하는 거대한 마찰을 성공적으로 줄임으로써 비약적 성장의 발판을 다졌다. 역설적이긴 하지만 중국 유통 시장과 인프라가 낙후된 것도 이들에게 오히려 약이 되었다. 불가능해 보이는 짝짓기를 해낸 기업이 시장을 지배하는 시대가 오고 있는 것이다.

세계 경제의 새로운 성장 센터로 부상하고 있는 신흥시장 동남아에서도 이색적인 유니콘 기업들이 눈길을 끈다. 싱가포르에 본사를 둔 그랩Grab이라는 승차공유 서비스 기업으로 동남아 8개국, 178개 도시에서 서비스를 한다. 하루에만 400만 번 이상 서비스를 한다. 2016년 시장규모가 204억 달러(22조 원 상당)에 달하며, 2014년 이 회사의 성장 잠재력을 평가한 손정의 소프트뱅크 사장이 2.5억 달러를 투자했다. 기업 가치가 무려 60억 달러에 달한다. 공동 창업자 중 한 사람인 말레이시아의 앤서니 탄이 자국 교통문제를 해결하기 위해 2012년 시작한 작은 아이디어가 궁극에는 동남아의 최고 유니콘으로 만들어졌다. 그랩 앱 사용자들은 택시와 개인 차량, 오토바이 삼륜차, 자전거 셔틀버스에 이르기까지 다양한 수단을 활용할 수 있는 장점이 있다. 그랩페이라는 이용자들의 편이를 위한 독특한 결제 계정을 개발하여 2단계 발전 로드맵까지 들고 나왔다. 향후 시장이 5,000억 달러로 커질 것이라는 전망마저 나온다. 말레이시아에서 시작하였지만 본사를 싱가포르로 옮겼다. 싱가포르는 2014년부터 '스마트 네이션Smart Nation'이라는 프로그램을 운영하면서 동남아를 물론이고 글로벌 벤처들을 불러 모으고 있다. 성장 단계별로 디테일한 지원 프로그램을 갖고 있는 것이 특징이다. 미국의 우버에서 시작된 승차공유 시장이 중국, 동남아 등으로 확대일로에 있음에도 우리는 규제 족쇄에 묶여 한 발짝도 나가지 못하고 있는 형편이다.

국내에서도 IT 서비스 기술을 기반으로 한 스타트업들이 속속 시장에 얼굴을 내밀고 있기는 하다. 드물긴 하지만 쿠팡이나 옐로모바일 등과 같이 유니콘 기업으로 성공하였거나, 이를 위해 진군하고 있는 후보 벤처들도 나오고 있어 고무적이다. 특히 이들 유니콘 후보 기업들의 일자리 창출이 빠른 속도로 증가하고 있어 우리 경제에 대한 기여도도 매우 높다. 클라우드용 운영 소프트웨어 업체인 베스핀 글로벌은 현재 240명의 직원을 보유하고 있지만 2018년에만 450명을 증원할 예정으로 몸집이 계속 커지고 있는 추세다. 주요 고객은 삼성전자, 현대자동차, 인민일보 등 한국과 중국에 200여 고객을 확보하고 있기도 하다. 하지만 이들에 투자하는 투자자는 거의 미국·중국·일본 등 외국계 벤처 캐피털VC들이다. 국내 벤처 캐피털은 대부분 자금 규모가 작고 정부 자금에 의존하고 있어 손실이 날까 우려한 나머지 과감하게 투자를 하지 못하는 것이 현실이다. 이로 인해 돈을 벌어도 과실은 해외 투자자가 갖고 가는 해프닝이 다반사로 일어난다. 우리 스타트업들이 당면하고 있는 고질적인 문제로 당분간 별다른 방도가 없다. 국내에서도 많은 스타트업들이 제2의 우버와 에어비앤비를 꿈꾼다. 꿈이 결실을 맺으려면 실패를 두려워하지 않는 경영진의 뚝심과 개발인력과 열정, 그리고 VC의 과감한 투자와 결과를 기다리는 인내가 절실하다. 게임업계의 신성으로 불리는 배틀그라운드 개발업체인 블루홀 사례는 많은 귀감이 된다. 자칫 '죽음의 계곡'에서 사라질 것 같았던 회사가 VC로부터 171억 원의 자금을 수혈하여 가까스로 회생한 것은 실로 극적인 반전이었다. 마지막 기회를 잡아 글로벌 대박으로 이어갈 수 있는 연결고리를 만들어낸 것이다.

매너리즘에 빠져 몰락하는 기업들

요즘 나타나고 있는 글로벌 경제 현상을 두고 '규범의 혼돈Chaos of Norm'으로 지칭하기도 한다. 2008년 미국발 금융위기 이후 글로벌 디플레를 극복해 나오는 과정에서 각국의 이기주의와 보호무역으로 글로벌 경제를 지탱해오는 규범들이 뿌리째 흔들리고 있기 때문이다. 특히 2017년 트럼프 정부 출범 이후 이러한 현상이 글로벌하게 더 심화되고 있는 추세다. 기존의 노멀을 부정하는 뉴 노멀이 대세로 정착되고 있는 것이다. 미국 뉴욕대학 루비니 교수는 이를 두고 '뉴 애브노멀New Abnormal'이라고 부르기도 한다. WTO, 파리기후협약, TPP(환태평양경제동반자협정), NAFTA, 한·미 FTA 등 기존의 규범을 자기 입맛에 맞추려는 미국 등 강대국들의 탐욕이 극에 달하고 있는 상황이다. 달러 중심의 브레튼우즈 체제도 흔들린다. 일본에 이어 '트리핀 딜레마Triffin

Dillemma(기축통화국인 미국이 달러를 풀면 무역적자가 늘어나고, 무역흑자가 되면 달러가 덜 풀려 국제경제가 원활하게 돌아가지 않는 현상)'의 해결사 역할을 해온 중국이 미·중 무역 갈등으로 미국 국채를 매각하면 세계 경제가 또 다른 치명상을 입을 수도 있는 시나리오마저 나온다. 이러한 초불확실성의 시대에는 거대한 변화가 따르기 마련이다. 이때 국가, 기업, 개인 등 경제주체들이 현실을 외면한 채 승리에만 도취해 있으면 승자의 저주Winner's Curse라는 마법에 걸려들기 안성맞춤이다. 승자가 순식간에 패자가 될 수 있는 구조가 만들어지고 있는 것이다.

역사적 사실의 추적을 위해 좀 더 거슬러 올라가 보자. 1990년대에 벌어진 일이다. 세계 시장에서 30여 년 동안 승자 독식Winner takes all의 전성기를 구가하던 소니, 파나소닉, 샤프, 도시바, 히타치 등은 거의 해가 지지 않는 강한 가전 왕국 일본을 상징하는 메이커들이었다. 글로벌 가전 매장의 정중앙에 포진하고 있는 일본 제품들을 보면서 그들의 독주와 위력을 인정하지 않을 수 없었다. 기술의 모방을 통해 '빠른 추격자' 위치에서 일본 제품에 정면 도전하고 있다고는 하나 역부족만 실감하던 시기였다. 기껏 매장의 한 귀퉁이에 부끄럽게 앉아 있는 삼성이나 LG의 제품을 보면서 백년하청百年河淸이 남의 일 같지 않다는 생각이 들곤 했다. 일본 메이커들은 기술의 압도적인 우위를 바탕으로 추격자들을 따돌리기 위해 제품의 라이프 사이클을 1년, 6개월, 심지어 3개월 등으로 줄이면서 이를 시장 지배력 유지의 비결로 삼았다.

그러나 기술에 대한 자만과 1등만을 고수하려는 아집이 결국 자충수가 되고 말았다. 2등 전략을 유지하면서 호시탐탐 선두를 노리던 한국 기업에 그 자리를 내준 것이다. 특히 소니의 몰락은 곧 일본 제조업의 잃어버린 20년을 예고하는 신호탄이 되었다. CES에서는 한국 가전 기업에 중심 자리를 내주게 되고, 글로벌 매장에서도 갈수록 뒤편으로 밀리는 신세로 전락하였다. 콧대 높은 일본의 재계가 경영전략에서 한국 기업에 패퇴했다는 것을 시인하는 결과로까지 이어졌다. 한국 오너 경영이 일본 전문 경영인 체제보다 의사결정, 해외 시장 개척 혹은 관리 등의 측면에서 더 우월하다는 것을 인정한 셈이다. 아이러니하게도 한국에서는 재벌 오너 경영에 대한 비판이 서슬 같지만 일본 등 글로벌 시장에서의 평가는 상이하다. 완벽한 경영 시스템은 없다. 당연히 시대 상황에 따라 이것도 바뀌어야 한다. 지금과 같은 4차 산업혁명 시대에도 재벌 경영 체제가 유리한 지는 좀 더 지켜볼 일이다. 다만 재벌과 대기업을 동일한 대상으로 간주하는 오류는 범하지 말아야 한다.

이렇듯 승자의 독식 구도에서 승자 저주의 늪으로 빠져든 사례는 또 있다. 권좌에 머무른 기간이 얼마나 오래 되었는지에 관계없이 벼랑으로 떨어지는 것은 삽시간이다.

시장에서 영원한 승자는 없다

스마트폰 1세대 주자들인 노키아, 모토로라 등의 몰락은 더 비참했다. 소니는 그나마 부활의 기미를 보이고 있지만 이들은 이미 지구상에 사라진 별들이 되었다. 노키아는 지난 2011년에 마이크로소프트에 인수된 바 있다. 1998년부터 무려 14년간 휴대폰 시장을 호령하던 노키아의 몰락이 당시에는 충격 그 자체였다. 노키아뿐만 아니다. 블랙

베리로 선풍적인 인기를 끌었던 림(리서치인모션), 휴대전화 선구자 모토로라, 대만을 대표하는 HTC 등 한때 전 세계 시장을 쥐락펴락했던 글로벌 모바일 강자들이 속절없이 무너졌다. 2012년에 일어났던 사건으로 이는 대반전의 서막이었다. 규모의 경제, 혁신역량, 스피드로 무장한 삼성과 애플이라는 Big 2에 모바일 시장의 대부분을 양보하였다. 기술은 갖고 있었으나, 혁신에 뒤지면서 버틸 수 있는 힘을 일시에 상실하고 말았다. 시장에서 얼굴이 사라기지까지는 그리 오랜 시간이 걸리지 않았다. 격세지감이지만 이제는 화웨이를 비롯한 샤오미·오포·비보 등 중국의 신흥 강자들이 삼성이나 애플의 시장을 접수하려는 또 하나의 반격이 시작되고 있다.

이 뿐만 아니다. 국가나 지역의 허브도 한 눈을 파는 사이 졸지에 역전을 당하는 경우가 허다하다. 일본 기타큐슈 시는 전통적 공업지역으로 큐슈를 대표하는 도시였으나 1970년대 이후 신칸센 하카다역이 소재하고 있는 후쿠오카 시에 그 위상을 양보했다. 과거의 영광을 되찾으려고 안간힘을 써보고 있지만 한번 밀려나면 도저히 반전의 기회를 잡기 어렵다. 이런 현상은 중국에서도 보인다. 한 때 아시아 4마리 용으로 불리면서 잘 나가던 홍콩이 1997년 중국에 반환된 이후 옛 명성에 흠집이 나고 있다. GDP 규모 면에서 중앙정부의 막대한 지원을 업은 본토의 선전·광저우에 추월당하고 있는 것이다. 향후 그 격차가 더 벌어질 가능성이 농후하다. 뒷걸음질과 그들의 중국 공산당에 대한 혐오는 마치 일그러진 톱니바퀴와 같다. 혹자는 홍콩이 무역·금융·관광 등 과거에만 안주하고 미래에 대한 투자가 인색하다는 지적을 한다. GDP 대비 R&D 지출 비중을 보더라도 선전의 경우 4.3%, 광저우는 2.3%지만 홍콩은 0.8%에 그친다. 홍콩은 더 이상 승자의 위치에 있지 않다. 국내에서도 이러한 유사 사례가 나타나고 있으며, 혁신의 결과에 따라 도시 간 역전 현상이 비일비재하게 나타날 것임을 예고한다.

20세기 미국 제조업의 아이콘으로 불리던 제너널일렉트릭GE의 몰락은 승자 독식에서 승자의 저주로 추락한 또 다른 사례다. 뭐든지 할 수 있다는 자만심이 이들의 패배를 처절하게 자인하도록 만들었다. 본연의 핵심인 제조업을 등한시하고 무분별하게 금융 이익에 도취되어 시너지 효과가 전무한 사업에 덤벼든 것이 자멸의 길을 재촉하였다. 20세기 최고의 경영인으로 추앙받던 잭 웰치의 신화도 그의 후임자인 제프리 이멜트의 단 10년 경영 실패로 빛이 바래게 되었다. GE의 실패 원인은 근본적으로 꼬리(GE 캐피털)가 몸통(GE)을 흔들었기 때문이다. 사업다각화라는 차원에서 문어발식으로 금융·미디어·의료기기 등에 대해 무차별 공격적인 M&A를 시도한 것이 화근이다. 실제로 한국의 우수한 의료기기 기업들도 GE 캐피털에 인수되기도 했다. 재생에너지의 부상을 무시한 채 화력에만 고집한 독일 알스톰사의 에너지 부문 인수가 결정적 타격을 입혔다. 무리한 투자가 결국 부메랑으로 돌아온 것이다. 시장의 변화를 읽지 못하고, 경영자의 눈을 가린 낙관론에만 치우쳐 오판을 거듭한 결과다. 이제는 그룹 해체라는 이야기가 나올 정도로 치욕을 감수해야 하는 지경에 이르렀다. 근시안적 경영의 말로가 126년이나 된 GE 제국의 몰락을 불러온 것이다.

한 가지 사례가 더 있다. 1948년에 문을 열어 지난 70년 동안 장난감 왕국으로 군림하던 토이저러스Toysrus가 미국 사업을 청산하기로 최종 결정했다. 미국 700여 매장 폐쇄와 직원 3만 3,000명 감원이 시작되고 있다. 전 세계에 1,600여 개의 오프라인 점포를 가질 정도로 승승장구하였으나 온라인 시장의 열풍에 밀려 결국 파산 직전으로 몰리고 있는 것이다. 이미 18년 전부터 온라인 유아용품 매출 선두자리를 아마존에 넘겨주고 초라한 3위 자리를 유지하는 데 급급한 실정이다. 조만간 유럽·호주·아시아 등의 사업장을 차례로 접는 수순을 밟을 것으로 보인다. 오프라인 유통의 몰락을 보여주는 대표적인 사례로 다른 완구 제조업체들에게도 연쇄적으로 상당한 타격이 불가피할 것이란 전망마저 나온다. 오프라인만 고집하고 온라인 판매는 아마존에 전적으로 의존한 것이 화근이 되었다. 2006년도에 뒤늦게 온라인 플랫폼을 오픈하였으나 아마존의 벽을 넘지 못했다. 승자 독식이라는 매너리즘에 안주하면서 안일한 경영으로 미래 대비를 하지 못한 것이 결정적 패인이다.

제조업 혁신으로 도약하는 경쟁국들

4차 산업혁명의 본질적 의미는 제조업의 신르네상스다. 다른 말로 표현하면 제조업의 글로벌 지형이 획기적으로 바뀔 수 있음을 예고하는 경고음이다. 'Industry 4.0'을 내건 독일이 발상의 진원지다. 물론 이견이 있기도 하다. 미국이 원조이나 음성적으로 진행한 반면 독일이 전면에 먼저 나섰기 때문이다. 전통 주력산업 분야에서 한국, 중국 등 신흥국들의 위협이 커지면서 이를 위한 돌파구로 선진국이 들고 나온 것이 바로 4차 산업혁명이다. 인건비, 노동력 등 제조업의 둥지를 결정하는 주요 변수들을 무력화시키려는 의도에서 출발한다. 저임금을 찾아 해외생산기지를 옮겨 다니면서 전전긍긍하는 시대의 종말이 예고되고 있는 것이다. 이로 인해 글로벌 제조업 현장이 갈수록 큰 도전에 직면하고 있다. 선진국은 기술 혁신을 통한 제조업 업그레이드에, 신흥국은 전통 주력산업 지도의 재편에 따른 새로운 생산기지로의 도약을 엿본다. 스마트 팩토리, AI, 로봇, 빅데이터, 사물인터넷 등이 제조업의 변화를 부추기는 새로운 개념들이다. 탈중국, 리·니어쇼어링 Re·Near-shoring, 포스트 차이나Post China 등 신조어가 마구 생겨난다. 공급 사이드의 대개혁으로 글로벌 생산 구조의 대전환을 예고하고 있다.

공급 측면의 이러한 변화에 더불어 글로벌 시장에서 수요 변화도 빠르다. 선진국 경기가 활력을 찾아가고 있다고는 하지만 인구절벽, 고령화로 소비의 절대량이 좀처럼 살아나지 않고 있는 것이 고질적인 딜레마다. 이를 보완이라도 하듯 신흥국의 도시화와 산업화 속도가 거세고, 시장의 추가 수요를 견인하는 중요한 변수로 작용하기도 한다. 제조업과 시장의 경계가 사라짐과 동시에 공급과 수요 측면에서도 선진국과 신흥국 간의 경계가 빠르게 무너지고 있다. 이러한 전반적인 현상들이 글로벌 경제의 선순환 구조를 만들어내고 있고, 경기의 반전을 유도하고 있는 것이다. 제조업이 다시 살아나면서 원료 혹은 중간재 시장도 같이 활기를 띈다. 문제는 글로벌 경제의 긍정적 변화가 지속가능한 것인지, 아니면 일시적인 현상으로 끝날지다. 여기엔 여러 요인들이 복합적으로 작용하고 있다.

4차 산업혁명에 더하여 선진국발 보호무역, 국가이기주의 등도 제조업 현장의 큰 변화를 재촉하고 있다. 신흥국뿐만 아니라 선진국도 중국에 이은 세계의 공장이 되겠다고 발버둥이다. 대표적인 국가가 미국이지만 유럽, 일본도 이에 못지않다. 실제로 인건비 상승, 현장인력 부족 등 중국 제조 환경의 급변으로 중국에서 탈출하는 기업들이 갈수록 늘어나고 있는 추세다. 이들 기업들의 행선지는 두 군데 정도로 뚜

4차 산업혁명과 포스트 차이나, 글로벌 제조업 지도 재편

구분	내용
4차 산업혁명	- 제조업 혁신, 해외 생산 선진국 기업의 자국 유턴 - 더 이상 생산기지를 찾아 해외로 떠돌아다니지 않음
포스트 차이나	- 중국, '세계의 공장'으로서의 존재감 크게 위축 - 동남아, 인도 등이 중국을 대신하는 제조업 전진기지로 부상 - 이에 따른 글로벌 서플라이체인의 변화 불가피
위협받는 중국 제조업 위상	- 외국 기업이 떠나면 홀로서기에 성공할 수 있을 것인가? - 인터넷 기반 플랫폼, 모방에 익숙한 상품 기획자인 중국 기업이 자체 기술력 축적으로 첨단 제조 국가로 부상할 수 있을 것인가에 의문 증폭

렷이 나타난다. 하나는 이른바 '자국으로의 유턴Back to the Mother Country'이라는 리쇼어링이다. 다른 하나는 중국보다 인건비가 더 저렴한 동남아 혹은 인도 등으로 생산기지를 옮겨가는 것인데, 다국적 기업의 이동 경로 측면에서 보면 전통적인 수법이기도 하다. 주목되는 것은 미국, 일본, 유럽 등 선진국 기업들의 자국 유턴이 증가하고 있는 점이다. 이를 두고 G2의 '굴뚝 전쟁'이라는 신조어까지 생겨날 정도다. 이러한 현상을 좀 더 냉정하게 평가해 본다면 '시장으로의 귀환Back to the Market'이라고 평가하는 것이 타당하다. 상당수 선진국 기업들은 자국 내수시장의 수요를 충족시키기 위해 중국 등 인건비가 저렴한 신흥국에서 생산하여 들여온다. 일본에서는 이를 역수입이라고 부르기도 한다. 그만큼 자체 내수시장이 충분하기 때문에 가능한 일이다. 반면 우리 기업은 다른 경로를 선호한다. 상대적으로 내수시장이 협소한 국내

보다 동남아로 방향을 트는 것이 당연한 선택이다. 한국 내 제조업 환경이 이들을 수용할만한 조건을 충족시켜 주지 않으면 한국으로 돌아가는 것이 쉽지 않음을 의미한다. 보호무역의 압력을 받고 있는 우리 제조기업에게 시장이 있는 곳에 둥지를 틀어야 하는 이유를 보다 명확하게 제시해주고 있다. 제조업 환경은 갈수록 평평해지고 시장 중요성이 더 커지고 있다는 반증이다. 자칫 국내 제조업의 공동화 현상이 더 커질 수 있는 분위기가 더 선명하게 감지된다.

저임금 해외생산기지를 돌아다니는 것이 능사가 아니다

이 마당에 〈딜로이트 글로벌〉은 2020년이 되면 미국 제조업이 중국을 추월할 것이라는 보고서까지 내놓고 있다. 독일과 일본은 3, 4위를 각각 유지하지만 한국은 인도에 5위 자리를 내주고 6위로 내려앉을 것이라는 전망이다. 이를 증명이라도 하듯 요즘 외국 기업의 미국 내 공장 짓기가 부쩍 달아오르고 있다. 심지어 중국 기업들도 'Made in USA' 대열에 본격 합류하고 있는 모습이 현저하게 눈에 띈다. 트럼프 행정부는 미국의 법인세를 35%에서 21%로 대폭 낮추었다. 해외에 나가 있는 미국 제조기업뿐만 아니라 세계 각국의 제조기업들이 미국으로 오도록 강력한 압력과 러브콜을 동시에 보낸다. '제조업 있는 1등 경제대국'으로의 귀환을 서두르고 있는 것이다. 보호무역과 자국우선주의라는 카드를 적절히 구사하면서 미국 제조업의 부활로 연결하는 지렛대로 활용하고 있다. 2018년 벽두부터 미국이 꺼내든 세탁기, 태양광 세이프가드 등 일련의 조치들은 모두 미국에서 상품을 팔려면 미국에 와서 공장을 지으라는 강력한 메시지인 것이다. 중국 등 외국 기업들이 백기를 들도록 만들겠다는 포석으로 이해해야 한다.

일본, 유럽 국가들은 물론 중국도 제조업 현장 혁신이라는 글로벌 트렌드에 합류하고 있다. 법인세 인하에 추가하여 규제완화, 노동시장의 유연성 확보 등 환경 조성을 통해 자국 제조업의 경쟁력을 높이려고 안간힘을 쓴다. 안에 있는 제조업의 이탈을 막고, 밖에 있는 제조업을 안으로 끌어들이려는 속셈이다. 기업의 사기를 북돋워주는 데 초점을 맞추고 있으며, 결과적으로 일자리를 창출하고 신생 창업을 유도하는 발판이 되고 있기도 하다. 그러나 국내 상황을 보면 제조업 혁신이라는 글로벌 트렌드와 다르게 엇박자를 내고 있다. 법인세 인상, 노동자 혹은 소득 등에 편향되는 반反기업적 정서가 만연해 기울어진 운동장이라는 지적을 면하기 어렵다. 한국에서 제조업을 하는 기업 인내심이 갈수록 고갈되고 있는 형편이다. 잘못하면 집토끼와 산토끼를 모두 놓칠 수 있다는 우려가 커진다. 한국GM의 군산 공장 철수는 끝이 아니고 새로운 시작을 알리는 시그널로 이해해야 한다.

이 판에 중국을 떠나 베트남에 안착한 우리 섬유 봉제업체들에게도 좋지 않은 소식이 들린다. 2016년 기준 베트남에 진출해 있는 의류업체는 무려 763개로 전체 해외 진출 업체의 43%에 해당될 정도다. 75%가 자체 브랜드가 없는 OEM 업체들이다. 최근 글로벌 패션 트렌드가 중저가에다 소량다품종의 패스트 패션Fast Fashion으로 바뀌면서 수익성이 크게 악화되고 있다. 설상가상으로 현지 인건비가 매년 급상승하고 있는 추세다. 최저임금이 2017년에는 7.3%, 2018년에는

6.5%(월 276만 동~389만 동 → 약 13만 2,300원~19만 1,500원) 각각 인상되었다. 시장과 제조환경의 변화는 필연적으로 저가 수주라는 과당 경쟁을 유발한다. 한계에 도달한 기업들이 과거 중국에서 있었던 사례처럼 직원 월급도 못주고 야반도주하는 사례마저 나타나고 있다. 또 다시 미얀마, 캄보디아 등으로 공장을 옮겨가야 하는 상황으로 내몰리고 있는 것이다.

이렇듯 국내든 해외든 우리 제조 기업의 상황이 녹록치가 않다. 지난 50여 년간 우리 산업화는 글로벌화라는 수단을 통해 국내외 제조업 네트워크를 구축하면서 나름대로 성공적인 성장 모델을 만들어왔다. 제조업 5위 강국, 무역규모 6위 대국이라는 위업이 그 기반 위에 가능했던 것이다. 그러나 4차 산업혁명·보호무역·국가이기주의 등의 글로벌 경제 질서가 새롭게 태동하면서 우리 위상이 크게 위협을 받을 수 있는 여건이 만들어지고 있다. 우리 제조업의 글로벌 포지션, 그리고 내수시장과 수출시장의 포트폴리오를 어떻게 가져가야 할 것인가 하는 고민에서 해법을 찾아야 한다. 아웃바운드 경제와 인바운드 경제 사이의 균형점을 다시 찾아야 한다. 국내 제조업 현장의 파괴적인 혁신과 더불어 업종별로 해외 생산기지를 재편해야 한다. 이를 위한 골든타임이 5년도 채 남지 않았다는 절박감과 처절한 몸부림이 필요하다. 다시 강조하지만 4차 산업혁명의 본질은 제조업 생산기지 재편이자 시장으로의 회귀라는 두 개의 트랙으로 움직이고 있다는 사실을 주목해야 한다. 이를 간파해야만 우리 제조업, 그리고 수출의 길이 보인다.

잃어버린 20년 복구해가는 혁신의 일본

일본과 독일은 자타가 공인하는 전통적인 제조업 강국이다. '모노즈쿠리'의 대명사인 일본은 지난 1972년 G2에 등극한 이후 무려 38년간 세계 시장을 호령했다. 2010년 중국이 일본을 제치고 G2로 부상한 것이 금세기 들어 지구촌에 있었던 가장 획기적인 사건이라고 인정하는 데 이견이 별로 없다. 그리고 이는 미국을 위시한 선진국 중심의 세계 경제 질서를 뿌리째 흔들어 놓은 시발점이 되기도 했다. 신흥국 대표주자인 중국의 급부상은 세계 경제에 엄청난 충격파다. 세계 모든 나라들이 중국 경제의 부침에 촉각을 곤두세우면서 이해득실을 따지고 있기도 하다. 일본과 마찬가지로 G4로 한 계단 내려앉은 독일도 변함없이 제조업 중심의 탄탄한 경제력을 과시하고 있다. 2010년 재정 위기로 유럽 전체가 휘청거렸지만 독일 경제만 독야청청했다. 제조업이 강한 나라가 위기에 강하다는 말이 이래서 나온다.

베일을 한꺼풀 벗겨보면 일본이나 독일만큼 아날로그 문화를 고집하는 국가도 드물다. 제조업에서도 아날로그 속성을 가장 오래 유지하려는 특성을 지니고 있다. 따지고 보면 디지털의 모태도 아날로그다. 디지털이란 아날로그 세계를 구성하는 자연, 물질적인 인공물, 비물질적인 문화적 창조물을 전환하는 과정을 일컫는다. 일본과 독일은 중세 시대부터 분권적 봉건사회의 근간이 지속적으로 유지되고 있으며, 이를 기반으로 한 집단주의적 패러다임이 사회 곳곳에 배어 있다. 지금도 일본, 독일을 여행하다 보면 21세기 최첨단 디지털 시대에 아날로그적 행태나 문화가 많이 남아 있음을 목격할 수 있다. 1990년대 스마트폰과 인터넷이 본격적으로 보급된 시기에도 이 두 나라는 보급률이 상대적으로 늦었다. 디지털 시대로의 빠른 전환을 거부하는 아날로그적 고집의 단면을 유감없이 보여준 것이다. 디지털 혁신시대에도 일본은 아직도 아날로그적 틈새시장이 가장 많이 남아 있는 국가 중 하나로 꼽힌다. 하지만 최근에는 빠른 변신을 시도하면서 또 다른 비장한 모습을 보여준다. 2000년대 디지털 시대 진입 과정에서 미국이나 한국에 빼앗겼던 테크 패권을 되찾기 위해 총체적인 반격을 서두르고 있다.

흔히들 세간에서는 일본 모노즈쿠리의 대명사로 도요타 자동차 생산방식을 거론한다. TQCTotal Quality Control, 린Lyn 생산방식, JITJust In Time 등은 우리에게도 익숙한 용어들로 생산 방법론에 있어 글로벌하게 교과서적으로 통용되고 있기도 하다. 자동차 기업인 도요타의 이러한 생산 기법이 전자 업계에도 확산됨으로써 세계 최고의 제조업 경쟁력을 만드는 단초를 제공하기도 했다. 그럼에도 불구하고 모노즈쿠리 자존심이라하면 일본인들의 뇌리에 정서적으로 소니가 더 남아 있는 듯하다. 일본이 잃어버린 20년 동안 제조업에서 가장 뼈아프게 생각하는 것이 바로 소니의 몰락이다. 하지만 소니는 아베노믹스 효과로 일본 경제가 재건의 순풍을 타면서 최근 재기의 깃발을 올리고 있다. 이렇듯 일본 제조업이 디지털 모노즈쿠리로 변신하는 과정에서 나타나고 있는 대표적인 성공 사례가 소니의 부활이다. 소니가 일본 제조업 혁신의 대명사로서 다시 수면 위로 올라오고 있는 것이다. 기계의 눈이라고 불리는 카메라 이미지 센서 시장에서 1위를 탈환하면서 위기 돌파의 신호탄을 쏘아 올렸다.

과욕을 버리고 잘할 수 있는 분야에 집중

망한 줄 알았던 일본 기업이 부활하고 있는 것은 탄탄한 원천기술을 보유하고 있기 때문이다. 일본 노벨과학상 수상자는 22명으로 미국, 영국, 독일, 프랑스에 이은 세계 5위 국가에 해당한다. 기술에서는 서구 국가에 결코 뒤지지 않는다는 의미이기도 하다. 특정 분야에서 기술적으로 상대에게 기술이 밀리면 다른 기술로 재기할 수 있는 잠재력을 가지고 있는 것이 특징이다. 이로 인해 이미 기업의 생명이 끝났다고 평가 받던 기업도 다시 살아나는 복원력이 발휘되기도 한다. 일례로 스마트폰 게임의 등장으로 끝없이 추락을 하던 닌텐도 게임기가 2017년 닌텐도 스위치라는 것을 개발, 1,400만 대 이상이나 팔며 글로벌 게임 시장의 강자로 거듭나고 있다. 이에 더하여 신산업인 자율주행차, 휴머노이드(인간형 로봇), 차세대 배터리, 탄탄한 기초과학과 소재 기술에서 비롯되는 유도만능줄기iPS세포로 인공피부 혹은 인공장기 개발·상용화에 박차를 가한다. 군살을 빼고 가장 잘 할 수 있는 분야에 특화하여 수익성을 높인다. 일례로 일본의 대표적 IT 기업이었던 파나소닉은 창사 100년을 맞이하여 가전·IT를 대폭 축소하고 차 전장부품에 특화를 하면서 자동차 업체로 변신을 시도하고 있다. 거침없는 속도로 위협하고 있는 한국·중국 기업의 추격에 더 이상 움츠리지 않고 정면 승부를 걸 수 있는 채비를 끝냈다. 한동안 침몰할 것 같은 일본 기업들이 마침내 정신을 차리기 시작하면서 제2의 글로벌 진격에 시동이 걸렸다. 일본의 기술력이 아직 죽지 않았다는 것을 대외에 과시하고 나선 것이다. 해외 진출에 사활을 걸고 있으며, 해외 M&A 시장에서 '재팬머니'가 '차이나머니'를 앞질렀다. 무리한 차입 경영에 대한 우려가 없지 않지만 일본 기업의 공격적 DNA가 다시 살아나고 있는 점은 주목할 만한 현상이다.

이런 혁신 바람을 타면서 일본 대학 졸업생들이 취업하고 싶어 하는 1위 기업으로 다시 소니가 떠오르고 있다. 2000년 이후부터 줄곧 10위권 밖에 있다가 2017년 고지를 재탈환한 것이다. 도요타는 겨우 6위에 그쳐 대조적인 모습이다. 실업률은 2%(청년실업률은 4%대 중반)대로 떨어져 거의 완전 고용 수준에 이른다. 일손 부족으로 일본 전통 손님맞이 문화인 '오모테나시(손님을 극진히 모시는 마음)'가 사라지고 있다고 할 정도다. 1인당 구직수가 1.2개에서 1.7개로 늘어나면서 일자리가 남아돈다. 해외에서 인력을 들여오지 못하면 산업이 거의 마비될 정도다. 일자리가 없어 전전긍긍하는 우리 청년들도 일본 취업에 적극 눈독을 들이면서 2017년 한 해에만 무려 2만 1,000명 이상이 현해탄을 넘어 일본에서 일자리를 찾았다. 완벽하게 부활하였다고 판단하기에는 다소 이른 감이 없지 않으나, 아베노믹스에 대한 일본 내 부정적인 인식이 사라지고 있는 분위기다. 규제 개혁이 도마 위로 올라가면서 시장에서 청신호가 켜지기 시작했다. 일본이 갖고 있던 가장 고질적인 적폐가 해소되니 경제에 활력이 생겨나고 있는 것이다. 변화를 거부하면서 따가운 눈총을 받던 정치권과 정부 간의 유기적인 팀워크가 만들어내고 있는 결과물이다.

종종 일본이라는 나라를 주식회사라고 칭하기도 한다. 주식회사는 투자자가 출자한 금액으로 자기 자본을 구성하며, 출자자는 주주가 된다. 주주는 회사의 주인으로 주주총회를 통해 이사를 임명하고 대표이사를 선출한다. '주식회사 일본'의 주주는 당연히 국민, 기업, 정부 3대 주주로 구성된다. 국가는 이사회이고, 대표이사가 바로 총리다. 회사는 주주들이 불협화음을 내기보다 유기적으로 결합하여 회사가 최대의 이익을 낼 수 있도록 최선을 다한다. 지난 시절 일본이 미국에 이은 G2 경제대국으로 성장하기까지는 주식회사 개념의 국가 운영이 잘 먹혀 들어간 결과라고 평가를 받기도 했다. 잃어버린 20년 세월 동안 이 주식회사는 호경기 때의 유산인 버블과 한국, 중국 등 신흥국의 추격으로 휘청하였지만 다시 살아날 조짐을 보이고 있다. 주식회사 일본이 확실히 다시 가동되고 있다는 증거가 곳곳에서 확인되고 있다. 기업의 투자 확대가 경제에 활력을 불어넣으면서 고용창출과 복지재원이 만들어지고 이를 통해 신·구세대가 화합하여 '1억 명이 일하는 일본'으로 재탄생하고 있다.

2018년 일본 기업의 10대 인수합병

단위: 백만 달러

기업 이름	시기	사례	인수 금액
NEC	1월 9일	영국 IT서비스 업체 노스게이트 인수	644
소프트뱅크 (컨소시엄)	1월 18일	우버 지분 17% 인수	7,670
다이치생명	1월 19일	미국 자회사 통해 리버티 생명 인수	1,200
소프트뱅크 (컨소시엄)	1월 24일	미국 건설사 케테라 지분 투자	865
후지필름 홀딩스	1월 31일	제록스 인수 추진 중	6,100
이토추상사	2월 14일	대만 타이베이 101타워 운영사 인수	665
도레이	3월 14일	네덜란드 탄소섬유 업체 TCAC 인수	1,152
재팬타바코 (JT)	3월 16일	러시아 담배회사 돈스코이 인수	1,741
후지필름	3월 29일	미국 바이오 업체 어바인 사이언티픽 세일즈 컴퍼니 인수	800
일본전산 (nidec)	4월 24일	미국 월풀 자회사 브라질 엠브라코 인수	1,080

자료: 톰슨로이터
* 다케다제약의 샤이어 인수 제외

잃어버린 20년의 교훈

규제 혁파와 관련하여 일본이 보여주고 있는 사례들은 매우 놀랍다. 전통적으로 보수적인 일본에서 감히 상상도 못할 정도의 일들이 줄줄이 터져 나온다. 수도권 규제를 과감히 풀면서 공장이 둥지를 틀 수 있도록 허용하고 있다. 고령화로 인해 늘어나고 있는 유휴 농지에 기업이 자유롭게 참여할 수 있도록 고삐를 풀었다. 열흘이나 걸리던 법인설립도 하루 만에 끝내게 했다. 느린 결정과 책임 회피의 대명사인 일본 조직문화가 빠르면서 과감해지고 있는 것이다. 한편으론 4차 산업혁명의 선두주자로 부상하기 위한 '소사이어티 5.0'이라는 '신산업구조비전'을 서두르고 있다. 4차 산업혁명을 기반으로 향후 도래하는 새로운 사회에 대한 적응력을 높이겠다는 구제적인 목표를 적시하고 있기도 하다. 이에 따라 자율주행자동차, 원격의료, 드론 등 신산업이 아무런 제재 없이 성장이 가능토록 국가발전특구Test Bed를 지정해 관련 기업의 입주를 유도하고 있다. 풀 수 있는 규제는 모조리 풀겠다는 의지를 거듭 천명한다. 궁극적으로 기업에 도움이 될 수 있다면 할 수 있는 조치는 모두 다하겠다는 분위기로 넘쳐난다.

이에 더하여 정부는 기업의 매출 확대 지원을 위해 수출을 적극 독려한다. 기업의 기 살려주기에 초점을 맞춘다. 엔저가 유지될 수 있도록 연간 80조 원 규모의 양적 완화를 지속적으로 시행하고 있다. 덕분에 5년 무역적자에서 헤어나와 최근 2년 연속 무역흑자를 시현하였다. 37%에 달했던 법인세는 아베가 취임한 이후 계속 인하되어 2018년에는 29.74%로 낮아졌으며, 투자를 확대하거나 임금을 인상하는 기업에 대해선 한시적으로 20%까지 더 낮춰줄 예정이다. 혹시 살아나고 있는 경기에 찬물을 끼얹지 않도록 모두가 노심초사한다. 일본에서 특히 눈에 많이 띄는 것은 정부와 기업 인사들 간의 잦은 회합이다. 주변의 차가운 시선으로 기능이 대폭 위축되고 있는 우리 전경련과 다르게 일본 게이단렌經團連의 움직임은 여느 때와 마찬가지로 매우 활발하다. 찰떡궁합이라고 할 정도로 국정의 동반자가 되고 있는 것이다. 이들은 껄끄러운 중국 정부와의 관계까지 깊숙이 개입하여 양국 화해 무드를 만들어내는 데 일조했다. 세간에서도 정경유착으로만 보지 않는 것이 우리와 다른 점이다. 지난 5년 사이에 1조 원 이상의 이익을 실현한 기업의 수가 63개에서 110개로 늘어났다. 숫자로 나타나고 있는 가시적인 성과다.

요즘 일본에서는 안 되는 것이 없고, 한국에서는 되는 것이 없다는 말이 회자되고 있다. 이를 빙자해 일본은 뛰는데 우리는 긴다는 폄하마저 들린다. 매사에 느릿느릿하기만 하던 일본병이 치유되면서 나타나고 일본의 공격적 변신에 대한 적절한 평가로 이해된다. 일본이 살 수 있는 방법은 이 길밖에 없다는 것을 때늦었지만 뼈저리게 실감하면서 만들어지고 있는 결과물이다. 가장 크게 눈에 띄는 것이 해외에 나가 있는 일본 기업의 국내 유턴이다. 특히 중국에 나가 있던 기업들의 본국 귀환이 두드러진다. "일본에서 기업하기가 제일 좋다"는 것이 유턴 기업들의 공통된 일성이다. 안정적인 엔화 환율에다 세금, 인건비, 품질관리, 생산성 등의 측면에서 일본에서 제조를 하는 것이 더 낫다는 평가를 하기 시작한 것이다. 중국에서 보따리 싸는 우리 기업들이 베트남 등 동남아로 가는 것과 사뭇 대조적이다. 도요타나 혼다 등 자동차 업체들은 캐나다, 멕시코 등 해외 생산을 줄이거나 포기하고 자국 생산을 늘리고 있다. 대표적 화장품 업체인 시세이도는 35년 만에 최첨단 로봇 공장을 국내에 짓는다. 캐논도 10년 만에 새 공장을 짓고, 파이오니아는 태국 공장을 본국으로 이전한다. 외국기업도 이 분위기에 일부 동참하는 분위기다. 중국의 화웨이는 도쿄 인근 지바 현에 R&D 센터를 짓고(약 476억 원), 미국 반도체 기업 마이크론도 20억 달러 일본 투자를 발표했다. '제조업 공동화'는 이제 옛말이 되고 있다. 유턴 일본 기업의 가장 큰 걱정이 인력 확보다. 이에 따라 은퇴 인력 재활용, 해외인력 조달 확대, 여성 인력 활용, 로봇 투입 등 노동력 확보에 안간힘을 쓰고 있다. 이것이 'Made in Japan' 신화가 재가동되고 있는 일본 제조업 현장의 모습이다. 틈만 나면 밖으로만 나가려는 우리 기업과는 너무나 대조적인 그림이다. 일본이 확실하게 부활하고 있다.

추격자에서 선도자로 갈수록 빨라지는 중국의 속도

일반적으로 신흥국들이 산업화할 때 거치는 전형적인 과정이 있다. 초기 단계에는 빠른 추격자Fast Follower 자세를 견지한다. 갖은 노력으로 선진 기술에 접근하려는 시도를 한다. 모방이나 심지어 기술을 복사하려는 불법이나 편법을 최대한 동원하기도 한다. 이 단계를 지나면 대등한 경쟁자Equal Competitor로서의 지위를 확보하면서 시장 선두주자들을 위협하게 된다. 얼마간 시간이 흐르면 마침내 시장에서 경쟁자보다 유리한 지위를 확보하게 되고, 한 단계 더 발전하면 새로운 분야에 과감하게 도전하여 단번에 승자가 되는 우월적 선도자First Mover의 길에 들어선다. 경우에 따라서는 상황을 주도하는 위치의 게임체인저로 부상하기도 한다. 산업혁명은 서구에서 시작되었지만 20세기에 일본이 가장 빠른 속도로 우월적 선도자의 반열에 올랐다. 뒤를 이어 한국·대만·싱가포르·홍콩 등 아시아의 4용이 이에 도전하였지만 한국만이 가장 성공적인 우등생으로 남아있다는 평가를 받는다. 하지만 21세기에 들어서는 중국이 무섭게 치고 올라오고 있고, 속도 면에서는 우리를 추월하고 있다는 것이 객관적으로 입증되고 있기도 하다. 그 뒤를 베트남, 인도 등 포스트 차이나 국가가 전례들을 거울삼아 빠르게 이 과정에 진입하려고 용트림을 한다.

스피드 면에서 타의 추종을 불허하는 중국 경제의 열기가 좀처럼 식지 않고 있다. 중국을 만만하다고 보는 잣대는 더 이상 유효하지 않다. 미국이나 일본 등 서방의 집요한 질투에도 아랑곳하지 않고 중국 경제는 보란 듯이 안정세를 유지하고 있다. 대국굴기大國崛起라는 우산하에 태양광, 고속철, 반도체, 디스플레이, 자동차, 5G, 가전, 원자력, 화장품 등 각종 첨단산업이 거미줄처럼 얽혀 있다. 최근에는 우주宇宙굴기를 통해 미국 등 선진국의 아성에 도전장을 내밀기도 했다. 세계에서 가장 정확한 원자시계를 우주에 띄우고 있을 정도다. 일자리 창출에 있어서도 중국은 최대 취업 국가다. 정확한 통계 추적은 어렵지만 구직자 1인당 일자리가 1.22개의 구인배율로 실업률이 5% 이하인 것으로 알려진다. 거대 시장을 배경으로 스타트업·창업 붐이 계속되고 있으며, 매출액 1조 원이 넘는 유니콘 기업들이 줄줄이 등장하고 있다. 해외에 나가 있는 중국 두뇌들이 본국으로 속속 돌아오고 있으며, 심지어 대학에서도 젊은 피 수혈이 활발하다. 이에 더해 해외 유력 액셀러레이터들을 중국으로 불러서 기술, 인재, 자금을 끌어들인다. 창업대국 중국의 양과 속도가 세계 최고 수준에 이르면서 미국의 실리콘밸리를 턱밑까지 위협하고 있다는 평가다.

차이나 스피드, 경쟁자들의 혼을 빼놓다

과거 상하이와 베이징을 방문하면서 천지개벽했다고 깜짝 놀라곤 했다. 요즘에는 중국의 선전을 방문한 적이 있는 사람들은 미래를 향해 질주를 하고 있는 광속 혁신에 혀를 내두른다. 하루에도 1만 6,000개의 벤처 창업이 생겨나는 곳이다. 인구 1,200만 도시에 150만 개 이상의 기업이 활동을 하고 있다. 화웨이, 텐센트, BYD는 물론이고 세계 상업용 드론 시장의 70% 점유율을 갖고 있는 DJI, 아이언맨 수트의 광치과학 등 중국 혁신 아이콘 기업들의 본사가 여기에 있다. 중국판 실리콘밸리라고 불리는 선전에서 움직이는 공식 인증 액셀러레이터들만도 무려 150여 개나 된다. 캘리차이나Calichina(캘리포니아와 차이나의 합성어)라는 용어까지 등장할 정도로 실리콘밸리와 선전의 융합 가속도에 탄력이 붙고 있다. 학스Hax 같은 액셀러레이터는 주무대를 아예 실리콘밸리에서 선전으로 옮겼다. 실리콘밸리의 스타트업들을 선전으로 끌어들여 중국 시장에서 성공을 유도한다. 이들이 유치한 스탠퍼드 공대생들이 2012년에 설립한 로욜Royole(디스플레이 제품)이라는 스타트업은 이미 유니콘 기업이 되어 있기도 하다.

중국 제조업 성장 과정에서 한동안 한국 제조업을 벤치마킹한다는 현상이 종종 목격되었다. 그러나 요즘 들어서는 여러 분야에서 상황이 반전되고 있다. 한국 기업이 더 이상 벤치마킹 대상이 아니라는 것이 도처에서 확인된다. 창업, 벤처 등의 분야로 들어가 보면 가히 혁명적이다. 이미 세계적인 수준에 도달하고 있으며, 특정 분야에서는 미국과 선두자리를 놓고 다투고 있을 정도다. 어떻게 중국과 같은 대국이 이토록 빠르게 의사결정을 하고, 규제를 타파해 나가는 것인지 실로 경이롭다. 최근 선전이나 베이징 등 창업 클러스터에 가본 사람들이 이구동성으로 중국의 속도가 무섭다고 치를 떠는 것은 더 이상 새삼스럽지 않다. 창업과 혁신이 중국 경제를 좌우하면서 14억의 공룡 시장을 끌고 나가는 기관차 역할을 하고 있는 것이다. 이러한 현상은 선전뿐만 아니고 중·서부 내륙인 청두, 충칭, 우한 등으로 빠르게 번져 나가고 있는 중이다.

그럼 선전의 생태계에 과연 무엇이 있어 계속 승승장구하는 것인가. 4가지 정도로 요약된다. 첫 번째는 완벽하면서도 강력한 하드웨어 생태계다. 창업 인큐베이터에다 언제든지 부품·소재를 조달할 수 있는 화창베이 전자상가, 홍콩과 연결되는 사통팔달 물류망 등은 중국뿐만 아니고 세계의 스타트업들을 이곳으로 집결시킨다. 두 번째는 개방적인 문화다. 누구든지 들어와서 자유롭게 창업하고, 여유 있는 생활을 즐긴다. 외자外資기업도 3일 만에 창업을 할 수 있다. 이러다 보니 선전 인구의 90%가 외지인이다. 세 번째는 IT를 중심으로 촘촘히 짜여있는 기업 생태계가 열린 경쟁을 지향하도록 유도하고 있는 점이다. 네 번째는 유니콘들이 계속 생겨나기 때문이다. 대다수가 20대에 창업해 5~10년 만에 매출 1조 원 기업으로 성장하고 있는 사례가 허다하다. 로욜, 광치는 물론이고 교육용 로봇 제조업체인 메이커블럭 등이 바로 그들이다. 맨손으로 들어와 혁신 아이디어만으로 일구어낸 신화들로 잘 알려져 있다. 이에 힘입어 선전의 GDP 규모는 372조 원으로 상하이와 베이징에 이어 중국 내 3위이고, 선전 기업의 시가 총액은 이미 상하이를 추월하여 1위다.

종합해 보면 인재, 아이디어 자금들이 몰려들 수 있는 여건들을 갖추고 있다는 것이 선전이라는 도시가 갖고 있는 압도적인 매력이다. 실리콘밸리보다 10배 싸고 10배 빠르다는 평가가 틀린 말이 아니다. 스타트업들은 어떤 상품이 시장에 통할 수 있는가와 시장에서 성공하는 법을 배워 간다. 물론 생겨나는 스타트업의 수만큼 실패하는 기업도 많다. 대박과 쪽박이 교차하지만 벤처기업에겐 여전히 매력적인 도시다. 차이니스 드림Chinese Dream을 꿈꾸는 사람들은 대부분 여기를 기웃거린다. 취업보다는 창업, 1인 창업보다는 동업 창업으로 문전성시를 이룬다. 18~45세의 청년으로 아이디어만 있으면 드림 팩토리라는 곳에 입주하여 자유자재로 꿈을 펼친다. 최저납입 자본금도 없애고 대학생 창업자에겐 1,700만 원의 자금 지원을 한다. 세계무역기구가 허용하는 범위 내에서 최대한의 보조를 허용하고 있다. 천인千人 계획이라는 해외 우수인재 유치 프로그램을 통해 선정된 인재에게는 100만 위안의 국가보조금, 150만 위안의 정착금, 50만 위안의 창업 자금과 임대 아파트까지 제공한다. 창업 천국이 따로 없고 여기가 바로 'Created in China'의 현장이다.

중국의 양과 속도, 진정한 결실로 이어질까

단순히 남의 것을 베끼는 것으로 시작하여 혁신으로 재창조해 나가는 것이 현재 중국인들이 즐겨 쓰는 수법이다. 여기에는 중국 1세대 경영인들의 유연한 사고와 이에 기초하고 있는 기업가 정신을 무시할 수 없다. 알리바바의 마윈, 텐센트의 마화텅, 화웨이의 렌 펭콰위, 바이두의 리옌훙, 샤오미의 레이쥔 등은 우리에게도 익히 알려진 인물들이다. 이들의 공통적 특징은 매우 실용적이고, 의사결정이 빠르며, 미래에 대한 명확한 비전을 갖고 있다는 점이다. 완벽히 준비한 후 실행하며, 아이디어가 생기면 지체 없이 행동에 옮기는 것으로 유명하다. "대다수 기업이 고양이를 보고 그대로 그리는 1차원적인 모방을 하였지만, 우리는 고양이를 보고 나서 사자를 그렸다. 이것이 바로 제2의 창조다"라는 마화텅 회장의 고백은 오늘날 중국의 혁신을 가장 잘 대변하고 있는 표현이다. 과연 14억 명의 위챗(중국판 카톡) 제국을 움직이는 총수다운 면모다. 중국에서 창업이 미덕이 되고 있는 이유는 대중의 롤 모델인 1세대 기업가들의 이런 리더십이 크게 작용하고 있기 때문이다. 시진핑 주석은 지금을 중화민국이 미국에 IT 패권 도전장을 던질 수 있는 천재일우의 기회라고 치켜세운다. 그만큼 자신감으로 가득 차있다.

중국의 속도는 일본 사람들까지 혀를 차게 할 정도다. 일본의 공유경제 시장에 차이나 공습이 무섭게 전개되고 있기 때문이다. 자전거, 숙박, 전자결제에 이어 택시에 이르기까지 난공불락이라고 불리는 일본 시장에 거침없이 진입하고 있다. 중국판 우버라고 불리는 디디추싱이 일본 최대 택시회사와 손을 잡고 2018년부터 서비스를 시작한다. 모바일 서비스 부문에서는 일본과 한국을 앞서 이미 세계 최고 수준임을 유감없이 보여주고 있다. 규제에 막힌 IT 서비스 시장을 중국 업체에 내준다고 걱정하는 일본 내 불만이 분출한다. 알리바바의 알리페이는 2020년까지 일본에서 1,000만 명의 이용자 확보를 장담하고 있다.

일본의 보수적인 사회·문화적 특성과 과도한 규제가 중국 기업들이 시장에 침투하는 원인 제공을 하고 있는 것이다. 현금 결제를 선호하는 일본 문화의 때늦은 후회다. 이는 남의 이야기가 아니고 우리 이야기가 될 수도 있다. 중국의 일부 공유경제 관련 IT 서비스 기업들이 국내에도 속속 진출하고 있는 추세다. 속도에 처지면 언제든지 먹힐 만큼 시장은 빠르게 개방되어 가고 있다.

중국 창업 열기가 갈수록 뜨겁게 달아오르고 있음에도 불구하고 거품이라는 지적도 존재한다. 정부 주도의 스타트업 붐이 일시에 꺼질 수 있다는 예상은 여전히 유효하다. 막대한 자금이 몰리면서 스타트업 관련 생태계가 우후죽순처럼 늘어나고 있지만 정부의 강한 입김이 오히려 생태계를 망치고 있다는 비난이 사라지지 않고 있다. 뭐든지 한번 불이 붙으면 엄청나게 타오르는 중국의 속도가 거품으로 꺼져버린 사례가 적지 않다. 오프라인 유통망, 지방 신도시 아파트 등 사례에서 보듯이 수요보다 공급이 많다보면 부실이 생겨나기 마련이다. 선전에는 현재 450개의 인큐베이터가 있으며, 입주 스타트업 수는 8,500개나 된다. 2020년에는 인큐베이터가 1,000개로 늘어날 예정이다. 정부의 획기적인 보조금 정책이 개인이나 스타트업의 입주를 부추기는 요인이다. 때때로 중국인들의 대박에 대한 지나친 기대와 과욕이 일을 그르칠 때가 많다. 기술 중심이 아닌 형식이나 무늬만 갖춘 상술에 기반하고 있는 기업이나 개인이 많다. 또한 BAT(바이두·알리바바·텐센트)라고 불리는 중국 IT 3인방이 대규모 스타트업 투자 포트폴리오를 독점적으로 운영하면서 창업 생태계를 좌지우지하고 있는 것도 문제점으로 지적된다. 이들 BAT가 제조 기술에 기초한 기업이라기보다는 매치

메이킹 중심의 플랫폼 기업이기 때문이다. 중국의 속도가 일본·한국의 속도를 능가하고 있다는 것을 누구도 부인하지 않는다. 2020년 이후에도 중국의 창업 속도와 양이 진정한 결실로 이어질 수 있을지, 아니면 한 때의 현상으로 끝날지 좀 더 지켜볼 일이다.

포스트 차이나 인도와 베트남
찻잔 속 태풍 아니다

한 때 한국식 성장 모델이 신흥국들에게 많이 회자되기도 했지만 이제는 한물간 레퍼토리가 되고 말았다. 신흥국 대표주자인 중국의 성공이 두드러지면서 국가 주도 중국식 성장 모델이 더 각광을 받고 있는 추세다. 적극적인 외국인투자 유치를 통해 산업화를 모색하면서 관련 인프라를 육성한다. 다른 한편으로는 농촌의 도시화를 통해 내수시장을 키우고, 시장의 잠재력을 지속적으로 높여간다. 지구상의 많은 신흥국들이 제2의 중국이 되겠다는 꿈을 키운다. 인건비가 오르고, 공급과잉과 심각한 환경오염에 따라 대대적인 구조조정에 직면하고 있는 중국의 현실이 이들에겐 또 다른 기회이자 도전이 되고 있는 것이다. 너도나도 중국을 잇는 세계 공장, 즉 포스트 차이나Post China의 선발주자가 되겠다고 기염을 토한다. 아시아는 물론이고 심지어 중남미에 이르기까지 광범위하게 분위기가 확산되고 있다. 디지털 혁신이라는 4차 산업혁명에 버금가는 현상이 포스트 차이나 열풍이다. 세계 경제의 미래 성장 동력은 선진국이 아닌 우리 코앞의 중국을 비롯하여 가까운 동남아, 인도 등 신흥시장에서 나올 것이다.

많은 신흥국들이 이 대열에 합류하고 있지만 가장 눈에 띄는 국가는 인도와 베트남이다. 인도는 중국에 이은 세계 2위 경제대국이지만 인구 증가 속도와 생산가능 인구 측면에서 중국을 추월하고 있다. 중국식 성장 모델이 가장 잘 먹힐 수 있는 국가로 인도가 지목되는 것은 두 국가의 유사성이 매우 크기 때문이다. 동남아 10개국의 경우 ASEAN(동남아국가연합)이라는 단일시장을 만들어가고 있으며, 매력적으로 부상하고 있는 국가는 단연 베트남이다. 인구 1억 명에 근접하는 풍부한 노동력과 충분한 내수시장을 확보하고 있는 것이 장점이다. 또한 베트남 사람들이 영리하고 근면하며, 손재주가 좋은 것도 외국 기업들이 베트남을 선호하는 원인으로 작용하고 있다. 특히 한국 기업들이 중국을 대체하는 China+1로 간주, 진출을 서두르고 있는 지역이기도 하다. 이는 우리 경제에도 긍정적으로 작용한다. 중국 혹은 미국 등 특정국에 편중되어 있는 무역구조와 생산기지를 재편할 수 있는 절호의 기회가 생겨나고 있기 때문이다.

하지만 인도 시장은 여전히 우리에게 낯설고 신비하기만 하다. 긍정적인 것보다 부정적인 이미지가 더 많다. 그래서인지 일본이나 서방 기업보다 인도 시장 진출이 상대적으로 속도가 나지 못하고 있다. 인도 시장의 미래 전략적 가치에 대한 우리의 무지에서 출발한다. 반면 인도 정부나 기업들은 유독 한국 기업에 대해 강력한 러브콜을 보낸다. 세계은행은 2018년부터 인도를 중심으로 하는 남아시아가 세계 경제의 성장 센터가 될 것임을 예고한다. 실제로 지난 2014년부터 성장률 측면에서 인도가 중국을 추월하는 고도경제성장 국가로 부상하고 있다. 인도는 중국을 능가하는 시장 잠재력(13.3억)에다 아프리카·중동 12억, 동남아 6억, 남아시아 4억 등 35억 명을 능가하는 미래 시장과 연결된 교두보 시장이다. 스마트폰 시장 규모만 해도 미국을 제치고 중국에 이은 2위 시장으로 급부상하고 있다. 특히 중국의 화교에 버금가는 인교印僑, Bharatiya의 규모와 네트워크는 향후 인도 경제를 글로벌 시장으로 연결하는 촉매제 역할을 할 것으로 예측된다.

우리가 주목해야할 인도 시장 키워드는 크게 4가지다. 모디 나렌드라 총리가 주도하고 있는 모디노믹스Modinomics 핵심 가치이기도 하다. 첫째는 제조업 육성 정책인 'Make in India'다. 둘째는 ICT 발전 전략의 일환인 '스타트업 인디아Startup India'다. 이는 인도가 갖고 있는 기본적인 ICT 인프라와 시장을 글로벌 플레이어와 연결하고자 하는 발상이다. 미국 실리콘밸리 창업자 30% 이상이 인도계가 될 정도로 타 인종에 비해 압도적인 우위를 점하고 있다. 미국의 혁신 ICT 기업들이 가장 선호하는 최고경영자도 인도계다. 영리하면서 뛰어난 유연성을 발휘하기 때문이다. 순다르 피차이 구글 CEO, 시티아 나델라 마이크로소프트 CEO, 샨티누 나라옌 어도비 CEO 등이 대표적이다. 인도 정부는 이들이 본국과의 비즈니스를 연결하는 가교 역할을 충분히 해줄 수 있을 것으로 기대한다. 셋째는 눈덩이처럼 커지고 있는 인프라 시장이다. 마지막으로는 빠르게 증가하고 있는 중산층과 이에 편승하고 있는 소비 시장의 확대를 들 수 있다.

인도와 동남아 시장, 전략적으로 접근해야

2017년은 우리와 중국·베트남이 수교 25주년을 맞이한 해였다. 사드 보복으로 중국은 우리와 멀어지고 있는 반면 베트남은 중국을 대체하는 경제협력 파트너로서 훨씬 더 가까워지고 있다. 과거 중국과는 확연하게 다른 뉴 차이나New China의 등장은 우리 심기를 불편하게 한다. 반면 포스트 차이나Post China의 중심으로 도약하고 있는 베트남이 우리에게 안도의 한숨을 쉬게 한다. 2020년에는 베트남이 미국을 제치고 우리의 2대 수출 시장(1,000억 달러 이상)으로 부상할 것으로 예상된다. 특히 2017년은 24년 만에 한국 기업의 해외진출 1위 대상 국가가 중국에서 베트남으로 바뀌는 원년이 되기도 했다. 벌써부터 베트남인들은 가까운 미래에 자국이 일본-한국-중국을 잇는 아시아의 신흥공업국 계보에 신규 진입할 것으로 낙관한다. 향후 이 2개의 차이나와 어떻게 관계를 만들어갈 것인가가 우리 경제에 당면한 현실적 과제이자 운명이기도 하다. 중국 시장에서의 경험이 베트남 시장 경영에 도움이 될 수 있겠지만 중국에서 범한 과오를 되풀이하지 않도록 다각적인 플랜과 시나리오를 미리 준비해야 한다. 그리고 장기적으로는 어느 시점에 빠져나올 것인지에 대한 출구전략도 염두에 두어야 안정적 현지 경영이 가능하다.

최근 베트남에도 창업 열풍이 불고 있다. 벤처 붐으로 '제2 도이모이'를 추진하겠다는 발상에서 비롯된다. 오는 2020년까지 스타트업 5,000개를 육성하여 하노이를 동남아의 창업 메카로 키우겠다는 의욕을 대외에 보이고 있다. 하노이로부터 북서쪽으로 30km 떨어진 호락하이테크 파크는 베트남의 미래로 불리는 곳이다. 300만 평 규모에 하이테크를 지향하는 스타트업들을 대거 유치할 계획으로 중국 선전이 벤치마킹 모델이다. 한국 대기업들도 대거 입주해 있어 향후 대학, 연구소 등과의 제휴를 통해 신생 벤처기업이 대거 등장할 수 있는 인프라가 만들어지고 있는 것이다. 최대 상업도시 호찌민도 이에 뒤지지 않는다. 드림플렉스라는 창업 전용 공간Co-working Space에는 30대 이하의 청년 사업가들로 넘쳐난다. 베트남을 단순히 제조업 생산기지로만 활용할 것이 아니라 베트남은 물론이고 인근 동남아 시장을 겨냥한 스타트업의 진출 거점으로도 고려할만 하다. 현지 벤처기업과의 콜라보도 활짝 열려 있다.

조금만 더 전략적으로 인도 혹은 동남아 시장에 접근하면 더 많은 파이를 만들어낼 수 있는 여지가 크다. 특히 현지 시장의 문화적 관습이나 특성을 감안하여 개발된 맞춤형 상품일수록 성공 가능성이 훨씬 높다. 하나의 시장으로 묶지 말고 그룹(인도차이나 혹은 말레이 반도 등)으로 분류하여 체계적인 시장 접근 모델을 가져야 한다. PN풍년은 한국에서 잘 팔리는 지름 28cm 프라이팬과 달리 인도인들이 즐겨먹는 차파티(밀가루를 반죽하여 둥글고 얇게 만들어 구운 음식) 요리에 적합한 26cm로 대박을 터뜨렸다. LG전자의 모기 잡는 초음파 에어컨, 현대자동차가 터번을 쓰는 인도인들을 고려하여 개발한 높은 천장의 소형차, 시장점유율 90%에 달하는 롯데제과의 초코파이 등이 인도 현지 스타일에 맞춘 상품들이다. 정수기를 기반으로 출발한 코웨이는 말레이시아 국민 기업으로까지 불린다. 할랄 인증 등 현지화에 이어 한국식 렌탈 방식을 통한 말레이시아의 성공을 발판으로 태국, 베트남 등으로 진출 채비를 서두르고 있다. 대우전자는 무슬림 전통 의류 바틱 전용 세탁기, 기름 없이 아얌고랭(닭튀김)을 조리하는 오븐 등을 출시하여 돌풍을 일으키고 있다. 쿠쿠 밥솥과 휴롬 주스카페도 인기를 누린다. 휴롬 주스카페는 벌써 베트남 7곳, 태국 2곳, 말레이시아 2곳에 문을 열었다. 우리 소형 가전업체들이 동남아 생활가전 틈새시장을 휩쓸고 있는 것이다. 탐앤탐스 커피 전문매장도 동남아 6개국에 70여 개에 달한다. 동남아 소비자들이 한국 기업의 서비스 한류에 매료되고 있다는 반증이다.

중국과 미국은 우리 최대 교역 파트너이지만 두 대국의 무역 분쟁은 고래 싸움에 새우 등 터지는 꼴로 우리에게 결정적인 피해를 입힐 수 있다. 사태가 더 악화되기 전에 교역 대상국을 다변화해서 위험을 분산하는 것이 최선의 선택이다. 현재로서는 베트남이나 인도만큼 유망한 시장은 없다. 그들 또한 쌍수를 들고 우리와의 협력에 적극적으로 화답한다. 2018년 2월 27일 인도 뉴델리에서는 2016년에 이어 두 번째로 한·인도 비즈니스 서밋이 개최되었다. 1,200여 명의 양국 기업인·정치인·관료들이 참가하여 대성황을 이루었다. 호스트인 모디 총리는 2030년 인도가 세계 3대 경제 대국에 오를 것이라고 강조하면서 한국 기업의 인도 진출을 강력히 호소했다. 인도는 중국의 팽창에 대해 극도로 경계하면서도 한국 혹은 일본 기업의 자국 진출에 대해선 매우 우호적이다. 이에 호응이라도 하듯 2000년 이후 지난 17년간 일본 기업의 인도 투자액은 무려 우리(23억 달러)의 11배(257억 달러)에 이른다. 인도 진출 일본 기업 수는 1,305개이지만, 우리는 606개로 절반에도 미치지 못한다. 반면 우리 기업의 베트남 투자는 일본 등 경쟁국을 압도한다. 우리 기업과 일본 기업은 서로 충돌하는 것을 원천적으로 싫어한다. 하지만 최근 베트남에 대한 일본 기업의 투자가 빠르게 늘어나는 추세에 있다. 우리도 인도 진출을 더 이상 미뤄선 안 된다. 외눈이 아닌 겹눈으로 한번에 세상을 봐야 균형은 물론이고 더 많은 이익을 확보할 수 있다.

미·중 패권 경쟁으로 시작된 세 개의 통상 전쟁

작금의 글로벌 통상 분쟁을 엄밀하게 분석해 보면 크게 세 개의 기류로 형성되고 있다. 당연히 미·중 패권 경쟁, 즉 G2 치킨게임이 그 발원지로 신경제냉전 시대의 서막을 알린다. 최악의 상황 직전에서 타협의 실마리를 찾으려는 노력도 엿보이긴 하지만 폭주하는 두 기관차가 난폭 운전을 일삼으면서 세계 경제에 평지풍파平地風波를 일으키고 있다. 하나는 미국의 보호무역으로 인해 발발하고 있는 미국과 기타 세계 간의 상품무역 전쟁이고, 둘은 중국의 지식재산권 침해 혹은 하이테크 탈취에서 비롯되고 있는 중국과 기타 세력 간에 벌어지고 있는 이른바 지식재산 전쟁이다. 그리고 또 다른 하나는 지난 1980년대 미국이 일본에 써먹어 톡톡한 효과를 본 환율 전쟁이다. 2008년 금융위기 이후 구겨진 미국 경제를 다시 일으킨다는 것이 트럼프노믹스의 핵심이고, 제조업 대국에서 강국으로의 굴기를 통해 확실한 패권 국가로 가려는 것이 중국제조 2025 타임 테이블이다. 이 세 개의 통상 전쟁이 세계 경제를 왜곡시키고 갈등의 골을 증폭시킨다. 문제는 미국과 중국을 대상으로 벌이고 있는 연합 세력의 집단적 대응이 아직은 느슨하고 구심점이 결여되어 있다는 점이다. 이로 인해 미국은 더 세게 보호무역을 밀어붙이려 하고, 중국의 초탈법적 지식재산 과욕은 기가 한풀 꺾이다가도 호시탐탐 다시 살아나기도 한다. 지금 벌어지고 있는 보호무역은 중국의 과욕이 자초한 불가피한 현상이라는 것이 대체적인 시각이다. 반대로 중국은 미국이 불합리한 잣대로 사사건건 중국을 위협하면서 세계 경제를 수렁에 빠져들게 한다고 비난한다. 지구상에 태양은 하나라는 G2 패권 경쟁이 주변국들을 불편하게 하고, 심지어는 엄청난 피해를 안기기도 한다.

다른 각도에서 보면 트럼프와 시진핑이라는 두 스트롱맨이 개인적으로 벌이고 있는 결투판이다. 각자 미국 우선주의America First, 중국의 꿈中國夢이라는 거창한 슬로건을 내걸고 있지만 개인의 정치적 야심이 기저에 깔려 있다. 전형적인 백인 우월주의와 자본주의적 기업가 정신으로 똘똘 뭉친 트럼프와 대국의 황제 대관식으로 장기집권의 기반을 구축한 시진핑이 물러설 수 없는 한판 승부를 벌이고 있는 것이다. 고대 그리스 학자인 투키디데스가 '펠로폰네소스 전쟁사'에서 언급한 투키디데스의 함정Thucydides's Trap과 흡사하다는 지적이 꽤 설득력을 얻는다. "새로운 힘이 부상하고 기존의 세력이 이를 두려워할 때 항상 전쟁이 발발한다"는 스파르타와 아테네 간의 전쟁을 빗대어 한 말이다. 스파르타는 미국, 아테네는 중국에 곧잘 비유된다. 스파르타가 전쟁에서 승리를 하지만 얼마 가지 않아 극도로 쇠약해져 멸망하고 만다. 지난 500년간에도 신흥 세력과 지배 세력이 충돌한 16건 중 12건이 전쟁으로 번진 역사적 결과도 있다. 과연 전쟁이 최선의 선택인가 하는 교훈은 여전히 유효하며, 파국을 막을 수 있는 해법 찾기에 골몰하게 한다. 미국의 중국에 대한 견제는 결코 멈추지 않을 것이며, 중국의 미국에 대한 도전도 쉼이 없을 것이다. 둘 다 최악의 상황으로 치닫는 것에 대해선 자제하는 분위기지만 쉽게 끝나지 않는 지루한 싸움이 계속될 것이 분명하다. 2018년 5월 양국 고위급 마라톤 무역협상을 통해 상호 보복관세를 중지하고 무역불균형 해소를 위해 상호 노력하기로 잠정 합의했지만 그 판은 오래 가지 않아 바로 깨졌다. 중국이 미국으로부터 수입을 더 늘리고 지적재산권 보호를 중시하겠다고 약속을 했지만 단지 립서비스에 불과했기 때문이다. 뇌관은 모두 남겨두고 갈등만 봉합한 상태에서는 이런 치킨게임이 쉽게 끝나지 않는다. 2017년 시진핑 주석의 미국 방문 시에도 양국이 엄청난 합의를 한 것처럼 알려졌지만 대부분 무산되고 말았다. 중국이 미국의 구미에 맞게 움직일 만큼 결코 호락호락하지 않다. 미국은 중국의 기세를 꺾어 초강대국을 지속적으로 유지하려고 하고 있고, 반면 중국은 대등한 관계를 유지하면서 점진적으로 미국으로부터 패권을 넘겨받겠다는 엄청난 음모가 이면에 깔려 있기도 하다.

트럼프, 미국 내 여론도 호의적이지 않다

전면전은 피하되 북한을 중간에 두고 안보 대리전을 한다든지, 통상 문제를 놓고 양쪽이 줄다리기하고 있는 현상들을 보면 중국이 주장하고 있는 신형대국관계의 모양새를 띄고 있는 것이 분명하다. 중국은 G2가 아닌 G0라는 물 타기로 미국의 신경을 톡톡 건드린다. 미국으로서야 당연히 인정하기 어렵겠지만 현실을 부정하기도 쉽지 않다. 트럼프는 당선 전부터 글로벌 통상 전쟁을 예고했고, 취임 이후에도 집요하게 이 노선을 고수한다. 중간선거·재선 승리라는 정치적 계산을 염두에 둔 포석이기도 하다. 가장 먼저 TPP(환태평양경제동반자협정) 탈퇴 선언, NAFTA, 한·미 FTA 재협상 등 무역협정을 전면 고치는 칼을 빼들었다. 연이어 법인세를 35%에서 21%로 낮추는 감세와 10년간 1조 5,000억 달러의 인프라 투자 계획을 발표했다. 2018년 들어서는 벽두부터 세탁기·태양광 패널에 대한 세이프 가드와 수입 철강·알루미늄에 대해 25%와 10%의 추가 관세를 부과하는 초강수를 릴레이식으로 이어가고 있다. 미국 시장에 물건을 팔려면 미국에 들어와 공장을 지으라는 외국 기업에 대한 압박이자 이를 통해 미국 내 일자리 창출에 있다는 것은 삼척동자도 다 아는 일이다. 중국도 당하고만 있지 않고 맞받아치고 있다. 2018년 1월에만 미국 국채 167억 달러 어치를 팔아치웠다. 2016년 11월에도 한 달 동안 무려 662억 달러나 팔아치운 적이 있다. 미국산 수수에 대한 반덤핑 조사나 중국투자공사CIC가 9.7%에 달하는 미국 사모펀드 블랙스톤의 지분을 팔아치웠다. 불꽃 튀는 창과 방패의 혈투는 계속 진행 중이다.

중국이 당면한 3개의 통상 전쟁

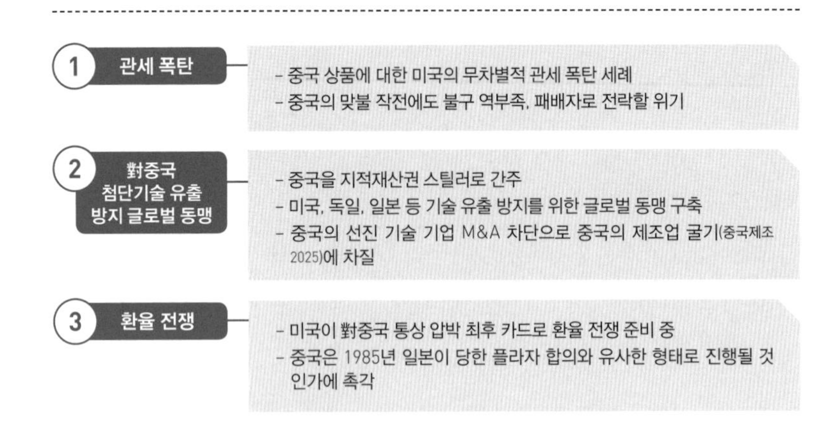

* 플라자합의 : 미국이 쌍둥이(재정 및 무역)적자를 해소하기 위해 1985년 일본의 엔화 가치를 달러당 240엔에서 120엔으로 절상, 일본 상품의 가격경쟁력이 ½로 감소함.

최근 미국 보호무역의 불똥이 주 타깃인 중국에 이어 전통적 동맹국인 유럽이나 한국 등에도 옮겨 붙고 있어 적지 않은 충격을 준다. 무역 전쟁에는 동맹과 적을 구태여 구분하지 않겠다는 트럼프식 전술이자 전법이다. 전임 미국 대통령과 다르게 아이러니하게도 트럼프는 계속 유럽에 대한 공세를 늦추지 않는다. 보복은 또 다른 보복을 부를 수밖에 없다. EU는 미국보다 더 큰 시장이다. EU는 미국에서 수입하고 있는 농산물은 물론이고 할리데이비슨, 버본 위스키, 리바이스 등에 동일한 25% 관세를 부과할 것이라고 으름장을 놓는다. 이에 미국이 다시 발끈하여 유럽산 자동차에 대한 20% 관세 카드로 협박한다. 현재 미국은 유럽산 자동차에 2.5% 관세를 부과하고 있는 것에 비해 유럽은 미국산 자동차에 대해 10% 관세를 부과하고 있다. 교역 상대국에 대한 트럼프 행정부의 일방적 보호무역 공세에 대한 미국 내 반발도 만만치 않다. 폴 크루그먼, 로버트 실러, 제프리 삭스 등 석학들은 이를 바보 같은 짓이라고 정면으로 비판하고 나섰다. 보호무역의 패자는 결국 미국이 될 것이라고 경고한다. 미국 자동차 업계는 물론이고 미국에 둥지를 트는 외국 기업들까지 철강 수입 관세 인상으로 원가 부담이 더 늘어날 것이라고 우려한다. 일자리를 늘리는 것이 목적이라고 하나 그들이 동시에 소비자라는 점에서 누구를 위한 행위인지에 대해 의구심이 확대되고 있다. 이에 따라 미국 의회는 대통령의 행정 명령 무력화 입법으로 제동을 걸 태세까지 보인다.

반미·반중 통상 전선에 나서기보다 연합 세력과 동조 필요

한편으론 통상과 관련한 반미 전선이 확대되고 있는 양상이다. 미국이 빠진 CPTPP(포괄적·점진적 환태평양경제동반자협정)는 일본 주도로 11개국(호주, 브루나이, 캐나다, 칠레, 일본, 말레이시아, 멕시코, 뉴질랜드, 페루, 싱가포르, 베트남)이 참가하여 2018년 3월 8일 칠레 산티아고에서 서명을 완료하였다. 우리 주력 교역 파트너들이 대거 포함되어 있지만 한국은 빠져있다. 미국의 보호무역이 이들의 결집력을 더 높여준 셈이다. 뒤늦게 미국이 이들에게 추파를 던지면서 추가 합류 가능성을 내비치기도 한다. 2019년 상반기 중에 정식 발효될 전망이다. 한편 중국이 주도하고 우리와 일본도 합류하고 있는 RCEP(역내포괄적경제동반자협정)는 16개국이 참여하고 있으며, 2018년 내 타결을 목표로 한다. 중국 시진핑 정권이 강력하게 추진하고 있는 일대일로一帶一路 프로젝트도 잡음이 끊이지 않고 있지만 더 속도를 내려고 한다. 미국 보호무역이 반대편에 있는 국가들의 결속력을 높이면서 결과적으로 중국만 이롭게 할 것이라는 견해도 파다하다.

한편으론 중국의 지식재산 과욕에 대한 글로벌 방어망이 점진적으로 확대되고 있다. 미국과 일본은 거의 필사적이고 독일·호주 등으로 확산되고 있는 모습이다. 경제 규모로 미국을 위협하고 있는 중국이 첨단 기술마저 갖게 되는 것을 용납할 수 없다는 입장이다. 미국은 통상 압박에 더하여 중국을 지식재산 스틸러로 몰아가고 있다. 중국은 국가가 이를 진두지휘하면서 3조 달러 이상 보유하고 있는 외환보유고를 적극 활용한다. 요즘은 안보와 직결된 업체에까지 중국 돈줄이 무차별적으로 접근하면서 이를 차단하려는 국가들이 늘어나고 있다. 세계 4위 반도체 업체 브로드컴이 3위 업체인 퀄컴 인수에 급제동을 걸었다. 브로드컴은 2015년 싱가포르의 화교 자본인 아바코 테크놀러지스에 인수되어 본사가 싱가포르에 있으며, 미국 정부는 싱가포르와 중국과의 관계도 고려하였던 것으로 짐작된다. 4차 산업혁명의 기반기술로 평가되고 있는 5G 이동통신 첨단기술이 중국에 넘어가는 것을 허용하지 않기 위해서다. 중국의 통신기술 표준 주도 의욕을 방관하지 않고 초반에 기세를 꺾어 놓겠다는 것이 미국의 생각이다. 중국 2위, 글로벌 4위 통신장비 기업 ZTE에 대해 이란 제재법 위반을 이유로 향후 7년간 부품 거래 전면 금지 조치를 발표했다가 철회하는 해프닝까지 일어났다. 연이어 이란과의 비밀 거래를 빌미로 세계 통신장비 1위 업체인 화웨이도 조사 선상에 올렸다. 미국 반도체 부품 25~30%를 사용하는 ZTE로서는 엄청난 타격이었다. ZTE는 자율주행차, 사물인터넷, 인공지능 구현에 필수적 기반 기술인 5G 통신 구현과 관련된 중국의 중추적 기업이다. 미국의 협박과 회유가 반복되면서 중국 5G 굴기가 심하게 흔들릴 징조를 보인다.

이런 사례는 더 있다. 중국계 사모펀드의 미국 래티스 반도체 인수 시도(13억 달러 상당)도 백악관 제동으로 불발로 끝났다. 래티스 측은 지적재산과 기술유출 통제에 대한 보장과 미국의 일자리 창출을 이유로 미국 정부에 강력히 승인을 요청하였지만 거절당했다. 반도체 기술이 중국에 넘어가는 것을 우려했기 때문이다. 오바마 정권 시절에도 중국 자본이 독일 반도체장비 업체인 아익스트론 미국 법인 인수(6.7억 유로 상당)를 시도했으나 무산된 적이 있다. 미국의 요청을 독일 정부가 수용한 결과다. 2015년까지는 차이나머니가 글로벌 첨단 기술 기업들을 블랙홀처럼 집어삼켰다. 2010년 유럽의 재정 위기 이후 경영난으로 시장에 싸게 매물로 나온 독일 등 유럽 기업들이 중국의 손에 많이 넘어갔다. 독일 로봇 회사 쿠카가 중국 가전업체인 메이디에 인수당한 후 유럽 전역에서 지식재산과 관련된 분쟁이 빈번하게 발생하기도 했다. 차이나머니 꼬리표가 국방, 에너지, 전략, 식량 등으로 확대되면서 서방 정부들의 경계심이 빠르게 번지고 있는 추세다. 마침내 독일 정부도 중국 자금의 민간기업 인수에 대해 개입할 있는 여지를 마련했다. 메이 총리 집권 이후 영국이나 중국 자금을 한동안 만만한 대상으로 여겨왔던 호주도 강력한 제동에 적극 동참하고 있다.

자본주의 체제 상징인 미국과 사회주의 체제 상징인 중국이 무역, 지식재산을 두고 벌이고 있는 이 전쟁판에 주변 국가들의 이해 계산도 복잡해진다. 이 위기에서 파생되는 원자재·환율·증시 대혼란이 당분간 불가피할 것으로 예상된다. 일시적인 위협이 아닌 공포증으로 번지고 있는 상태다. 태생적으로 이 두 무소불위 권력은 주변국들에게 자기편으로 줄 서기를 강요한다. 우리에 대한 미국의 무역 보복이나 중국의 사드 보복도 이와 같은 맥락에서 이해해야 한다. 이 거대한 글로벌 통상 전쟁에서 미국과 중국은 상대를 억누르기 위한 연합 세력 구축에 더 박차를 가할 것이다. 정글을 헤쳐 나가려면 전쟁의 본질을 잘 읽어야만 대응력을 높일 수 있다. 트럼프 행정부는 2018년 11월 중간선거에 이은 재선에, 시진핑 정권은 황제 등극 이후 리더십 공고화를 위해 기존 노선을 더 강화해 나갈 것이 분명하다. 잘못하면 두 나라는 건재한 반면 주변국이 피투성이가 될 수 있다. 아시아 역내에서도 새판 짜기가 본격화되고 있다. '미국+일본+동남아+인도' 대 '중국+러시아+북한' 판이다. 어느 판이 유리한 지는 불 보듯 자명하다. 안보와 통상 이슈는 분리된 것이 아니라 같은 레일 위에서 달리는 평행 열차다. 이 두 나라의 전쟁 사이에서 균형을 잃지 말고 우리 이익을 어떻게 방어하고 키워나갈 수 있을 것인지에 대해 진지하게 고민해야 한다. 잘못하면 이 전쟁에서 엉뚱하게 우리가 희생될 수 있다는 시나리오를 항상 경계해야 할 것이다. 미국과 중국이 상대를 옥죄면서도 공히 갖고 있는 큰 시장을 무기로 의외의 담합을 만들면서 주변국들에게 피해를 전가시킬 수 있다. 그렇다 하더라도 상품과 기술에 더하여 환율로 연결되는 분쟁과 이에 따른 결과로 파생하는 글로벌 변수를 우리 쪽에 유리하도록 만들어가는 것이 전혀 불가능한 것도 아니다.

미·중 경쟁, 환율 전쟁으로 불 옮겨 붙다

미국 40대 대통령 로널드 레이건은 미국인들이 가장 좋아하는 역대 대통령 중 한 사람이다. 인물 자체에 대한 호감도가 높기도 하지만 재임 기간(1981~1989) 중 시행한 경제 정책인 레이거노믹스Reaganomics를 통해 미국 경제의 재건을 만들어냈기 때문이다. 정치적으로 "힘의 논리만이 미국을 위대하게 한다"라는 강경보수 노선을 고수하면서 많은 결과물을 잉태했다. 미·소 냉전 체제를 종식하고 고르바초프로 하여금 글라스노스트glasnost와 페레스트로이카perestroika를 통해 개혁·개방의 길로 끌어냈다. 초강대국 미국 일극一極 체제로 옮겨가는 초석을 다진 것이다. 경제적으로는 1985년 플라자 합의라는 묘수를 통해 당시 하늘을 찌를 것 같았던 일본 경제의 위세를 한방에 꺾었다. 달러 강세로 인한 재정·경상수지라는 쌍둥이 적자를 경감시키는 계기가 되었다. 엔화의 평가절상을 통해 미국에 투자한 일본 자본에 막대한 손실을 안겨주기도 했다. 1990년대 초에 시작된 일본의 잃어버린 20년, 그 원초적 태생이 여기서 비롯되었다고 보는 것이 정설이다. 땅을 칠 일이지만 일본이 너무 쉽게 양보한 것이 엄청난 화근을 자초한 것이다.

상품에 대한 관세 폭탄에다 중국의 아킬레스건인 기술 봉쇄에 더하여 환율 압박으로 이어지는 트럼프 사단의 시나리오는 정해진 수순대로 움직이고 있다. 기존 두 개의 압박에 대한 미국 내부에서 반대 목소리가 여전히 만만치 않고, 실제로 약발이 잘 먹혀들어가지 않고 있는 것이 현실적 딜레마이긴 하다. 중국의 저항이 만만치 않을 것임이 예견된 상황에서 벌어지고 있는 타임테이블이며, 최종적인 선택일 수도 있다. 실제로 미국이 쓸 수 있는 다음 카드가 환율일 것이라는 예측은 이미 파다하다. 가장 확실하면서도 중국에게 치명적인 영향을 줄 수 압박 수단이 될 수 있다. 중국도 이를 간파하고 마지막 샅바를 단단히 동여매고 있다. 통화가치 절상으로 일본이 당한 처절한 사례를 잘 알고 있기 때문에 중국으로서는 미국의 압박에 쉽게 백기를 들지 않을 것이다.

한편 통화 전쟁을 끌고 가야할 트럼프 진영에게 미국 연방준비제도Fed의 빠른 금리 인상이 달갑지 않다. 노골적인 불만 표시와 더불어 속도 조절을 간접적으로 강요한다. 중국, EU 등과 무역 전쟁을 벌이고 있는 판에 달러 강세가 오히려 발목을 잡을 수 있다는 판단에서 기인한다. 트럼프 측도 자신들에 의해 벌어지고 있는 글로벌 무역 전쟁이 단기적으로 미국 혹은 글로벌 경제에 부정적인 영향을 미칠 것이라는 점을 충분히 인지하고 있다. 다만 이를 통해 그들이 주장하는 공정 무역, 즉 글로벌 무역 질서가 제대로 구축되면 궁극적으로 미국 경제에 긍정적인 영향을 끼칠 것이라는 점을 애써 강조한다. 미국 내에 더 많은 공장과 일자리가 생겨나고, 고질적인 무역적자도 해소될 것이라는 신념이 강하다. 경쟁국보다 상대적으로 미국의 경제적 상황이 양호한 지금이 적기라고 보고 있는 것이다. 이를 통해 미국의 턱밑에서 패권을 넘보고 있는 중국에게 치명상을 입혀 제대로 길들이기를 하겠다는 포석이다. 중간선거 승리와 재선을 위해서 레이건의 방식이 트럼프에게 매력적인 성공 방정식이다.

관세 폭탄·기술 봉쇄·환율 전쟁 등으로 이어지는 고래 싸움 와중에 각국의 이해관계도 복잡해지고 있다. WTO가 발표한 미·중 무역

전쟁의 영향에 가장 크게 노출된 국가 리스트에 우리는 여섯 번째 올라가 있을 정도다. 초조와 긴장이 계속되고 있지만 별다른 묘책이 없어 전전긍긍한다. 이런 상황에서도 세계 3위 경제대국 일본은 미국과 중국 틈새에서 어부지리를 노린다. 오히려 이익이 생겨날 수 있다는 계산이다. 일시적으로 이 양국에 수출하는 일본 상품이 타격을 받는 것은 불가피하다. 하지만 양대 거대시장에서 반사이익이 생겨나면서 일본 상품의 시장점유율이 높아질 수 있다는 것이다. 일본 정부는 지속적으로 양적완화를 통해 시장에 유동성을 공급하면서 엔화의 급격한 절상을 최대한 억제해 나가는 정책을 고수한다. 수출만이 일본 기업의 재기를 돕는 최고 약발임을 익히 알고 있기 때문이다. 손해만이 아닌 기대이익까지 넘보는 일본의 대응은 우리에게 많은 시사점을 준다. 미국의 전면적 통상 압박이 중국 부상을 위축시킬 수 있겠지만 중국의 미래는 외부적 충격보다 내부적인 상황에 의해 결정될 것이라는 전망이 아직은 더 힘을 받고 있다.

달러 약세
성장의 걸림돌이 되는가

트럼프 대통령 취임 이후 지난 1년여 동안 달러 약세 현상이 지속되었으나 잇따른 금리인상으로 반전되었다. 감세, 금리 인상, 재정 확장, 통화 긴축정책과 미국 경제의 호조가 맞물려 달러 가치가 올라갈 것이라는 예측이 맞아 떨어지고 있다. 보호무역을 통해 무역적자를 만회하려는 트럼프 정권이 달러 약세를 선호한다는 것이 곳곳에서 감지되고 있으나 이와는 반대로 움직이고 있는 것이다. 미·중 무역 전쟁이 전면전으로 치달으면서 달러 강세는 여전히 복병으로 도사리고 있다. 이는 향후 외환시장을 크게 동요시키는 새로운 예고편이기도 하다. 무역 전쟁이 격화될수록 각국 증시가 급락하고 달러화, 엔화 등 안전자산에 대한 선호도가 높아지면서 초강세가 이어지고 원화나 위안화 등 신흥국의 통화 가치가 더 하락할 가능성도 있다. 원화 가치의 상승·하락

미국 연방 기준금리 향후 전망

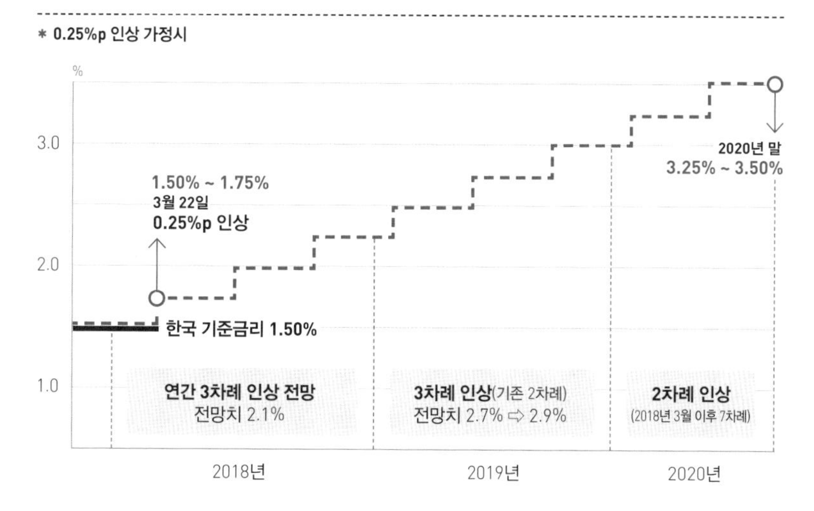

요인이 시장에서 동시에 작동하고 있어 혼란이 더 가중된다.

미국 경제 호전 지속으로 점진적인 금리 인상을 하고 있지만 통화 긴축 정책을 과감하게 펼치지 못하는 이유는 아직도 완벽한 경제회복에 대한 자신감의 결여에서 기인한다. 항간에는 미국이 지속적으로 금리인상을 할 경우 자칫 1~2년 내에 다시 단기 불황이 닥칠 수 있다는 경고음이 새어나온다. '금리 인상 → 주식시장 조정 → 가계 자산 축소 → 소비지출 감소 → 단기 불황'으로 이어질 수 있다는 시나리오다. 금리가 계속 올라가면 미국 가계 자산 10조 달러가 사라질 수 있다는 진단마저 나온다. 2018년 중에도 미 연준이 3회(2019년에도 3회 예정) 금리인상을 시도할 것이라는 예상이 거의 지배적이다. 경제 이론보다는 시장 상황을 보고 횟수와 시기는 언제든지 조정할 수 있다는 것이 신임 제

원·달러 환율과 미국 다우지수 추이

롬 파월 미국 연준 의장의 입장이다. 트럼프발 글로벌 통상 전개 양상도 예의주시할 것으로 보인다. 하지만 고질적인 쌍둥이(무역과 재정) 적자는 달러화 강세보다 약세로 이동하도록 유도할 가능성이 있다. 이렇듯 달러화 강세와 약세로 유도하는 요인들이 반대편에서 상호 강하게 버티고 있기 때문에 지나치게 한 쪽으로 치우치는 것이 억제되고 있는 상황이다. 종합적으로 보면 달러화를 강세 방향으로 움직이게 하는 힘이 시장에서 더 강하게 작용하고 있으나, 약세를 선호하는 측의 의도적인 힘이 흐름을 더 세게 좌지우지할 공산도 크다.

환율 안정은 우리 경제에 매우 중요한 이슈다. 급격한 상승과 하락이 경제 주체들에게 치명적인 타격을 줄 수 있기 때문이다. 미국은 보호무역 압박 수단 중의 하나로 환율을 분명히 상정하고 있다. 무역 흑자국에 대한 환율 조작 감시를 통해 무역수지 적자 축소와 미국 일자리 창출을 달성하겠다는 의지를 숨기지 않는다. 미국은 대미무역흑자 200억 달러 초과·GDP 대비 경상수지 흑자 3% 초과·GDP 대비 달러 순매수 2% 초과 등 3가지 이상을 충족하면 환율조작국(심층 분석 대상국), 2개를 충족하면 관찰대상국으로 분류한다. 우리는 중국 등 대부분 대미무역흑자 국가와 마찬가지로 후자의 국가로 분류되고 있다. 미·중 무역 갈등이 첨예하게 대립각을 이루고 있는 가운데 물밑에서 타협의 실마리를 찾으려는 시도가 엿보이기는 한다. 일례로 중국이 위안화 절상에 나설 수 있다는 입장을 보이고 있는 점이다. 미국 무역적자의 절반을 차지하고 있는 중국으로서도 이를 통해 무역흑자를 줄이려는 노력을 해보이겠다는 것이다. 환율조작국으로 몰리는 극단적 상황을 피해보려는 궁여지책에서 나온 수순으로 이해된다. 위안화의 국제적 위상을 높이는 것은 중국으로서도 당연히 가야할 방향이다. 미국 패권 경쟁에서 가장 취약한 분야인 위안화의 위상과 기능을 높여야만 팍스시니카 체제 구축에 다가설 수 있다는 것을 누구보다 잘 안다.

적정 환율 유지 대안 반드시 가져야

만약 삐걱하여 1985년 미국이 일본과 체결한 플라자 합의 형태로 발전한다면 중국이 제2의 일본이 될 수 있다는 우려가 팽배하다. 미국이 시동 걸고 있는 환율 전쟁 대상이 중국만이라는 증거는 아직 그 어디에도 없다. 그 불똥이 우리나 다른 대미무역흑자 국가들에게도 튈 수 있는 분위기다. 그러나 칼끝이 중국과의 신플라자 합의에 있을 것이라는 전제는 여전히 유효하다. 분명한 점은 중국과는 확연하게 다른 우리 입장이다. 수출에 대한 의존도가 절반이 넘는 우리 기업에게 환율의 급격한 상승은 거의 공포에 가깝다.

일본 경제의 추락 원인을 1990년대 초 부동산 버블 붕괴·주력산업의 공급과잉·급격한 인구절벽 등에서 찾는다. 하지만 대다수 전문가들은 1985년 미·일 플라자 합의에 의한 엔화의 급격한 평가절상(약 2배)에서 시작되었다는 평가가 지배적이다. 한미 FTA 개정 협상 종료 이후 2018년 4월 들어 원화 가치가 급격하게 요동치고 있다. 오르락내리락 급반전을 한다. 정부는 부인하고 있지만 양국 간 환율에 대한 일정 합의가 있었을 것이라는 의심의 눈초리를 감추지 않는다. 결국 미국 압박에 밀려 정부의 외환시장 개입 내역 공개도 2019년 상반기까지는 6개월 단위로 공개해야 하며, 하반기부터는 3개월 단위로 줄어든다. 미·중 무역전쟁, 금리 인상에다 환율 급락이라는 현상까지 겹치면 우리 경제에 치명적인 트리플 악재가 될 수밖에 없다. 설상가상으로 내수·일자리·투자 등에서 동시다발적인 위기가 올 수도 있다. 무역협회 설문조사에 따르면 우리 기업의 손익분기점 평균 환율이 1,045원 정도로 밝혀졌다. 적정 환율은 1,073원으로 밝혀지고 있다. 최악의 시나리오이지만 가속도가 붙을 경우 조만간 900~1,000원 대로 급락할 수 있다는 우려마저 확산되는 분위기다. 우리 수출업계가 충분히 감내할 수 있는 속도로 환율이 하락해야 가격경쟁력을 유지할 수 있다.

문제는 우리가 어떤 포지션으로 미국 금리인상과 환율의 방향성을 인지하고 움직이느냐 하는 것이다. 한·미 간 금리 차 역전으로 한국에서의 대규모 자금 이탈에 대해 우려하는 목소리가 분출한다. 그러나 과거 전례를 보면 방어가 가능하다. 1999~2001년 당시 금리 역전으로 24억 달러가 빠져 나가고 코스피 지수가 40.7%P나 하락했던 적이 있다. 그러나 2005~2007년 기간 중 국내 시장에 오히려 293억 달러가 유입되었고, 코스피 지수는 75.2%P 상승했다. 결국은 경제의 펀드멘탈이 금리 차이를 얼마나 버텨낼 수 있느냐가 변수다. 그리고 최근 진행되고 있는 금리 인상은 시장에서 충분히 예측이 가능하기 때문에 그만큼 대비가 가능해 충격이 덜 하다. 또한 세계 경제가 미·중 무역 갈등 등 악재도 있지만 경기를 낙관할만한 호재도 많아 일시적인 자본 유출 가능성이 낮다는 것이 지배적인 견해다. 펀드멘탈이 취약한 국가일수록 구조적인 위기에 봉착할 가능성이 높다. S&P는 아르헨티나·터키·인도네시아·남아공·베네수엘라 등을 통화 위기 5대 취약 국가들로 분류하고 있다. 이들은 제조업이 약한 국가들이다. 위기에 노출되어 있기는 하지만 제조업이 비교적 강한 한국과 같은 나라가 통화위기로 빠져들 가능성은 후순위에 있다는 것이 대체적 평가다.

미국의 무역 전쟁 칼날이 당장은 세이프가드와 보복 관세, 기술유출 보호 등에 맞추어져 있다. 아직은 그 서막에 불과하며 보호무역의 공세가 갈수록 더 거세질 것이라는 전망도 많다. 미국의 환율 카드는 마지막 보루다. 주요 교역상대국에 대한 무역적자가 줄어들지 않거나 더 늘어날 경우 환율로 옥박지를 가능성이 열려 있다는 것을 인식해야 한다. 정부가 외환시장에 적극적으로 개입할 수 있는 여지가 과거보다 축소될 것은 분명해 보인다. 미국과 1:1 정면으로 대응하기보다는 우리와 비슷한 처지에 놓여 있는 국가들과 공동 전선을 펼 수 있는 연합군에 합류해야 한다. TPP, RCEP, G20 등은 우리와 힘을 합칠 수 있는 좋은 그룹들이다.

02

뺏고 뺏기는 기술 전쟁
한국의 약탈자는 누구인가

경고등 켜진 한국 경쟁력 범인은 내부에 있다

근대사회 진입 이후 지금까지 대체로 통용되는 불변의 진리가 있다. 제조업 강국이 바로 경제 강국이라는 점이다. 강한 제조업 기반을 갖고 있어야 경제적 부를 지속적으로 누릴 수 있다는 의미와 대체로 일치한다. 딜로이트가 발표한 2016년 기준 세계 각국의 제조업 경쟁력 평가를 좀 더 상세하게 들여다보면 중국, 미국, 독일, 일본, 한국 등 순위로 나타나고 있다. 6~10위권에는 영국, 대만, 멕시코, 캐나다, 싱가포르가 있다. 그러나 2020년이 되면 미국이 1위로 올라서게 되고, 한국은 6위로 내려앉는 대신 인도가 5위로 올라선다. 한국의 바로 뒤에는 멕시코가 7위로 올라와 있어 호시탐탐 6위 자리를 노릴 것으로 보인다. 제조업 경쟁력과는 좀 더 다른 차원의 제조업 강국 측면에서 순위를 평가해 보면 독일과 일본이 미국, 중국보다 우위에 있다. 금융 혹은 서비스 산업에서 압도적인 우위를 보이고 있는 미국이 다시 제조업에 대한 중요성을 인식하기 시작한 것도 이러한 맥락에서 이해해야 한다. 제조업 혁신으로 경쟁력 강화를 위한 글로벌 싸움이 본격화되고 있는 것이다. 반도체, 스마트폰, 자동차 등 특정 산업 혹은 대기업에 대한 의존도가 높은 한국 경제의 구조적 취약성 논란은 어제 오늘 이야기가 아니다. 문제인식만 있고 해결책은 없이 시간만 자꾸 흘러가는 것이 답답한 현실이다.

일반적으로 제조업에 대한 경쟁력 평가는 부품·소재 산업의 경쟁력에서 비롯된다. 한국 제조업의 경쟁력 평가는 내부보다 상대적으로 외부에서의 평가가 더 후한 듯하다. 1960년대부터 지난 50여 년 동안 우리가 이룩한 산업화에 대해 후한 점수를 주고 있기 때문이기도 하다. 하지만 딜로이트의 분석과 같이 우리 제조업 경쟁력이 후퇴할 것이라는 조짐은 이미 여러 군데서 나타나고 있다. 더 이상 안전지대에 있지 않으며, 오래 전에 적색 경고등이 켜졌다. 4차 산업혁명 경쟁이 서비스 산업의 영역을 포함하고 있기는 하지만 기본적으로는 제조업 경쟁력 순위 다툼이라고 보는 것이 타당하다. 안타깝게도 한국 제조업의 현재보다 미래에 대한 외부 평가가 부정적이다. 현재 제조업이 강하긴 하지만 미래 산업을 포함한 평가에서는 마치 목발 짚은 환자 같다는 비판이 전혀 어색하게 들리지 않는다. 4차 산업혁명 경쟁력에 대한 각종 평가에서 서구 국가들과는 물론이고 경쟁국인 일본, 대만과 비교에서도 밀리고 있는 형편이다. 내·외부 평가에서 한국의 미래 제조업 경쟁력이 약화될 것이라는 경고가 줄을 잇는다. 모두가 미래 투자에 집중하는데 우리는 현실에 안주하려는 경향이 너무 짙다. 한번 추락하면 다시 추스르기 어려운 것이 경제다. 중진국 함정을 극복하지 못하고 추락한 과거 동남아 혹은 남미 일부 국가들 전례가 남의 일 같지가 않다는 한탄마저 터져 나온다.

경쟁에서 뒷걸음질치는 한국 대학

대부분의 글로벌 경쟁에서 우리가 후퇴하고 있다는 데이터가 요즘 봇물을 이룬다. 4차 산업혁명 관련 국가별 논문 순위에서 12위로 처져 있다. 논문 부문별로는 빅데이터 14위, 인공지능 13위, 클라우드 컴퓨팅 12위, 사물인터넷 5위, 3D 프린팅 8위 순위다. 미국과 중국은 1~2위를 다투고 있을 정도다. 이 부문에서 중국의 부상이 눈에 크게 띈다. 우리는 지난 18년간 4.5조 원의 돈을 쓰면서 건수 기준으로 논문이 8배 증가하였다고는 하나 피인용 지수라고 불리는 국제 학술지 발표 논문 게재는 갈수록 줄어들고 있다. 논문의 질적 수준이 세계 평균에 현저히 미치지 못하고 있다는 것이 객관적 평가다. 20조 원이 넘는 국가 R&D 자금 대부분이 상용화보다는 형식적인 연구를 위한 것으로 전락하고 있다. 연구비만 따내려는 교수들로 넘쳐나며, 융합은 커녕 먹튀만 양산하고 있을 뿐이다. 소위 지식인들이라고 불리는 부류들의 도덕적 해이 수준이 이미 극치에 도달하고 있다는 지적이다.

논문 피인용 관련 아시아권 대학 순위에서도 우리 대학은 하위권으로 밀려나 있다. 카이스트가 4위로 유일하게 10위권 내에 들어와 있으나, 서울대는 11위로 밀려났다. 전반적으로 싱가포르, 홍콩, 일본은 물론이고 심지어 중국 대학보다도 뒷전으로 순위가 계속 하락하고 있는 현실이다. 이렇다 보니 대학을 중심으로 하는 산학협력도 유명무실해지고, 돈은 쓰면서 성과는 제로에 가까울 정도로 초라하다. 미국, 중국, 일본 등에서는 산학일체가 대세로 정착되고 있지만 한국은 거꾸로 산학별거라는 신조어까지 생겨날 정도다. 이들 나라에서는 대학이 창업의 요람이 되고 있고, 교수가 창업자 혹은 기업가가 되는 분위기가 보편화되고 있는 추세다. 대학이 제 기능을 하지 못하니 기업은 대학을 거의 쳐다보지도 않는다. 선진국에서는 대학과 기업의 찰떡궁합이 오래 전부터 관행화되고 있으며, 정부도 멤버로 참여하는 등 대학 주축의 연구개발과 창업이 대세다. 인구 감소와 고령화 등으로 대학 구조조정이 이미 코앞에 와 있건만 우리 대학의 위기의식이나 혁신을 위한 몸부림은 가식적이다. 본질을 외면한 채 표류만 한다.

실리콘밸리 성공은 스탠퍼드와 UC 버클리의 경쟁에서 시작된다. 미국에서는 창업과 혁신의 출발점이 대학이다. 대학이 4차 산업혁명의 메카가 되는 것은 지극히 자연스런 현상으로 받아들여진다. 대학이 시작하고 기업이 마무리하는 패턴이다. 다시 말해 연구의 결과물을 기업이 상용화하여 궁극적으로 수익을 창출해내는 개념인 셈이다. 중국도 미국의 이런 방식을 고스란히 벤치마킹하고 있다. 베이징, 상하이 같은 대도시뿐만이 아니라 지방 도시들도 대학을 기반으로 하는 산학협력이 대세다. 이에 따라 투자금이 대학으로 집중된다. 일개 대학 연구소에 100억 원이 지원되는 사례도 있다. 미국이나 중국에서는 대학이라는 플랫폼에 자금과 인재가 투입되어 토대를 견실하게 만든다. 4차 산업혁명을 끌고 나갈 혁신 비클Vehicle이 대학 중심으로 만들어지면서 새로운 아이디어와 현장이 결합하는 수순을 밟는다. 정부는 이러한 혁신 활동이 지속적으로 일어날 수 있도록 정책적인 백업에 초점을 맞춘다. 일각에서는 제조업 강국인 한국이 4차 산업혁명에 가장 잘 맞을 수 있다고 평가하기도 한다. 4차 산업혁명을 주도해 나갈 동력적인 측면에서 우리가 갖고 있는 현재 실력, 잠재력을 인정하고 있는 결과로 기분이 썩 나쁘지는 않다. 그러나 내면을 샅샅이 들여다보면 이러한 평가가 무색할 정도로 뒷걸음질 치고 있다. 혁신에 대한 공감대가 만들어지지 않으면 모두 다 허사다. 대학은 공무원, 공공기관, 대기업 취업을 준비하는 중간 기착지에 불과하다. 이런 환경에서 환골탈퇴하지 않고 국가의 미래가 수렁에 빠져들지 말기를 기대하는 것은 마치 나무 위에서 물고기를 잡으려는 것과 같다.

문제는 외부보다 우리 내부에 있다

지금 우리 경제가 안고 있는 가장 큰 문제는 물적·인적 자본의 부족에 있는 것이 아니고 사회적 자본의 고갈에 있다. 노사 혹은 세대 간의 갈등을 치유하지 않고서는 명목 국민소득 3만 불 시대는 빛 좋은 개살구고, 언제 무너질지 모르는 사상누각에 불과하다. 잃어버린 20년이 단지 일본만의 이야기가 아니다. 일본 기업은 사용자들이 솔선수범하면서 마른 수건 쥐어짜기에 더하여 노사가 똘똘 뭉쳐 난국을 헤쳐 나가려고 안간힘을 쓴다. 일본의 노동운동은 1960년대에 극치에 달했다가 1970년대 이후부터는 '춘투'라는 협상 메커니즘을 통해 비교적 평화로운 관계를 유지해 나오고 있다. 특히 1990년대 오일쇼크를 거치고 거품 경제가 꺼진 직후에는 노조가 연이어 파업을 하였지만 기업 경영활동이 극도로 위축됨으로써 적극적인 타협이 이루어졌다. 고도 경제성장 시대의 산물인 정기호봉 승급 임금체계를 접고 연봉제를 도입하였다. 급기야 격년 춘투로 전환되었고, 도요타 같은 대기업은 기본급 인상을 교섭하지 않는 입장까지 천명하기도 했다. 우리보다 기업 경영이 투명하기 때문에 가능한 일이기도 하다. 경기가 나빠지면서 젊은이들이 정치에 무관심하게 되고, 자연스럽게 노동투쟁도 약화되었다. 궁극에는 사회적 환경이 노동운동에서 고용안정으로 옮겨 갔다. 10년 혹은 20년을 두고 일본의 상황을 따라가는 우리가 이 부문에서만은 그렇지가 않다.

시야를 안으로 돌려 우리 사정을 보면 한심하기 그지없다. 잊을만하면 재벌의 갑질 비리가 터진다. 우리 대기업은 편법 경영에다 연봉이 무려 240억 원이 넘는 전문 경영인까지 등장하고 있다. 이런 판이니 대기업 귀족노조의 기세는 꺾이지 않고 더 활개를 친다. 모두 자기 배불리기에 혈안이다. 양쪽 다 정신을 차리지 않으면 결국은 같이 망한다. 정부와 정치는 이를 내팽개치고 상대에 대한 공격과 흠집 내기로 날밤을 샌다. 생색내기와 공치사로 일관하고, 민감한 문제는 뒷전으로 밀어내는 데 급급하다. 단추는 계속 잘못 끼워진 상태로 공회전한다. 기업이 살아나야 투자와 수출이 늘어난다. 그 결과로 일자리가 창출되며 소비 확대로 연결된다. 그러나 우리는 정반대로 움직이고 있다. 제조업 현장은 고비용·저효율 구조로 비실비실거린다. 구조조정 지연·최저임금 인상·노사 분규·법인세 인상·근로시간 단축 등으로

국가별 자동차 업체의 노동유연성

	한국	토요타 (일본)	폭스바겐 (독일)	GM (미국)	르노 (스페인 공장)	피아트 (이탈리아)
비정규직 (파견 등)	**불가**	허용	허용	허용	허용	허용
근로시간 유연성	**1주 12시간 내 추가 근로 가능**	연간 360시간 내 탄력 운영	연간 400시간 시간 계좌제	가산금(50%) 지급 시 언제든지 가능	연간 55일 내 탄력 운영	연간 250시간 내 탄력 운영
사업장 내 전환 배치	**노조와 사전 합의 필요**	자유롭게 배치 가능	자유롭게 배치 가능	자유롭게 배치 가능	자유롭게 배치 가능	자유롭게 배치 가능
파업 시 대체근로	**불가** (필수 공익사업장만 가능)	허용	허용	허용	허용	허용
공장 간 물량조절	**노조와 합의 필요**	사측 자율 결정	사측 자율 결정	사측 자율 결정	사측 자율 결정	사측 자율 결정

자료: 한국 자동차 산업협회

기업사기는 거의 바닥이다. 한국에서 더 이상 희망이 없다고 보따리 쌀 채비를 하는 기업이 계속 늘어나고 있다. 중소기업 10개 중 8개가 2년 내 해외 진출을 고려 중인 것으로 밝혀졌다. 대기업은 통상 보복 확대로 목표 시장에 가서 둥지를 틀 수밖에 없는 형편이다. 제조업 공동화가 점점 더 현실화되고 있다. 감세·노동시장 유연성 확보 등의 조건이 만들어지면 기업은 반드시 신기술 투자와 M&A로 화답하기 마련이다. 미국, 일본에서 나타나고 있는 객관적 사례들이 이를 입증한다.

여기서 추락을 저지하지 못하면 앞으로 3~5년 후에 한국 제조업이 회복 불능 상태에 빠질 수 있다는 충고를 새겨들어야 한다. 국가 아젠다를 전면 수정하지 않으면 조만간 후회할 일이 생긴다. 남북 간 화해와 과거 적폐 청산이 경제보다 우위에 있을 수 없다. 경제가 버텨야 남북 협력도 가능하고, 미래 세대에 희망을 안겨줄 수 있다. 지구상에서 소위 잘 나간다는 나라들의 국가 아젠다 1순위는 예외없이 경제 회복이다. 미국은 제조업 있는 1등 경제대국, 중국은 첨단산업 굴기로 기술 패권 확보, 일본은 기업의 기 살리기를 통한 경제 부활, 프랑스는 노동개혁과 혁신·창업 대국 등을 기치로 내걸고 있다. 글로벌 정치 혹은 안보 이슈에 대해서도 과민하게 반응을 보이기도 하지만 이것들이 경제보다 위에 있지는 않다. 중국과 일본은 4차 산업혁명에 맞춰 제조업 업그레이드에 사활을 걸고 있다. 중국은 기존 산업과 인터넷의 결합, 일본은 구조개혁과 첨단 설비투자 활성화에 초점을 두고 경쟁력 강화에 전력투구하고 있다.

미래의 뚜렷한 좌표가 없다는 것이 오늘을 사는 우리를 불안케 한다. 잘 나가는 나라들은 대체로 이를 분명히 하고 있는 것이 특징이다. 국민소득 4만 불 시대의 조기 달성과 제조업 5대 강국 유지 같은 구체적인 비전과 새로운 패러다임이 만들어져야 한다. 산업과 기업, 시장과 부가가치 등 관련하여 글로벌 포트폴리오 전략을 어떻게 짜야 할 것인가를 본격적으로 고민하는 전략적 로드맵과 액션 플랜이 시급하다. 신성장 산업과 창업벤처 활성화도 중요하지만 기존 주력산업의 생산성 향상과 고부가가치화가 병행되어야 한다. 한류와 연계한 서비스 산업 혁신과 활성화, 대기업 편중 구조에서 탈피하기 위한 중견·중소기업의 육성 등을 서둘러야 한다. 기계화·자동화·정보화를 뛰어넘어 제조업과 디지털 기술이 접목되는 제조업의 신新르네상스를 만들어가야 한다. 이를 통해 수출 부가가치를 지속적으로 높여가야 한다. 가장 시급한 개혁이 필요한 곳은 노동시장이다. 노동시장의 유연성 확보와 생산성 향상이 관건이다. 또 다른 한국GM이 나오지 않고, 기업을 해외로 내몰지 않는 특단의 조치들이 나와야 한다. 추락하고 있는 잠재성장률을 반전시킬 수 있는 치방전이 필요하다. 쓴 약 대신 사탕만 주다가는 경쟁력이 더 후퇴하고 일본과 중국에 우리 먹거리를 고스란히 넘겨준다는 충고를 귀담아 들어야 한다. 험난한 글로벌 무역장벽을 돌파할 수 있는 지속가능한 경제의 구축이 가능한 시나리오 플래닝이 필요하다. 4차 산업혁명 시대에 접어들면서 산업과 시장의 포트폴리오가 빠르게 변화하고, 퍼스트 무버와 패스트 팔로워의 경계가 무너지고 있다. 도처에 게임체인저가 등장하고 있는 현실을 직시하고 정확한 곳에 우리 포지션을 정해야 할 것이다.

트럼프 VS 반미 트럼프 진영

최근 세계적으로 불거지고 있는 이슈가 있다. 경제 난국을 극복하는 방법론에 있어서 친기업과 반기업에 대한 찬반 논쟁이다. 이는 1970년대 미국에서 시작된 신자유주의에 대한 비판에서 시작된다. 신자유주의는 정부 개입을 최소화하고 시장의 원리를 최대한 작동시킨다는 이론으로 선진국에서 상당 기간 보편적 가치로 자리 잡기도 했다. 시장원리 준수, 자유경쟁 촉진, 정부규제 철폐, 기업구조 조정, 공공재 폐지 등을 주장하는 경제 사상이 주요 내용이다. 19세기 자유방임적 자유주의 결함에 대한 국가 개입을 인정하면서도 이를 최소화해야 한다는 주장이기도 하다. 큰 정부보다 작은 정부가 더 효율적이라는 이론에 기초한다. 하지만 이러한 신자유주의는 부의 편중을 극대화시켰으며, 특히 미국의 경우도 상위 1%가 부를 독식하는 현상이 초래되었다. 이러한 신자유주의에 대한 대항마로 글로벌하게 나타나고 있는 현상이 바로 신국가주의 혹은 신내셔널리즘이다. 중국의 경우도 부가 상위 5% 이내로 집중되면서 사회주의 국가라는 이념적 토대가 무색해지고 있다. 그들이 내세우고 있는 오는 2020년까지 샤오캉小康, 즉 '의식주 걱정하지 않는 물질적으로 안락한 사회의 실현'은 고사하고 빈부 격차가 갈수록 더 벌어지고 있는 형편이다.

신국가주의란 대동아전쟁 패전 이후 단기간에 고도성장한 경제력을 배경으로 정치·군사적 패권을 꿈꾸고 있는 일본 보수 세력들이 노골적으로 지향하는 노선으로 잘 알려져 있다. 장기적 글로벌 디플레로 인한 세계 경제의 불확실성이 커지면서 국가가 이해관계에 적극 개입하려는 경향이 다시 점화되는 양상으로 번진다. 특히 선진국을 중심으로 나타나고 있는 우파 포퓰리즘적 이념이다. 기본적으로 국가의 위상과 역할을 더 강화하겠다는 발상이기도 하다. 자국의 이익을 가장 우선시한다는 국가이기주의와 본질적인 면에서 궤를 같이 한다. 대표적인 사례가 바로 미국 트럼프 대통령의 당선이다. 앵그리 화이트를 달래기 위한 반세계화, 친국가적, 반금융, 반채권적/친채무적·친복지주의Pro-welfare라는 기치를 내걸고 정상 고지를 밟은 것이다. WTO, 파리기후협약 탈퇴까지 거론하면서 글로벌 트럼피즘이라는 유행어까지 성행하고 있을 정도다. 결국 파리기후협약과 오바마 대통령 당시 미국이 주도했던 TPP마저 걷어찼다.

잃어버린 20년을 경험한 일본의 경우를 보자. 1990년대 버블 붕괴로 시작된 일본 경제의 장기 불황이 정부의 초기 대응 실패에서 비롯되었다는 자성론이 파다했다. LG경제연구원은 일본 20년 불황의 원인과 관련한 4대 패착을 다음과 같이 적시했다. 거품을 제거할 위기의식의 실종, 시너지를 고려하지 않은 무분별한 기업 통합, 과거의 영광에만 안주한 다수의 기업, 정권마다 바뀐 성장전략의 일관성 부재 등이 그것들이다. 일본 경제 재건의 종합 처방전인 아베노믹스는 이러한 절박감에서 등장했다. 정부 역할을 대폭 늘려 일본 경제를 다시 정상궤도에 올려놓겠다는 신국가주의적 발상에서 접근하고 있는 것이다. 신자유주의 개념의 장점은 수용하되 정부 개입을 확대하는 큰 정부를 지향하고 있는 것이 특징이다. 소위 3개의 화살이라는 규제 철폐와 더불어 재정·통화정책 등 정부가 동원 가능한 수단을 적극적으로 활용하고 있는 점이 눈에 띈다. 아베노믹스는 현재진행형이지만 기업 수익이 증가하면서 투자가 늘어나고 완전 고용에 가까운 경제적 성과를 만들어내고 있다. 소비 지출이 아직 미흡하지만 절반 이상의 성공은 거두고 있는 셈이다.

유럽도 이런 분위기가 팽배하다. 브렉시트는 EU와의 결별을 통해 새로운 경제 활력을 되찾으려는 영국판 신국가주의 포퓰리즘의 산출물이다. 유럽 경제의 젖줄인 독일 메르켈 정권도 가까스로 연정聯政을 통해 4연임에 성공, 16년 집권이라는 신화를 구축하였다. 한때 '난민의 어머니'라고 불릴 정도로 난민 수용에 적극적이었으나 국민적 반발에 부딪혀 개혁이 뒷걸음질을 치고 있다. 집권 2년 차에 들어간 중도우파의 프랑스 마크롱 총리를 비롯한 유럽 전역에 우파 성향 정권이 속속 들어서고 있다. 유럽의 극우 포퓰리즘 정당 지지율이 2000년에는 8.5%에 불과하였으나 2017년에는 24.1%까지 올랐다. 갈수록 우파 지도자에 대한 지지율이 높아지고 있는 것이 뚜렷한 현상이다.

2018년에도 이탈리아, 러시아, 헝가리, 슬로베니아, 스웨덴, 라트비아, 룩셈부르크, 아일랜드 등에 총선·대선이 줄줄이 예정되어 있으며, 우파 세력들이 집권할 가능성이 매우 높다. EU로부터의 추가 탈퇴는 진정되는 분위기지만 이민자 유입 등과 같은 무분별한 세계화에 대해서는 분명한 반대를 표시한다. 통합의 틀은 깨지 않더라도 자국의 이익에 배치되는 일에는 목소리를 높여 일관되게 항변하고 있다.

트럼프발 경제 냉전이 글로벌 경기 회복에 찬물

뜨거운 글로벌 이슈를 의식이라도 한 듯 2018년 다보스 포럼의 주제는 '분열된 세계에서 공동의 미래 창조'였다. 주제에서 보이듯 CNN 등 서방 언론들은 'Fractured(분열된)'라는 단어를 집요하게 노출시켜 이목을 끌었다. 갈라진 세계, 즉 글로벌 경제가 자유무역과 보호무역이라는 두 개의 상반된 이슈로 몸살을 앓고 있는 것을 적나라하게 보여준 것이다. 전후 세계무역질서를 유지시켜준 GATT·WTO 체제와 신자유주의가 글로벌화를 촉진하면서 세계 경제의 양적 성장에 크게 기여한 것을 부인하기 어렵다. 그 결과로 한국이나 중국을 비롯한 신흥국들이 대거 세계 시장에 본격 진입함으로써 글로벌화에 따른 이익이 선진국에서 신흥국으로 이동되는 현상까지 나타났다. 자연스럽게 세계경제 질서를 논의하는 틀도 G7에서 G20으로 옮겨졌다. 21세기에 일어나고 있는 또 하나의 큰 변화이며, 이 틀 속에 신규로 들어오는 신흥국의 수가 갈수록 더 늘어나고 있다. 이에 대한 선진국의 불만과 위기의식이 발로하고 있는 것이다.

문제의 발단은 선진국이나 신흥국에서 벌어지고 있는 이익 배분의 불평등에서 기인하고 있다. 여기에는 2가지 큰 이슈가 존재한다. 하나는 공통의 이슈이고, 다른 하나는 해법과 관련된 이슈다. 글로벌화가 세계 경제 파이를 키우는 데 기여했지만 파이의 절대량이 소수에게만 집중, 다수가 궁핍해지는 결과를 초래하고 있다는 것이 선진국과 신흥국의 일치된 견해다. 이에 따라 상대적으로 빈곤해진 선진국 임금 노동자와 신흥국 사회적 약자들의 불만이 커지고 있다. 특히 청년들 절대다수가 파이의 사각지대에 놓여 있기도 하다. 문제를 푸는 해법을 두고서는 양 진영의 차이가 엄연하게 존재한다. 미국을 비롯한 선진국들은 글로벌화가 갈수록 자국 경제를 피폐화시키며, 따라서 보호무역이 불가피하다는 입장이다. 반면 신흥국들은 자유무역이 궁극적으로 세계 경제의 지속적 성장과 빈부 격차를 해소해 줄 것이라는 믿음이 여전히 견고하다. 자유무역과 보호무역, 그리고 글로벌리제이션에 대한 유·불리 시비와 격돌이 한동안 계속될 것임을 예고한다.

2018년 다보스 포럼은 글로벌화에서 비롯된 자유무역과 보호무역으로 갈라진 글로벌 무역전쟁의 단면을 여과 없이 보여주었다. 보호무역의 미국 트럼프와 자유무역의 반미 트럼프 진영 간 한판 싸움이 되고 있다. 후자의 대표 선수로 개막 연설을 한 나렌드라 모디 인도 총리는 글로벌화가 세계 경제의 고립주의를 배격하고 지속적인 번영을 향한 최선의 선택임을 강조했다. 반면 전자의 선봉장으로 폐막 연설을 한 도널드 트럼프 미국 대통령은 자유무역은 공정무역에 기초해야 함을 주장하면서 이를 위해 당분간 미국 우선주의America First의 끈을 놓지 않을 것임을 역설했다. 이를 두고 가장 예민하게 반응한 국가는 역시 중국이다. 중국 정부는 미국이 경제 민족주의를 부추기고 있다고 노골적 불만을 표시하고 있다. 선진국이 그들만의 이익 실현을 위해 주도한 글로벌리제이션을 용도폐기하려는 이기적인 행동으로 간주한다. 미국이나 일부 선진국의 입김대로만 움직이는 과거와 지금은 상황이 확연히 다르다. 미국이 무역수지 적자를 만회하기 위해 무차별 보호무역 공세를 강화하는 것은 정당한 이유가 될 수 없다는 주장이다. 일시적으로 트럼프의 정치적 야심을 채워줄 수는 있겠지만 장기적으로는 미국에 부메랑으로 돌아갈 수밖에 없다는 여론도 팽배하다. 역사적 경험이 이를 잘 대변해준다. 미국의 힘이 예전만 못하고 글로벌 경제에서 신흥국이 차지하는 비중이 너무 커졌다는 것도 이런 반박에 힘을 실어준다.

주목해야 할 것은 경제난과 빈부격차 해소 차원에서 선진국과 신흥국에 공히 나타나고 있는 친기업적 성향이다. 이는 감세·보호무역·반세계화 등의 수단으로 나타난다. 자유무역이 오히려 자국 기업에 불리한 영향을 끼치면서 세수, 투자, 고용, 소비 감소로 이어져 경제가 더 피폐해진다는 것이다. 감세는 대내적인 수단이지만 보호무역은 대외에 미치는 영향이 크다는 점에서 우려된다. 수입상품에 대한 일방적인 보복관세 부과나 시장 메커니즘을 무시한 일방적인 환율 시정 요구 등으로 구체화될 경우 글로벌 무역 전쟁으로 치달을 수 있고 이는 자칫 선진국과 신흥국 간 한판 힘겨루기로 확전될 가능성이 농후하다. 선진국에서는 세계화로 인해 손해 보는 계층이 늘어나고 저가 수입품 범람으로 일자리가 없어진다는 피해 의식이 공론화되고 있는 판이다. 반면 신흥국은 세계화로 산업이 발전하고 도시화가 촉진되면서 소득과 구매력이 증가하고, 성장기회가 더 많아진다는 믿음이 아직은 견고하다.

전염병처럼 번지고 있는 신국가주의에 대한 우리의 대응 논리 개발이 시급하다. 기업친화적 감세, 재정·통화정책 등 기업 경쟁력을 강화하기 위한 조치를 최대한 동원하여 우리 기업이 유탄에 맞지 않도록 해야 한다. GDP 대비 수출 비중이 55%에 달하는 우리 무역에 켜지고 있는 적색 경고등을 제거할 수 있는 선제적인 대응책이 요구된다. 2017년에는 중국 사드 보복으로, 2018년 연초부터는 미국의 세이프가드, 한·미 FTA 개정 등으로 보호무역의 먹구름이 짙게 깔려 있다. 중국, 멕시코 등 신흥국들과 반세계화에 대해 공동 전선을 펴되 다른 한편으로는 선진국과의 통상마찰을 회피하기 위한 선제적 반격을 할 필요가 있다. 한편으로는 우리가 같은 편이라고 간주하는 중국, 인도 등도 우리에 대한 통상 보복을 주저하지 않고 칼을 빼든다는 것을 충분히 계산에 두어야 한다. 글로벌 무역 전선에는 상황에 따라 적군과 아군이 수시로 바뀌고 있어 이에 대한 다각적인 대응이 필요하다. 보호무역이 단순 상품 교역에만 국한되지 않고 기술·서비스, 환율 전쟁 등으로 확대되고 있음을 냉정하게 견지해야 한다. 2018년을 피크로 글로벌 경제 냉전이 한 고비를 넘길 수 있을 것인지 여전히 불투명하다.

중국과 일본 사이에서 넛 크래커로 전락하는 한국

디스플레이는 반도체와 더불어 한국의 부품 산업을 이끌어오는 쌍두마차다. 중국은 이 2가지 부문에서 한국을 따라잡으려고 사생결단의 각오로 덤벼든다. 2025년 중국이 첨단 제조 강국이 되기 위해서 반드시 넘어야 할 산으로 간주하고 있는 것이다. 비록 시장에서 공급과잉이 되더라도 한국 기업을 따라잡은 후 궁극적으로 글로벌 시장을 평정해 나가겠다는 전략이다. 이 전략이 절반의 성공을 거두면서 우리를 추격하는 중국 기술과 상품은 계속 사정권 안으로 진입하고 있다. 반도체는 아직 시간이 더 걸리겠지만 디스플레이 부문에서는 격차를 거의 좁혔다. 시장에서는 이를 두고 중국 LCD의 역습이라고도 한다. 일본 업체도 디스플레이 부문에 투자를 늘리면서 한국의 기술적 우위가 크게 흔들리는 판이다. 2017년 기준 디스플레이는 우리 전체 수출의 4.8% 비중으로 스마트폰과 그 부품(3.9%), 가전(1.6%)보다 높은 주력 수출품목이다. 시장에서의 공급과잉은 가격 인하로 이어진다. 중국 업체들의 무모한 생산 물량 증가로 인해 2020년까지 전 세계 LCD 패널 공급물량이 현재보다 59%나 증가할 것으로 예상된다. 패널 품질에서는 별반 차이가 없을 정도다. 이에 따른 궁여지책으로 우리 기업들이 OLED 패널 쪽으로 빠르게 옮겨가고 있으나, 이 또한 안심할 수 있는 상황이 아니다. 현재 스마트폰에 사용하는 QLED 패널의 경우 삼성디스플레이가 전 세계 시장의 98%를, TV용 대형 OLED 패널은 LG디스플레이가 98%의 압도적 점유율을 갖고 있다. 중국 업체들의 OLED 추격도 이미 가시권에 진입하고 있는 형국이다.

최근 해외 시장에서는 일본 주력상품의 경쟁력이 살아나면서 우리 상품의 샌드위치적 지형이 다시 부각되고 있다. 근자에 우리 원화가 점진적으로 평가절상되고 있는 것에 반해 일본 엔화의 안정적 약세 유지도 경쟁에 불리한 요소로 작용한다. 아베노믹스가 시작된 2012년 말 이후 엔화는 무려 20% 이상 평가절하되었다. 이러한 기조는 당분간 지속될 전망이 지배적이긴 하지만 여기에도 상당한 변수가 있긴 하다. 엔화 대비 원화 환율이 10% 하락하면 우리 수출이 4% 줄어든다고 한다. 뒤에서 따라오고 있는 중국마저 조선, 자동차, IT에 이어 디스플레이, 반도체 등에 이르기까지 우리의 주력산업을 지속적으로 위협하는 양상이 멈추지 않고 있다. 그들은 여느 때와 마찬가지로 계획경제의 틀을 통해 국가가 모든 것을 주도하면서 강한 승부수를 건다. 과거 일본의 품질·중국의 가격에 밀리는 신세에서 이제는 중국의 품질 공세·일본의 저가 공세에 고전하는 '신샌드위치'로 형태와 내용이

OLED 양산 돌입하는 중국 업체들

자료: IHS마킷

기업	양산 시기
비전옥스	2016년 7월
BOE	2017년 12월
티안마	2018년 1월
로올	2018년 11월
CSOT	2019년 4월
폭스콘(대만)	2019년 5월

3위로 밀린 한국의 대형 LCD 점유율

단위: %, 자료: 위츠뷰

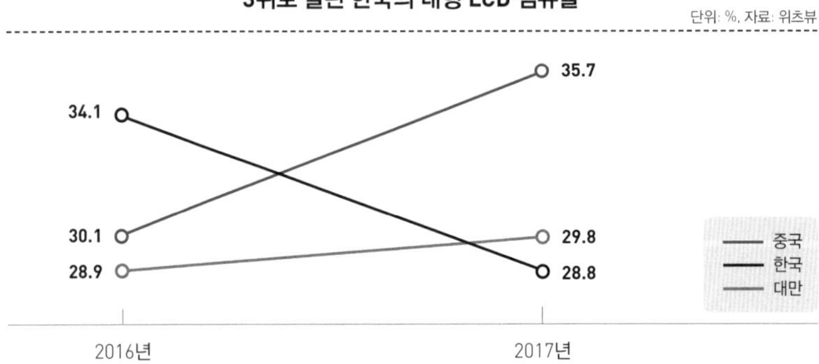

스마트폰용 디스플레이 시장 추이

자료: IHS마킷

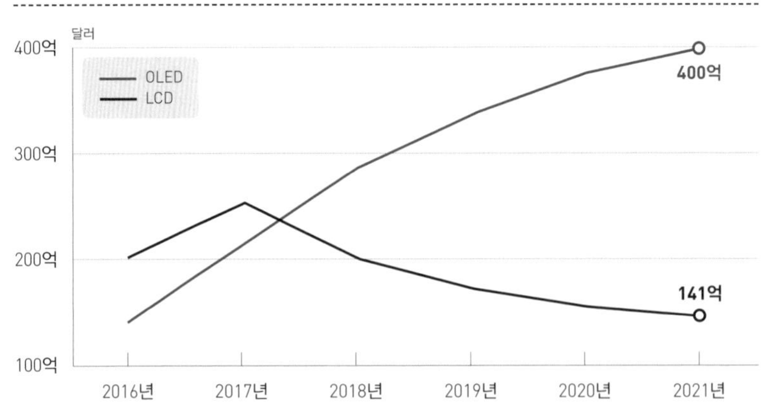

바뀌고 있음을 실감한다. 자동차, 스마트폰, 가전, 디스플레이, 조선 등에서 이런 현상이 두드러지게 나타나고 있다. 중국은 한국 수출상품을 따라잡으려고 품질과 기능을 끌어올리기 위해 혈안이다. 일본은 엔저円低를 장착하여 시장을 착실히 복구해 나가고 있다. 미국의 압박으로 외환시장 개입마저 제한되고 있어 향후 2~3년 내에 환율이 900원대로 떨어질 가능성까지 대두되고 있는 실정이다. 신제품 개발이 지연되고 가격경쟁력마저 약화될 경우 믿었던 수출마저 초토화될까 우려된다.

이를 두고 호두를 양쪽으로 눌러 까는 호두까기 기계에 비교하여 넛 크래커Nut-Cracker에 비유하기도 한다. 선진국과는 기술 경쟁에서, 신흥국과는 가격 경쟁에서 밀리는 현상을 일컫는다. 1997년 외환위기 이후 저임금의 중국과 앞선 첨단기술을 보유한 일본 사이에서 샌드위치 신세가 된 한국 경제의 상황을 두고 처음 대두된 표현이다. 4차 산업혁명과 미·중 무역 전쟁에서 시작된 보호무역으로 한국이 '뉴 넛 크래커' 신세로 전락할 수 있다는 주장이 다시 설득력을 얻고 있는 듯하다. 2018년 KOTRA가 발표한 AI 등 12개 신산업 제조업 5대 강국(한국, 미국, 독일, 일본, 중국) 경쟁력 평가에서 모두 일본에 뒤지고 있는 것으로 나타났다. 중국과의 격차도 계속 줄어드는 추세다. 별로 새삼스럽지도 않지만 스마트 선박, 전기차, 자율차, 드론 등은 오히려 중국에 뒤지고 있는 것으로 밝혀져 충격적이다. 반도체를 제외하면 우리 현주소가 더 초라해진다. 물론 이러한 평가가 어제 오늘의 일이 아니다.

1960년대부터 우리는 산업화를 하면서 기술력 부재로 일본으로부터 굴욕적인 서러움을 맛본 적이 있다. 2000년대 전후부터는 우리 기술을 복사하려는 중국에 대해 노골적인 경계감과 핀잔을 주기도 했다. 하지만 최근 이러한 구도에 엄청난 변화가 생겨나고 있다. 더 이상 과거의 중국이 아닌 새로운 중국으로의 변신이 눈에 띄게 나타나고 있어서 그렇다. 지난 1990년대 초부터 잃어버린 20년을 경험한 일본 기업이 한국에 뒤진 이유에 대해 자성을 하면서 내뱉은 2가지 이유가 있다. 디지털화에서 한국에 뒤졌고, 또한 일본식 전문 경영이 한국의 오너 경영에 백기를 들게 되었다는 것이다. 안타깝게도 최근에는 중국이 한국을 맹추격을 하는 과정에서 이와 유사한 사례가 나타나고 있다. 중국 기업이 혁신을 통해 4차 산업혁명 경쟁에서 미국과 선두를 다툴 정도로 빠르게 변신한다. 이미 2세대 혹은 3세대 경영에 들어가 있는 한국의 간판 기업보다 중국의 1세대 경영자들이 훨씬 더 실용적이면서 위기 대응 능력이 뛰어나고, 미래에 대한 안목도 탁월하다. 한국에게 쓴맛을 보았던 일본 대표적인 기업들도 뼈를 깎는 구조조정과 철저한 실사구시로 부활하고 있는 기업의 수가 늘어나고 있다. 상품이나 기술에서만 넛 크래커 신세로 전락하는 것이 아니고 기업 경영방식에서도 동일한 현상이 나타나고 있는 것이다. 사실 후자가 더 큰 문제다.

조선, 자동차, 핸드폰 등 잠식하는 경쟁국

중국 조선 산업이 한국과의 경쟁에서 우위를 점하기 위해 1~2위사의 합병을 추진하고 있다. 중국선박중공그룹CSIC과 중국선반공업그룹CSSC의 합병이 성사되면 현대조선·삼성중공업·대우조선 등 우리 Big3 매출보다 2배가 넘는 규모가 된다. 구조조정을 통해 규모의 경제를 실현하면서 시장점유율을 확실히 높이겠다는 포석이다. 우리 군산 조선소는 지난 10년간 29조 원을 쏟아 부었으나 곳간이 텅 비어 있다. 산소호흡기로 연명하다가 생태계가 모두 망가진 것이다. 경제 논리로 풀지 않고 정치 논리로 풀려다가 이런 꼴로 망쳐놓은 사례가 한둘이 아니다. 세계 3위 스마트폰 업체이자 1위 통신장비 업체인 화웨이는 삼성전자 타도가 최종 목표다. 앞으로 3년 내에 스마트폰에서도 삼성을 따라잡겠다는 목표를 공공연하게 천명한다. 중국은 정부가 이를 적극적으로 백업하고 있으나 우리는 반기업 정서에 함몰되어 나 홀로 뛰고 있는 것이 현실이다. 자동차도 마찬가지다. 중국 지리吉利자동차는 오래 전부터 현대자동차 벤치마킹을 외형적으로 내세우면서 적절한 시기에 뛰어넘는다는 전략을 줄기차게 구사해 왔다. 이제 명실상부한 글로벌 강자로 부상하면서 현대자동차의 위상을 위협할 수 있는 수준에 도달하고 있다 12살짜리 지리가 83세 볼보를 인수한 데 이어 다임러벤츠 지분 10%를 인수하여 최대 주주가 되었다. 단숨에 품질이 유럽차 수준으로 올라감과 동시에 전기차 부문에도 진출할 수 있는 교두보를 일거에 구축했다. 중국 내 시장점유율도 폭스바겐과 GM에 이어 3위로 올라서면서 기염을 토한다. 말레이시아 국민차인 프로톤Proton까지 인수하면서 동남아 시장에서도 강자로 부상할 수 있는 조건을 충족시켜 나가고 있다.

글로벌 무역환경의 급변이 우리 같이 대외의존도가 높은 경제에 불리하게 돌아갈 것이라는 전망이 계속적으로 나온다. 중국이 엄청난 자금력과 정부의 강력한 백업으로 반도체, 디스플레이, 배터리 등 신산업에 대해 빠르게 치고 올라오면서 우리 핵심 산업의 위상이 크게 흔들리고 있다. 일본은 소니, 도요타, 파나소닉 등 올드 기업들이 구조조정을 끝내고 확실하게 약진 중이다. 반면에 한국에서는 중국과 같이 신생기업은 잘 보이지 않고 강자들은 오히려 노쇠하고 있다. 연간 영업이익 1조 원 이상 기업을 일컫는 1조 클럽 3국 경쟁에서도 한국 기업은 중국이나 일본보다 훨씬 불리한 환경에서 고군분투하는 신세다. 첨단업종 법인세를 중국은 25%에서 10~15%로 낮추고, 일본은 23.45%에서 20%로 낮추려고 한다. 한국은 대기업 법인세율을 22%에서 25%로 오히려 올렸다. 결국은 대기업의 투자재원이 세금으로 잠식될 수 있다는 결론에 이른다. 2016년 기준 1조 클럽 기업 수는 중국이 120개, 일본이 117개인 반면 한국은 35개에 그쳤다. 이런 기업이 늘어나는 속도를 보더라도 2011년과 비교해 중국은 49개, 일본은 29개인데 우리는 고작 9개만 늘었다. 1조 클럽 가운데 4차 산업혁명과 연결되는 IT 기업 수가 일본 15개, 중국 6개인 것에 비해 우리는 5개로 가장 적다. 삼성전자를 제외하면 이 클럽에 가입하는 기업들의 규모도 중국이나 일본에 비해 절대적 열세다. 이 부문에서도 한·중·일 경쟁에서 갈수록 샌드위치 신세가 되고 있는 것이다.

2012년 말에 시작된 중국 시진핑 체제 출범 이후 그들의 안중에는 한국이 없다. 우리만 중국이 뒤에서 추격하고 있다는 착각에 빠져있는 듯하다. 비슷한 시기에 집권한 일본 아베 체제는 강한 일본의 재건을 천명하고 나섰다. 일본 경제의 고질병인 속도감과 실천력을 높이면서 존재감을 다시 부각시키고 있다. 중국과 일본이 미래를 향해 질주하고 있는 것에 반해 우리의 현재 모습은 너무 초라하다. 고질적 환부인 경제 양극화는 갈수록 태산이다. 2017년 코스피 상장사 533개사의 평균 영업이익이 28% 늘어났다. 2016년 기준 10대 그룹의 내수 매출이 53%(수출은 81%)를 차지할 정도로 압도적으로 높다. 이 중에도 상위 4개 그룹이 56%를 차지해 대기업 매출에도 양극화가 분명하다. 10대 그룹을 제외한 대기업, 중견기업, 중소기업의 매출은 11%나 줄어 갈수록 간격이 더 벌어지고 있는 추세다. 수출이나 내수의 과실이 일부 대기업에만 지나치게 편중되고 있다는 반증이다. 시간이 갈수록 우리보다 산업화에 뒤늦게 시작한 중국을 쫓아가는 신세로 전락하고 있다. 일본 기업의 부활에 대해서는 부러운 시선으로 쳐다본다. 기업에 재갈을 물리는 규제가 풀리지 않으면서 움직이지 않거나 뒷걸음질을 치기 일쑤다. 대기업이나 가진 자들에 대해서는 기득권이라고 비난하면서 자신이 좀비기업 혹은 불로소득자가 되고 있는 것에 대해선 관대하다. 중국과 일본 사이에서 살아남으려면 편견과 부조리를 떨쳐버리고 다시 이를 악물어야 한다.

경쟁국에 먹히는 한국 제조업 5년도 남지 않았다

한 때 우리도 세상 물정에 눈을 부릅뜨고 경쟁국보다 앞서 가야한다는 강박 관념으로 엄청난 속도의 고도성장을 시현해낸 적이 있다. 그러나 10여 전부터 중국의 추격이 거세지자 자포자기하면서 글로벌 트렌드에는 아예 눈을 닫고 우물 안 개구리처럼 살아가는 부류들이 많아지고 있다. 1960년대부터 우리는 산업화를 하면서 기술력 부재로 일본으로부터 굴욕적인 서러움을 맛보기도 했다. 지금 젊은 세대들은 기성세대들이 일찍 경험했던 피와 땀, 그리고 서러움을 기억해야 한다. 그렇게 집요하게 일본을 따라잡기 위해 노력하였지만 아직도 일본과는 일정 수준의 기술적 차이가 존재한다. 2000년대 들어서는 거꾸로 우리 기술을 복사하려는 중국에 대해 노골적인 경계감과 핀잔을 주고 있다. 하지만 수년 전부터 이러한 구도에 변화 조짐이 선명해지고 있음을 목

아세안 무역에서 차지하는 국가별 비중

단위: %, 자료: 일본재무성

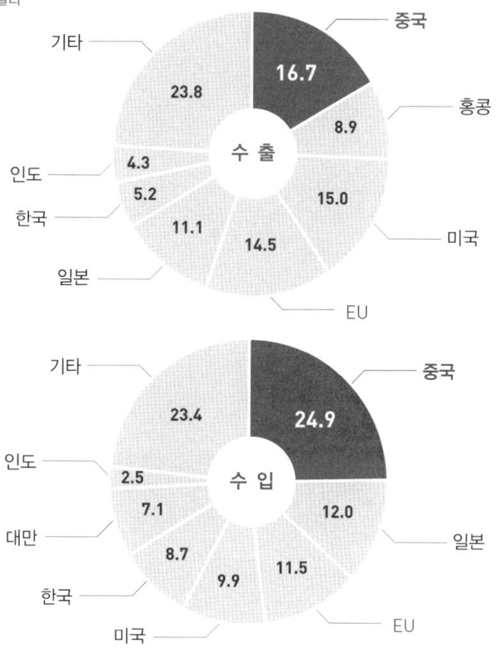

미국과 중국의 경제 영향력

단위: 억 달러, 자료: 일본무역진흥기구

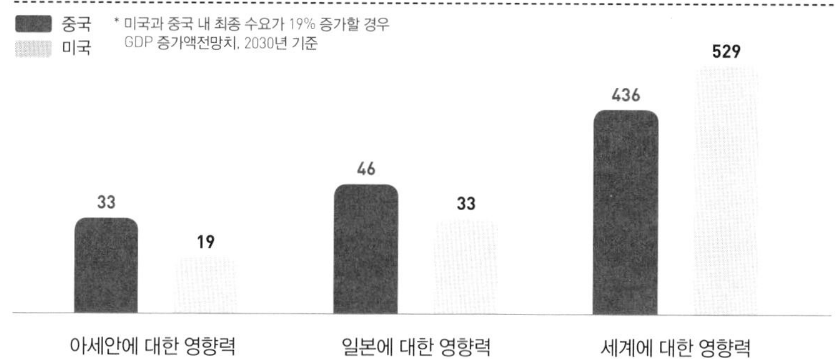

격한다. 중국은 제조업 강국으로 가기 위해 공급구조 개혁을 서두르는 한편 세계의 소비 시장으로 바뀌고 있기도 하다. 동남아와 인도는 중국에 이은 새로운 상품 공급기지로 변신하고 있으며, '중국 블랙홀'이라 할 정도로 아시아 지역 경제에 대한 중국의 영향력이 눈덩이처럼 커지고 있다. 2030년이 되면 중국의 아시아 무역에 대한 영향력이 미국을 압도할 것이라는 전망까지 나오고 있기도 하다.

일본 기업이 해외생산기지를 찾아 나서기 시작한 때는 우리보다 약 20년 앞선 1960년대부터다. 중국과의 수교도 일본은 1972년이고, 우리는 이보다 20년 늦은 1992년에 이루어졌다. 1960년대 중국, 1970년대부터는 동남아로 일본 기업의 해외진출이 시작되었다. 중국 진출은 한 때 실패하여 많은 기업이 철수를 하기도 했으나, 우리 기업이 본격 진출하기 시작한 1990년대 후반부터 다시 진출하는 과정을 거치기도 했다. 반면 동남아에서는 우리보다 일찍 진출한 일본 기업의 아성이 강력하게 구축되어 있기도 하다. 그러나 2010년대 이후 중국의 급격한 인건비 상승과 2012년 양국 간 센카쿠 사태 이후 일본 기업의 본국 유턴 혹은 동남아·인도로 생산기지 이전이 재점화되었다. 일본 기업이 해외 진출이 많은 이유는 제3국 수출시장을 노리는 측면도 있지만 내수시장 수요 충족을 위한 역수입에도 상당한 목적을 두고 있기 때문이다. 때마침 불고 있는 4차 산업혁명의 붐을 타고 해외로의 생산기지 이전을 접고 일본 국내로 유턴하는 기업 수가 기하급수적으로 증가하는 추세다. 2015년에만 일본으로 철수한 기업의 수가 724개에 달한다. 이에 비해 2014~2016년 3년 동안 한국 기업의 본국 유턴 수는 고작 43개 사에 불과하다.

글로벌 공급과 수요 구조의 개편은 우리를 당혹스럽게 한다. 현대자동차의 경우 2104년 국내생산 비율(44.8%)이 세계 최고 수준이었지만 지금은 겨우 30%를 웃도는 정도로 하락하고 있다. 2009년에는 무려 65%나 되기도 했다. 일본 기업이 국내 생산을 확대하고 있는 것과는 대조적이다. 국내 제조업의 공동화, 일자리 부족 등 이에 따른 문제는 수두룩하다. 현대차의 전 노조위원장도 이 부문을 인정하고, 앞으로 4~5년 내에 한국 자동차 산업에 큰 위기가 닥칠 것이라고 토로하고 있을 정도다. 정규직 노동자 배만 불리고 비정규직, 하도급업체들의 주름은 더 깊어진다. 중국 현대차 노동자 임금은 국내 노동자의 1/10 수준이지만 생산성은 9배나 높다. 전기차 시대로 가면 엔진·변속기 공장이 사라지면서 기존 자동차 부품 일자리의 70%가 사라질 수 있다는 경고음까지 들린다. 이 와중에 트럼프 행정부가 수입차에 대한 20% 관세 카드를 만지작거리고 있다. 일차적 타깃은 유럽차다. 차를 팔려면 미국에 와서 공장을 지으라는 압박이다. 현대·기아차는 아직도 미국 판매 차량의 50% 정도를 한국에서 수출하고 있다. 우리의 대미對美 최대 수출상품도 자동차지만 2016년부터 3년 연속 감소 추세다. 자동차 산업이 한국을 떠나야 하는 이유가 계속 늘어나고 있는 것이다. 모 아니면 도라는 방식의 제로섬 게임이 아닌 노사와 연관 등 전체 산업이 살 수 있는 타협점을 찾아야 한다. 냉정한 경제논리로 풀어야 한다. 최근 금호타이어 노조가 원칙에 무릎 꿇고 생떼를 접어 안도의 한숨을 쉬기도 했지만 따지고 보면 지극히 당연한 일이다. 한국GM의 사태도 미국GM 본사의 경영 부실만 탓할 것이 아니라 우리 제조업 현장을 원칙과 상식이 통하는 노동문화로 정착시켜 나가는 것이 급선무다.

강성노조에 끌려 다니다가 쪽박을 찬 대표적인 나라가 호주다. 호주 남부의 엘리자베스 지역 GM홀든 공장 문은 굳게 닫혀 있다. 이로 인해 70년 만에 완성차 생산량이 제로가 되었다. 1963년부터 가동된 공장은 2017년 10월에 전면 폐쇄되었다. 2013년까지는 20만 대 수준의 생산을 유지했으나 점점 줄어들어 2017년 9만 대 수준으로 떨어졌다. 특히 2012년부터 3년간은 노조가 임금인상을 강하게 밀어붙이기도 했다. GM본사는 2016년부터 공장 철수 준비를 하였고, 급기야 폐쇄 결정으로 이어졌다. 협력업체 포함 5,700명이 일자리를 잃었고, 주변 식당들도 모두 폐업하였다. 지역 경제는 도미노처럼 붕괴되었다. 강성으로 따지면 우리 노조가 호주보다 훨씬 더 심하다. 한국GM 노조는 10년간 정리 해고를 하지 않았다. 고비용 저효율 구조도 양국이 거의 흡사하다. 노사 양측이 정부의 중재로 해결의 실마리를 찾는다 할지라도 감산은 불가피해 보인다. 수익성이 나지 않는 해외 공장은 가차 없이 철수하는 것이 현 GM 최고경영자의 전략적 방침이다. 2008년 금융위기 이후 그들이 찾아낸 생존전략인 것이다. 노동시장에 큰 변화가 없다면 빠르면 5년 혹은 10년 내 언젠가 GM이 한국을 완전히 떠날 수 있다는 시나리오는 여전히 진행 중이다. 호주GM의 전철을 밟을 수 있다는 이야기다. 한국GM 사태는 국내에 들어와 있는 다른 외국 기업에 전염될 여지가 크다. 그리고 외국인투자자도 더 이상 한국에 들어오지 않겠다는 빌미를 제공할 수 있다. 강성노조를 방치하면 모두가 위기에 빠질 수 있다는 사실을 뼈저리게 통감해야 한다.

한국 제조업, 더 이상 무너지면 끝이다

바야흐로 기업이 국가를 자유자재로 선택하는 시대다. 기업하기 가장 좋은 나라, 시장이 받쳐주는 나라로 기업이 움직인다. 기업 경영에 국적이 그렇게 중요한 변수가 아니라는 의미다. 이를 꿰뚫기라도 하듯 신흥국은 물론이고 선진국마저 외국 기업 유치에 팔을 걷어붙이고 있다. 세금을 낮추고, 규제를 풀며, 갖은 인센티브를 제공한다. 트럼프노믹스가 발동된 이후 우리 기업의 대미 투자가 급증하고 있다. 2017년 상반기에만 무려 100억 달러를 돌파해 2016년의 90% 수준에 달했다. 대기업을 선봉장으로 하여 무려 879개 우리 기업이 미국에 발을 들여놓고 있다. 이에 못지않게 인력 가성비가 높은 베트남에 대한 투자도 열기가 식지 않고 여전히 활발하다. 국내에 있는 기업은 물론이고 중국 등 해외에서 거점을 이전하는 기업도 국내는 아예 쳐다보지도 않고 다른 외국에 가서 둥지를 튼다. 최저임금 인상, 탄력적 근로시간제 등 제조업 현장의 실상을 모르는 일방적인 정책이라는 비난이 쏟아져 나온다. 마지막 남은 국내파 중소기업들까지 요즘 해외 진출을 서두른다. 중소 제조업체의 인건비 부담은 늘고 있지만 사람 구하기는 갈수록 더 어려워지고 있다. 어쩔 수 없어 자동화를 하고 있지만 차제에 떠나는 것이 상책이라는 분위기가 지배적이다. 모두가 불행해지는 '루즈-루즈' 게임이다. 국내 기업도 밖으로 나가고 외국 기업도 철수하면 한국 제조업의 붕괴는 걷잡을 수 없게 된다.

국내외 전문가 상당수는 향후 5년이 한국 경제, 특히 제조업 구조개편에 있어 중요한 시기가 될 것임을 이구동성으로 지적한다. 해외

단위: %, 자료: 산업연구원

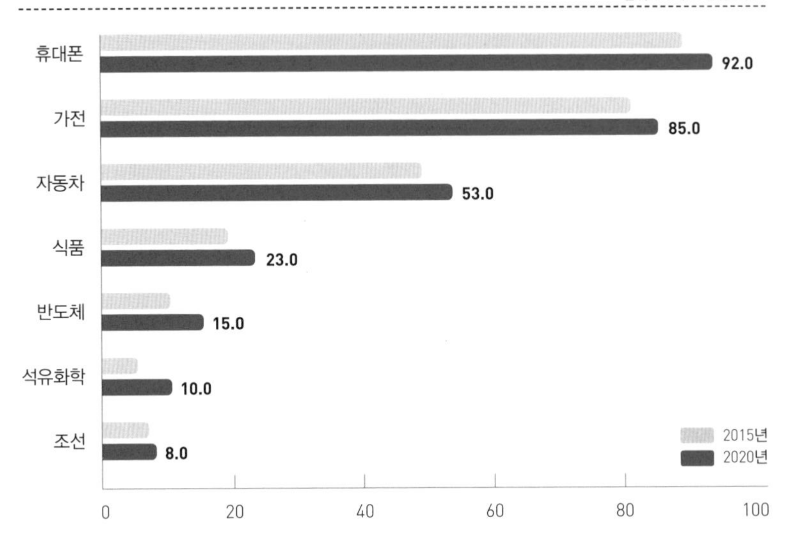

주요국 노사협력 수준(노사협력 지수)

자료: 세계경제포럼, 2017년 137개국 대상 조사

지향적 경제 구조를 갖는 우리가 밖으로 나가려는 기업을 막을 방도는 없다. 나갈 필요가 없거나 나가지 않아도 될 기업은 국내에 붙들어두어야 하지만 묘책이 별로 보이지 않는다. 경쟁국들이 하고 있는 방식과 유사하거나 더 좋은 환경을 조성해야만 가능한 일이다. 대부분 국가들은 4차 산업혁명을 통해 제조업 혁신의 기틀을 재정비해 나가고 있는 추세다. 세제 개편(감세)과 규제완화 → 투자확대 → 임금인상 → 소비확대라는 경제 선순환 구조를 만들기 위해 골몰한다. 우리의 경우 가장 심각한 문제가 임금은 지속적으로 오르는데 생산성이 바닥을 기고 있는 점이다. 이에 더하여 법인세율 인상, 최저임금 인상, 근로시간 단축 등 고비용 요소만 더 늘어나고 있다. 10대 제조업 중 성한 곳이 없고, 제조업 가동률은 9년째 계속 떨어지고 있는 중이다. 조선, 자동차에 이어 철강, 섬유, LCD, 가전에 이르기까지 모든 제조업이 상처투성이의 패잔병으로 전락할 위기에 처해 있다. 한국 제조업이 게임체인저는 고사하고 빠른 추격자 지위마저 장담할 수 없다는 푸념마저 나온다. 제조업 업그레이드, 신산업을 키우는 청사진과 전략적 로드맵이 시급히 마련되어야 한다. 친기업 혹은 친시장 정책이 대기업 집중과 사회 양극화를 초래한다는 낡은 사고에서 탈피해야 한다. 대기업이 잘 나가야 협력사 혹은 지역 경제의 고용 창출에 큰 역할을 한다는 소위 낙수Trickle-down 효과의 객관적 사례들이 즐비하다. 반도체 수출 호조로 삼성전자 협력사들(149개 사)의 매출이나 고용 증가율이 그 이상으로 증가하고 있다거나, 한국GM 사태의 극적 타결로 협력 부품 업체들이 크게 한숨을 돌린 것도 같은 맥락에서 이해해야 한다. 제조업이 무너지면 우리 경제의 존립이 송두리째 흔들릴 수 있다는 점에서 최후의 일각까지 지켜야할 것이다.

자동차 기술 춘추전국 시대

미래 자동차 기술과 시장은 크게 2개의 트랙으로 진행될 것이다. 하나의 트랙은 신에너지원에 인공지능이 접목된 AI 자동차다. 다른 하나의 트랙은 IT 기술이 접목된 자율주행차·차량공유서비스 등이다. 기존 석유 에너지차에 대한 하이브리드, 수소, 전기차 등 대체에너지를 기반으로 하는 차의 도전으로 이해할 수 있다. 늦어도 2040년이 되면 지구상에 자동차 엔진이 멸종할 것이라는 이야기가 점점 설득력을 더해간다. 엔진 부품 업체의 생사가 기로에 놓일 날이 얼마 남지 않았다는 말이기도 하다. 이에 더하여 최근에는 기능과 효율을 강조하는 자율주행자동차, 드론 확장 기술의 일환인 비행 자동차Flying Car(플라잉카)까지 등장하고 있을 정도다. 일본 도요타는 2020년 도쿄올림픽까지 플라잉카를 상용화하겠다고 말한다. 그러나 가격인하, 안전문제 등 넘어야

미래차 개발 글로벌 동향

개발 이니셔티브

- **미국·중국:** 전기차 개발에 박차, 자체 거대시장 보유
- **한국·일본·유럽:** 하이브리드카/수소차/전기차 개발 병행, 자체시장 협소로 해외 시장을 동시에 고려

합종연횡 활발

- 완성차 업체 + ICT 업체 + 차량공유서비스 업체
- 기술 선도 혹은 시장 지배가 목적, 위험분산 효과
- 동맹 혹은 M&A 방식으로 치열한 경쟁구도 양상
- 향후 완성차 vs IT 업체 간의 주도권 경쟁 치열 전망

할 벽도 첩첩산중이다. 얼마 전까지만 해도 유한 자원인 석유 고갈 시기가 2050년 전후로 예상되어 미래지향적 자동차 시대가 빨리 올 것이라는 전망이 지배적이었다. 그러나 미국 셰일혁명으로 인해 지하 셰일층에서 추출할 수 있는 셰일 오일의 양이 엄청나게 늘어나면서 변수가 생겼다. 미국에 이어 셰일 오일 최대 매장량을 보이고 있는 러시아와 3위인 중국이 합류할 경우 최소 100년 이상의 석유 자원을 더 확보하게 되는 셈이다. 결국 미래 자동차 시장은 석유와 비석유 차량의 밀고 당기는 싸움을 주축으로 4차 산업혁명 붐에 편승한 AI, 사물인터넷 등을 접목하는 형태일 것이라 예상된다. 미래차의 생산성 향상으로 가격이 인하되고, 안전에 대한 확신이 커지면 커질수록 가솔린 차량에 대한 수요가 줄어들 것이라는 방향성은 부인할 수 없다.

BPBritish Petroleum는 지구촌의 석유 수요가 2035년을 기점으로 줄어들 것이라고 전망한다. 전기차EV, Electric Vehicle의 보급이 늘어나고 연비 향상으로 자동차 분야를 포함하여 태양광, 풍력 등 재생에너지 수요가 확대되어 글로벌 에너지 수요의 구성에 큰 변화가 올 것이라는 예측이다. 구체적인 수치를 보면 석유는 2016년 33%에서 2040년 27%, 석탄은 28%에서 21%, 가스는 2% 상승한 26%, 재생에너지를 포함한 비화석연료는 11% 상승한 26%가 될 것이라고 가정한다. 또한 자동차의 총 주행거리 중 전기차가 차지하는 비중이 현재는 거의 제로 수준이나 2040년에는 약 30%로 늘어날 것이라는 예상이다. 특히 유지비가 낮은 전기차가 공유 서비스의 대세로 정착하면서 전기차 수요가 크게 증가할 것으로 내다보고 있다. 이러한 근거로 전기차의 평균 주행거리가 휘발유 혹은 디젤 차량의 2.5배를 넘을 것이며, 2035년에는 보급 대수가 1억 대를 초과할 것이라는 장밋빛 보고서까지 나온다.

여전히 가정에 불과하지만 새겨들을만한 이야기다. 시장의 방향을 되돌릴 수는 없지만 이에 대한 저항은 또 다른 변수로 남아있다. 추가 석유자원을 확보한 미국은 가급적 가솔린 차량의 수명을 연장시키려고 한다. 트럼프 행정부는 지구온난화가 사기라고까지 폄하하는 초강수를 두고 있다. 내연기관 자동차 제조 기술에서 선발주자와 상당한 갭을 인정하고 있는 중국은 전기차로 직행하려 한다. G2는 하이브리드나 수소차 등의 과정을 거치지 않으려는 공통적 경향을 보이고 있다. 에너지 공급원의 다변화는 패권 경쟁과 직접적으로 연결되어 있기도 하다. 이에 대응하여 유럽, 일본, 한국 등은 하이브리드, 수소차, 전기차 등 다양한 에너지원으로 미래 시장에 단계적인 포트폴리오로 접

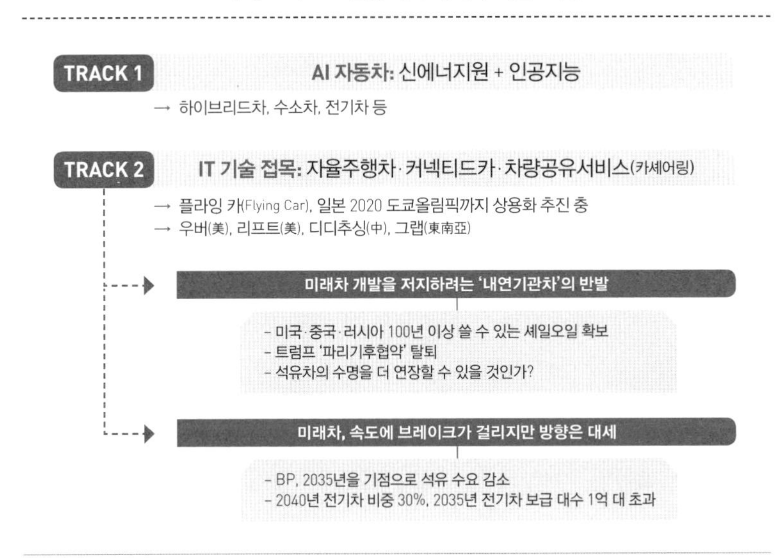

근하고 있는 모습이다. 특히 현대차·기아차는 친환경차로 시장이 넘어가는 과정에서 징검다리 역할을 할 하이브리드카에 집중하고 있기도 하다. 시장 예측이 불확실한 상황에서 퍼스트 무버가 되기보다 빠른 추격자 전략을 더 선호하고 있는 모양새를 취하고 있는 것이다. 수소차는 전기차보다 주행거리가 길고, 충전시간의 단점도 없다. 그러나 에너지 효율 측면에서는 전기차가 2배 정도 높다. 따라서 도심 단거리용으로는 전기차가, 장거리 주행용에는 수소차로 시장이 양분될 것이라는 전망이 나온다. 수소차는 전기차보다 가솔린 차량에 절대적으로 의존하고 있는 부품 업체들에게 미치는 충격도 적다. 부품 산업에 강점이 있는 한국과 일본이 수소차·전기차 병행 노선을 걷고 있는 또 다른 이유다.

2018년 연초부터 미래 자동차 기술 선점 열기가 뜨겁다. CES, WMC(월드모바일콩그래스) 등은 가전, 모바일 전시회라기보다 모터쇼로 착각할 정도다. 1월의 도쿄 오토 살롱이나 디트로이트 모터쇼보다 세간의 주목을 더 많이 받기도 했다. 이는 자동차가 더 이상 기계가 아닌 전자나 ICT 제품으로 바뀌고 있다는 반증이다. 2018년 3월 초에 열린 제네바 모터쇼에서는 미래 기술 단계로 진입하는 차종들이 대거 등장해 눈길을 끌었다. 반자율주행 친환경차, 다양한 SUV 라인업, 최고 출력 500마일 이상 되는 고성능 자동차 등이 그것들이다. 반자율주행의 경우 자동 주차, 차선이탈 보조 등 기술 콘텐츠가 보강되었다. SUV의 경우도 다양한 브랜드들이 성능이나 출력이 강화된 모델을 선보여 시장의 대세를 이어가려고 한다. 현대차는 수소전기차인 넥쏘, 아이오닉 하이브리드, 전기차·플러그인 하이브리드 등을 선보여 눈길을 끌었다. 향후 SUV 형태의 전기차, 자율주행 기능이 탑재된 고성능 고급차가 시장을 리드할 것이라는 예감이 든다.

전기차든 수소연료전지차FCV, Fuel Cell Vehicle든 보급 확대를 위해서는 우선 충전소 확충이 급선무다. 가격 현실화보다 보조금을 지원하더라도 운전자의 편이를 먼저 고려하고 있는 측면이 강하다. 미국, 유럽, 일본, 중국이 빠른 행보를 보이고 있는 것과는 대조적으로 우리는 보조금 지원 제도, 규제완화, 인프라 확충 등에서 크게 뒤지고 있다. 2020년까지 중국은 수소차 5,000대와 충전소를 100곳 이상으로 늘릴 예정이다. 일본은 수소차 4만 대 보급에 충전소를 150곳 이상으로 확충한다. 기존 3만 여개 주유소에 전기차 충전시설을 허용할 계획이다. 기존 주유시설로부터 10km 이상 떨어진 장소에 설치해야 한다는 규제를 없앴다. 기존 주유소 인프라를 신기술 활용의 거점 내지 지역사회 네트워크의 중심으로 활용하겠다는 계산이다. 줄어들고 있는 기존 주유소를 편의점, 물류거점 등의 설치로 지역경제의 보루로 만들어가겠다는 구상까지 내놓았다. 독일도 현재 수소차 충전소 50곳에서 2019년까지 100곳으로 늘리는 작업을 하고 있다. 반면 우리는 아직 경쟁국에 비해 갈 길이 멀다. 2018년 한 해 정부보조금 지원이 되는 수소차는 고작 240대에 그쳤고, 전국 충전소 수는 14곳에 불과하다. 실제 판매대수는 이보다 훨씬 높아 판매대수 예측 실패와 인프라가 부족한 현실에 대해 우려하는 목소리가 높다.

급브레이크 걸린 미래차 시장

자율주행차 시대가 현실로 다가오고 있지만 넘어야 할 산은 아직도 많다. 잇따른 자율주행차 사고는 상용화를 가로막는 걸림돌이 될 것으로 보인다. 우버와 같은 공유업체는 이러한 잦은 사고가 시장 확대에 장애가 되지 않을까 전전긍긍하는 분위기다. 사고뿐만 아니라 사고 책임 소재에 대해서도 의견이 분분하다. 선발주자들은 기존 자가운전 차량보다 자율주행차의 사고가 훨씬 적다는 것을 이유로 논란을 잠재우려고 시도한다. 하지만 안전성 여부가 검증되지 않으면 대중화에 상당한 치명타가 될 수 있을 것임이 곳곳에서 감지된다. 때맞춰 자율주행차에 대한 규제를 강화해야 한다는 목소리가 힘을 얻는다. 연이어 테슬라의 전기차도 배터리 폭발 사고가 나서 미래차 개발에 비상등이 켜지고 있다. 이에 따라 상용화에 박차를 가하고 있는 IT 혹은 자동차업체들의 타임 테이블에도 다소 차질이 불가피할 것으로 예상된다. 한 마디로 급브레이크가 걸리면서 개발업체들이 크게 당황하는 듯하다. 그럼에도 불구하고 시장 선점을 위한 자율주행차 개발업체들의 경쟁이 식지는 않을 것으로 보인다. 시장에서는 상용화보다 완벽한 기술 개발과 함께 사고책임과 관련한 법적·제도적 보완 목소리가 커지는 분위기다. 시장과 개발업체 간의 충돌과 타협이 한동안 계속될 것이다. IT 기업들의 미래차 시장 진출에 대한 완성차 업체의 경계와 방어막(특허출원 등) 등도 나타날 것으로 보인다. 그러나 미래차 기술 선점 측면에서 IT 업체들이 한발 앞서 가고 있다는 평가를 현실적으로 부인하기 어렵다. 이에 따라 미래차 시장 선점을 위한 경쟁업체 간의 협력, 즉 합종연횡이 광범위하게 전개될 것으로 예상된다.

자율주행차 등 미래차의 글로벌 합종연횡 트렌드에서 뒤쳐진다는 평가를 받아온 현대차가 뒤늦게 시동을 걸었다. 소극적 입장에서 탈피, 본격적인 동맹 강화에 나선 것이다. 글로벌 자율주행 솔루션 선두주자인 미국의 오로라Auora와 전격적인 제휴를 맺는 데 성공했다. 이를 통해 차세대 자율주행차 개발에 있어 게임체인저가 되겠다는 전략을 구체화해 나가고 있다. 2021년까지 단숨에 운전자 개입 없이 스스로 주행이 가능한 4단계 수준의 자율주행차 양산에 돌입한다는 계획이다. 다른 한편으로는 사물인터넷 자동차로 불리고 있는 커넥티드카 부문에서도 세계적 IT 업체인 시스코, 중국 최대 인터넷 서비스 업체인

한·중·일 업체의 글로벌 합종연횡

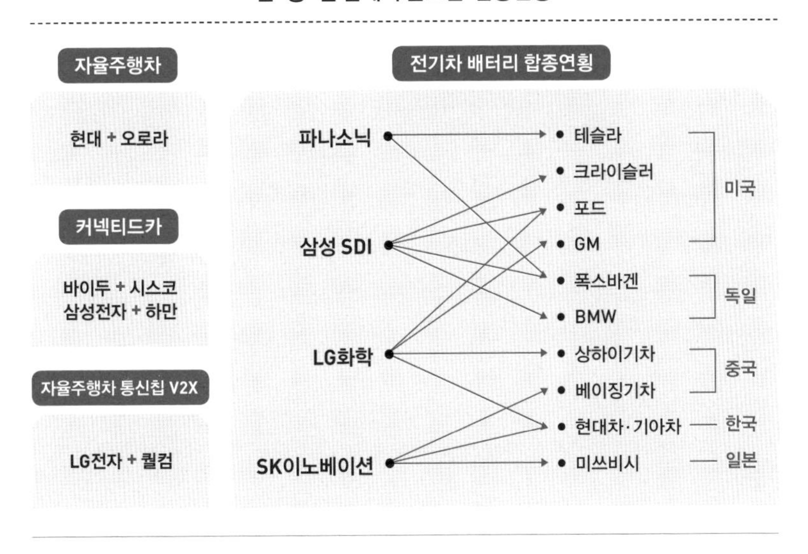

바이두 등과 손을 잡고 기술 개발을 서두르고 있는 중이다. 이외에도 2018년부터 5년간 로봇, AI 등 미래차에 연계된 신사업에 23조 원을 투입하여 4만 5,000명의 일자리를 만들어내겠다는 청사진을 밝혔다. 2025년까지는 38종의 친환경차를 생산하고, 2030년에는 무인차까지 선보인다는 계획이다. LG전자는 미국 퀄컴과 손잡고 자율주행차의 눈이라고 하는 통신칩, V2XVechile to Everything를 개발하고 있다. 인텔, 보쉬 등과 솔루션 개발 경쟁을 하고 있지만 성능에서 우위에 설 수 있으면 모든 자율주행차에 LG의 V2X 통신 모듈이 사용되는 소위 LG 인사이드 체제 구축이라는 꿈을 꾼다. 삼성은 2016년 10월 자동차 전자장비 업체 하만을 80억 달러에 인수하였다. 우리 업체보다 한발 앞서가고 있는 글로벌 완성차 메이커와 부품, 반도체 업체 간의 수평적 분업 체계가 대세로 자리매김하고 있다. 미래차 개발과 관련한 글로벌 강자들의 힘겨루기가 전면전으로 돌입하고 있는 것이다.

날고뛰는
중국 산업 스파이

한·중·일 3국의 철강, 선박 ,반도체, 디스플레이 등 4대 산업의 생산량이 전 세계 약 90%를 차지한다. 과거에는 세 나라가 역할 분담을 하면서 상호보완적 구조를 가지기도 했다. 일본은 고기술 부품과 장비에, 중국은 저임금을 무기로 완제품 조립 생산에 특화했고 한국은 그 중간쯤에 있었다. 하지만 중국 경제의 양적 성장이 질적 전환으로 바뀌기 시작한 1990년대부터 이런 구도에 균열이 생겼고, 2000년대를 거치면서 주요 전통 제조업의 패권이 '일본 → 한국 → 중국'으로 이동하는 현상이 비일비재하다. 중국의 급부상으로 중국을 상대로 하는 글로벌 통상 전쟁이 갈수록 격화되고 있는 양상이다. 통상 전쟁의 카테고리가 단순 무역을 벗어나서 첨단기술 영역으로 빠르게 넘어간다. 여기에는 미·중, 즉 G2의 패권 경쟁이 이면에 깔려 있다. 무역 규모는 물론이고 구매력 기준 GDP에서 미국을 추월한 중국이 2030년 전후에 명목 GDP 부문도 세계 1위로 부상할 것이라는 예상이다. 초조해지고 있는 쪽은 미국이다. 혹시 중국이 첨단기술마저 미국보다 앞서게 된다면 자연스럽게 패권의 향방이 중국 쪽으로 쏠릴 수 있다는 위기감이 감돈다. 이 시점에서 중국의 기세를 꺾어놓지 않으면 미국의 힘이 급격히 줄어들 것이라는 위기감이 팽배하고 있다. 기축통화와 첨단기술이라는 두 개의 큰 패권 종목을 놓고 우선적으로 기술을 둘러싼 첨예한 전쟁이 벌어지고 있는 것이다. 상호 보복관세로 미·중이 치고받고 싸우고 있지만 싸움의 궁극적 타깃은 첨단기술, 디지털 패권에 있다. 이는 미래 먹거리 기술 부문에서도 중국이 미국에 필적할 수준으로 올라오고 있다는 것을 의미한다. 본격적인 4차 산업혁명 시대에 벌어지고 있는 G2 간 첨단기술 패권 경쟁에 주변국들도 강점이 있는 기술 유출과 관련 상대의 공격에 대해 국가별로 방어력 보강이 절실해지고 있는 실정이다.

공격의 시동은 중국 측에서 먼저 걸었다. 중국이 공급구조 개혁과 중국제조 2025를 통해 제조업 대국에서 강국으로 가는 과정에서 첨단기술에 대한 과욕으로 불을 지핀 것이다. 기술을 탈취하는 중국의 수법이 훨씬 더 교묘해지고 규모마저 기하급수적으로 확대되면서 상대를 극도로 긴장시키고 있다. 중국의 모방 전술이 단순히 흉내를 내는 것에 그치지 않고 민관이 일체되어 정교하게 실행되고 있음이 도처에서 확인된다. 특히 정보 해독, 장비·소프트웨어 분석에서 기술자 스카우트로 발전하더니 마침내 기술 기술에 대한 대형 M&A를 거침없이 해내는 수순을 밟는다. 최근 중국이 신소재, 바이오 등 첨단 분야에 집

미국 vs 중국 특허출원 건수

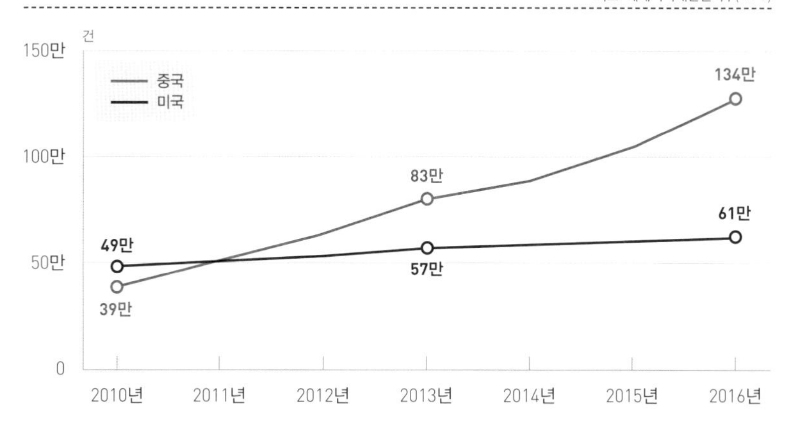

미국 vs 중국 주요 IT 기업 시가총액

단위: 억 달러, 자료: 세계지식재산권기구(WPO), 2018년 3월 기준

중하면서 특허 출원건수가 중국이 미국을 압도한다. IT 기업 시가 총액 면에서 미국 기업에 비해 중국 기업의 규모가 아직은 많이 떨어지지만 추격 속도가 매우 빠르다. 특히 중국은 글로벌하게 확실한 선두주자가 없는 분야에 올인함으로써 단숨에 우월적 선도자가 되겠다는 야욕을 버리지 않는다. 거대 내수시장을 배경으로 글로벌 경쟁에서 앞

서갈 수 있는 충분한 환경과 여건을 가지고 있다는 것이 장점으로 꼽힌다. 이런 중국에 대해 미국은 기술을 곧 국가의 안보로 간주하고 중국을 따돌리기 위한 올 코트 프레싱에 돌입하고 있다.

첨단기술 정보와 관련한 스파이 전쟁도 뜨겁다. 중국 스파이가 러시아보다 한 수 위라는 평가까지 나온다. 무한한 인내와 인해전술, 그리고 수십 년 동안 구축한 스파이망으로 선진국 기술 확보에 치중한다. 러시아, 동유럽에 이어 중국에 이르기까지 사회주의를 했거나 하고 있는 국가들의 외교관 내지 유사 해외 주재원들은 거의 스파이라고 봐도 틀리지 않다. 특히 그들은 특정 지역에 대한 인맥과 전문성을 가지고 정보에 대한 접근 능력이 탁월하다. 요즘에는 안보보다는 첨단기술 습득에 더 집중하고 있는 것이 특징이다. 미국, 영국 등 일부 서방 선진 국가들도 이와 유사한 시스템을 쓰고 있지만 정권이 수시로 바뀌는 맹점으로 인해 연결고리가 약하다. 이로 인해 미국 등 서방이 중국이나 러시아 등의 스파이들에게 당하기 일쑤다. 미국은 이를 간파하고 적극적인 방어 태세에 돌입할 채비를 갖추고 있다. 위기의식이 발동된 것이다. 그런데 우리 외교관이나 주재원들은 어떤가. 양지만 찾아 이리저리 옮겨 다닌다. 그들에게 스파이라는 용어는 먼 이웃 나라 이야기다. 일부 외교관을 제외하고는 보직 관리를 하거나, 해외에 왜 나와 있는지도 모른 채 허송세월을 보내다 귀국하는 사례가 허다하다. 이들에게 이런 것까지 요구하는 것은 처음부터 지나친 기대다. 국내에서도 뒤늦게나마 산업 스파이에 대한 인식이 생겨나고 있다. 일례로 인도계 산업 스파이가 2년간 국내 엔지니어링 기업에서 세계 유일 조선기술(FPSO 건조기술)을 밀반출하다가 적발되어 징역 4년

형을 받았다. 하지만 이에 대해 솜방망이 처벌이라는 논란이 일고 있다. 지난 6년간 주요 기술 270여 건이 유출되었지만 처벌은 83명에 불과하고, 그나마 실형은 30명에 그쳤다. 미국은 산업 스파이에 대해 최고 20년 징역과 500만 달러라는 벌금을 부과한다. 이에 따라 산업 스파이를 간첩처럼 엄벌하는 제도적 장치를 마련해야 한다는 목소리가 타당성을 얻고 있다.

뺏을 것은 과감하게 뺏어야 한다

세계 최대 통신장비로 부상한 중국 순수 토종 화웨이의 부상은 정말 놀랍다. 경쟁업체 평균 가격보다도 30~40% 저렴하고 기술력이 높아 2017년 기준 화웨이의 통신장비 글로벌 시장 점유율이 28%에 달하고 있으며, 시간이 갈수록 이 비율이 더 높아질 것으로 예상된다. 그런데 최근 이에도 제동 걸려는 움직임이 나타나고 있다. 미국 정부(연방통신위원회)가 화웨이 장비를 쓸 경우 미국 정보가 중국에 유출될 우려가 있다는 통신 보안 이유로 장비 구입, 서비스 제공 금지령을 내렸다. 비슷한 이유로 화웨이의 미국 내 스마트폰 출시 계획도 발목이 잡혔다. 미국 통신·장비 시장에서 화웨이는 잠정적으로 퇴출당한 상황이라고 보는 것이 타당하다. 문제는 미국 이외 국가 통신업체들의 의사결정이다. 싸고 좋은 화웨이 장비를 구매하고 싶지만 미국의 직·간접적 압박에다 자국 정부도 정보 유출에 대해 엄격한 잣대를 들이댈 것으로 보여 망설이게 한다. 당장 우리 통신 3사도 2018년 상반기 중에 20조 원을 투자하여 5G 상용화를 위한 인프라를 구축할 예정이다. 현재 화웨이 장비의 한국 시장 점유율은 10% 내외에 그치고 있으며, 삼성전자·노키아·에릭슨 등이 시장을 분점하고 있다.

4차 산업혁명과 보호무역의 불길이 거세지면서 한·중·일 3국간 주력산업 패권 경쟁 구도도 제2라운드에 접어들고 있다. 1라운드는 한국이 일본을 물고, 2라운드는 중국이 한국을 물면서 서로 물고 물리는 경쟁 구도로 최근까지 이어져 오고 있다. 이에 따라 초기에는 상호보완적 협력 구도가 만들어지고 했으나, 점진적으로 피차 경쟁적인 구도로 바뀌고 있는 것이 현상이다. 철강, 조선, 가전, 자동차, 화학, IT, 신재생에너지 등 대부분 산업군에서 비슷한 형태의 산업기반을 형성함으로써 글로벌 시장에서 점유율 경쟁 행태로 진행이 되고 있다. 철강, 조선 등은 부가가치의 차별화를 통해 시장을 황금분할하고 있기도 하다. 조선 산업의 글로벌 시황에 따라 명암이 엇갈리기 하지만 해양플랜트가 이 산업의 범주에 합류함으로써 다소의 숨통이 트이고 있는 분위기다. 특히 조선 산업의 글로벌 시장 규모가 1/3로 축소됨에 따라 구조조정을 통한 다운사이징이 불가피한 실정이다. 자연스럽게 시장은 갈수록 '친환경'과 '스마트'라는 방향으로 진군한다. 일본도 조선을 여전히 포기하지 않고 경쟁 대오에서 이탈하지 않고 있다. 중국, 일본과의 차별화와 더불어 기자재 업체의 업그레이드가 요구된다. 중국보다 특별히 잘 만들지 못하는 벌크선, 유조선, 컨테이너선은 포기하더라도 부가가치가 높은 LNG선, LPG선과 같은 특수선 분야에서 기술우위를 추구해야 할 것이다. 구조조정에서 실기失機하면 이 경쟁에서 패퇴할 수 있다는 쓴 소리를 새겨들어야 한다. 자동차는 일본이 앞서

가는 국면이나 한국도 꾸준하게 시장을 분할해 나가고 있으며, 중국은 선진 자동차 기업 M&A를 통해 강력한 도전장을 내밀고 있는 판이다. 가전이나 IT의 경우 일본 기업은 한국·중국 등을 따돌리기 위해 빠르게 새로운 분야의 기술 개발에 속도를 낸다. 한국과 중국은 각각 차별화와 프리미엄 경쟁을 통해 시장에서의 주도권을 잡으려고 한판 승부 중이다.

샤오미를 시작으로 세계 시장 잠식하는 중국

세계 상업용 드론 시장의 70%를 장악하고 있는 DJI는 선전을 대표하는 기업 중의 하나다. 지난 2006년 종업원 80명의 헬리콥터 조립회사로 출발하여 현재는 8,000명으로 인원이 늘어났다. 2~3년 전부터 본격적으로 팬텀, 인스파이어, 매믹, 스파크 등을 연이어 출시하면서 시장점유율을 계속 높여가고 있는 추세다. 또 하나 눈에 들어오는 기업은 광치과학光啓科學이다. 공상과학 영화에나 나올 법한 아이언맨 슈트 개발업체로도 잘 알려져 있다. 이 회사는 지난 2010년 미국 유학파 박사 인력 5명이 단돈 4,000만 원으로 창업했다. 현재 종업원 수는 2,600명이며, 2017년도 매출액이 540억 원에 달한다. 홍콩 증시에 상장되어 있으며, 현 시가 총액은 약 3조 원이다. 아이언맨 슈트 이외에도 트래블러(열기구 풍선)와 클라우드(비행선) 등을 개발하여 상용화에 박차를 가하고 있다. 시속 74km의 속도로 20~30km 상공에서 35~45분간 비행할 수 있는 기술력을 확보하고 있기도 하다. 하지만 각종 규제와 제도의 미흡으로 상용화가 지연되고 있는 것이 기업의 고민이다.

중국 신생 업체들에게는 공통된 특징이 발견된다. 비록 원천기술은 없지만 소비자들에게 어필할 수 있는 상품을 만들어서 착실하게 시장을 만들어가고 있는 점이다. 이는 기원전 1600년 무렵부터 시작된 중국의 상도에서 연유하고 있다고 해도 과언이 아니다. 일본 경제의 성공이 철저한 장인 정신에서 비롯되고 있다면 중국 경제의 도약은 저돌적인 상인 정신에서 찾아야 하지 않을까 싶다. 이들은 선두주자들과의 싸움에서 이길 수 있는 방법과 전략 개발에 탁월한 솜씨를 보인다. 상품에 소비자들이 기본적으로 요구하고 있는 기능을 최대한 충족하면서 가격은 저렴하게 공급할 수 있는 능력을 갖추었다. 즉, 완벽한 상품 기획자로 변신하여 단순히 시장을 위협하는 수준에서 그치는 것이 아니고 절대강자로 부상할 수 있는 위치로까지 치고 올라오고 있다.

앞서 언급한 DJI나 광치과학도 있지만 이 부문에서 가장 두각을 나타내고 있는 기업이 바로 샤오미다. 샤오미란 이름은 동업자들이 동거동락하면서 자주 먹었던 좁쌀(샤오미)죽에서 유래했다. 샤오미 상품은 저렴한 가격, 준수한 품질, 깔끔한 디자인 등 3박자를 갖춘 것으로 정평이 나면서 승승장구하고 있다. 값만 싼 공산품이라는 이미지는 철 지난 이야기다. 한국에 진출하여 11번가, 옥션, G마켓 등 오픈마켓 3사를 대상으로 한 2015년 소형 가전 매출이 9배나 늘어나기도 했다. 국산 제품과 비교하여 절반 이하의 가격대에다 성능이나 디자인에 손색이 없다는 것이 강점으로 꼽힌다.

짝퉁에서 벗어나 시장 지배자로

한 때 잡스 모방꾼, 짝퉁 애플이라고 불리던 샤오미가 중국 시장에서 애플을 잡았다. 2010년 창업하여 4년 만에 이룬 쾌거였다. 이를 두고 샤오미의 창업자 레이쥔을 중국판 스티브 잡스라고 부르기도 한다. 실제로 레이쥔은 스티브 잡스를 그의 롤 모델로 삼는 데 주저하지 않았다. 신제품을 공개할 때마다 실제로 청바지에 검은 셔츠를 입고 잡스의 시늉을 내기도 했다. 하지만 정작 본인은 잡스와 동일한 인물로 평가받는 것을 그리 달가워하지 않는다. 샤오미라는 회사는 애플과 구글, 그리고 아마존을 합쳐놓은 회사라고 주장한다. 특징적인 것은 아마존처럼 각종 부대비용이 발생하는 오프라인 매장 대신 온라인 매장을 통해 제품을 판매하고 있는 점이다. 샤오미는 광고에 돈을 쓰지 않는 것으로도 유명하며, 대신에 전 세계 24개 국가에 자체 온라인 커뮤니티를 운영하고 있다. 사람들은 커뮤니티, 소셜 네트워크 서비스 등 온라인 바이럴 마케팅으로 제품을 인식하고 곧장 온라인 매장에 접속해 구매하는 패턴을 선호한다. 한편 온·오프라인의 결합을 통해 현금 대신 신용카드나 모바일로 결제하는 신유통 부문에서도 알리바바, 징동, 샤오미 등 톱 3가 주도한다. 단순한 추종자의 위치에서 추격자로, 그리고 이제는 선도자 반열에 오르는 변신을 거듭하고 있는 셈이다.

창업 7년 차인 샤오미가 2018년 상반기 홍콩 증시에 상장했다. 기업 가치가 적어도 1,000억 달러가 될 것이라는 추정이 나오기도 했지만 이에는 다소 미치지 못했다. 조만간 알리바바의 마윈 회장을 제치고 중국 최대의 부자가 될 수 있다는 전망까지 나온다. 스마트폰과 소

게임 전용 스마트폰과 삼성전자의 갤럭시 S9 비교

	샤오미 블랙샤크	레이저 레이저폰	삼성전자 갤럭시S9
화면 / 무게	6인치 / 190g	5.7인치 / 197g	5.8인치 / 163g
메모리	6기가바이트(GB)	8GB	4GB
배터리	4,000mAh	4,000mAh	3,000mAh
스마트폰 중앙 처리장치(AP)	퀄컴 스냅드래곤 845	퀄컴 스냅드래곤 835	삼성 엑시노스 9
게임 특화기능	- 수냉식(水冷式) 쿨러 - 탈·부착 형태의 게임 조작기 별도 판매	- 초당 120장의 화면을 재생해 끊김 없는게 임 장면 연출	- PC 모니터에 연결해 모바일 게임 이용 (삼성 덱스 필요)
출시	2018년 4월	2017년 11월	2018년 2월
가격	2,999위안(약 51만 원)	699.99달러(약 75만 원)	95만 7,000원

자료: 각 사

형 가전이 샤오미의 주력상품이다. 스마트폰의 경우 중국 내에서 화웨이를 비롯해 오포·비보 등 후발주자들과의 치열한 경쟁에서 점유율이 다소 밀리자 인도 등 해외 시장으로 적극 진출하고 있다. 인도 시장에서는 6년 만에 삼성을 넘어 2018년 1분기에 1위로 올라섰었다. 샤오미의 상품 기획력이 마침내 게이밍 폰Gaming Phone, 즉 게임전용 스마트폰까지 뻗치고 있다. 자회사 블랙샤크가 퀄컴의 최고 사양 APApplication Processor(스마트폰용 중앙처리장치) 스냅드래곤 845를 탑재했다. 6기가바이트 램까지 갖췄다. 5.9인치 큰 화면에다 세로·가로 2160x1080의 해상도로 선명도를 높였다. 삼성 갤럭시S, 애플 아이폰 등 프리미엄 스마트폰이 세계 시장을 주도하는 가운데 틈새시장을 노리려는 전략의 일환으로 보인다.

지난 2011년 일본 소니가 자사의 게임기 플레이스테이션 시리즈와 연동하는 엑스페리아 플레이를 출시한 적이 있다. 그러나 저장 공간이 400MB에 불과한 데다 하드웨어 성능이 다른 스마트폰과 별반 차이가 없었다. 당시 휴대용 게임기 PSP는 닌텐도 3DS와 비교해 경쟁력이 없어 시장에서 외면 당했다. 최근 글로벌 모바일 게임 시장 규모가 50조 원 이상으로 성장하면서 게이밍 폰이 다시 틈새시장에서 부상할 수 있는 공간이 만들어지고 있다. 7년 만의 부활이다. 틈새시장에서의 성공을 발판으로 주류 시장으로 넘어가려는 샤오미의 저력이 돋보인다. 그러나 원천기술이 없는 그들의 발 빠른 전략이 5년 혹은 10년 후에도 승승장구할 수 있을 지는 미지수다.

반도체 시장에 뛰어든 IT 공룡들 판도 바뀔까

반도체 산업은 중국 제조업 구조조정의 백미이자 중국제조 2025의 결정체다. 현재 반도체 자급률을 2025년에 70%까지 끌어 올린다는 것이 궁극적인 목표다. 현재 진행되고 있는 4차 산업혁명, 즉 AI나 5G 등 차세대 분야를 주도하기 위해서는 반도체 분야 육성이 불가피하다는 것을 실감하고 있기 때문이다. 중국 시장은 세계 반도체 수요의 60%를 차지할 정도로 압도적이다. 중국이 저가형 제품을 시작해서 단계적으로 수입 대체 비율을 높여간다면 글로벌 반도체 시장의 판도에 지각변동이 생겨날 수 있다. 우리 업체들이 가장 타격을 받을 수밖에 없는 구조다. 지난 2015년부터 국가 반도체 산업 투자펀드를 만들어 1,915억 달러(약 206조 원)의 돈을 퍼붓고 있다. 소위 말하는 반도체 굴기다. 세계 50대 반도체 설계(팹리스) 업체 중 중국 업체가 11개나 포

메모리 부문 국가 간 시장 점유율

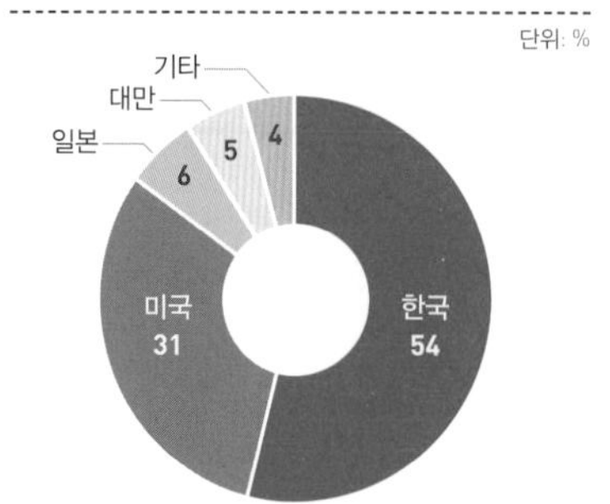
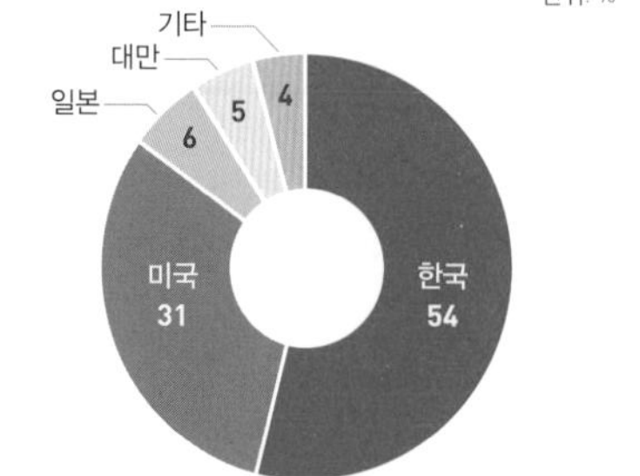

시스템 반도체 부문 국가 간 시장 점유율

단위: %
기타
대만
일본
4
4
8
유럽
42
미국
42

반도체 장비 부문 국가 간 시장 점유율

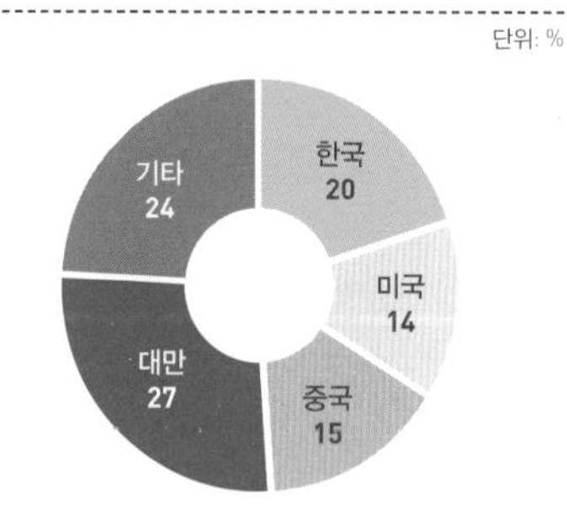

반도체 재료 부문 국가 간 시장 점유율

진하고 있으며, 시스템 반도체를 위탁생산하는 파운드리 분야에서는 상하이 소재 'SMIC'가 세계 4위까지 치고 올라오고 있는 상황이다. 팹리스 분야는 한국보다 무려 10배나 크다.

1983년 반도체 산업에 시동을 건 삼성이 선발주자인 일본을 따라잡는 데 10년이 걸렸다. 당시에는 일본 수준으로 올라가는데 20년 이상 걸릴 것으로 예상했다. 이후 20여 년간 한국이 메모리 반도체 분야에서 세계 시장을 호령하고 있다. 일반적으로 반도체 시장은 메모리와 비메모리(시스템 반도체) 부문으로 구분된다. 전체 글로벌 시장의 25%가 메모리이며, 비메모리가 75%로 3배가량 크다. 한국과 미국 메이커가 전체 메모리 시장의 약 85%를 차지하고 있으며, 비메모리 시장은 유럽·미국·일본·대만이 장악하고 있다. 일각에서는 시스템 반도체 부문에서는 중국이 한국을 능가하였다는 평가가 나오고 있기도 하다. AI와 로봇이 반도체에 본격적으로 접목됨으로써 비메모리 분야 기업의 입김이 세지고 있는 추세라 메모리 업체들의 입지가 약화될 가능성마저 점쳐진다. 한편 반도체 장비 부문은 중국 업체들의 글로벌 시장 점유율이 1위로 올라섰으며, 반도체 재료 부문에서도 중국의 약진이 두드러진다. 미래 기술과 연계한 향후 메모리와 비메모리 업체 간의 갑을 경쟁이 치열해질 것임을 예고한다.

반도체 시장 업그레이드가 필요하다

한편 미·중 무역 전쟁으로 인해 글로벌 반도체 업계의 M&A를 통한 합종연횡에 급제동이 걸리고 있다. SK하이닉스를 포함한 한·미(베인캐피털+애플)·일(일본산업혁신기구+INCJ) 3자 연합이 세계 2위 낸드플래시 업체인 도시바의 메모리 사업을 인수 추진 중이다. 하지만 중국 정부의 반대로 무산될 위기에 놓여 있기도 하다. 중국 정부가 미국 자본이 들어간 초대형 M&A에 대한 거부 의사를 분명히 하고 있기 때문이다. 반도체 산업의 특수성에 따라 독과점을 허용하지 않기 위해 한국, 일본, 유럽연합, 미국, 대만, 필리핀, 브라질, 중국 등으로부터 반독점

승인을 받도록 되어 있다. 이들 8개 국가는 반도체 구매 수요가 많은 국가다. 세계 반도체 시장을 석권하고 있는 상위권 업체들이 10~20년이 지나도 바뀌지 않는 원인은 이러한 시스템의 작동에서 비롯되고 있다. 반도체 생산 업체들이 많지 않은 것도 기술 축적에 오랜 시간이 걸리고 수조 원의 비용이 투입되는 것이 근본적 이유다. 미국 퀄컴 네덜란드 반도체 업체 NXP 인수에 대해서도 중국 반독점 당국이 승인을 하지 않고 있다. 거꾸로 미국 정부는 싱가포르 브로드컴의 미국 퀄컴 인수 불가를 천명하여 M&A 논의가 전면 중단되었다. G2 통상 갈등이 급기야 반도체 전쟁으로 옮겨 붙고 있는 것이다.

아무튼 중국의 반도체 굴기 속도는 더 빨라질 것으로 보인다. 메모리 반도체 낸드는 2018년 말, D램은 2019년 양산에 진입할 것이 확실시 된다. 2015년 시작한 이후 불과 3년 만에 '대만의 20년'과 맞먹는 결과를 만들어내고 있다. 삼성과의 기술 격차가 5년 전후로 평가되고 있지만 향후 더 좁힐 것인가, 아니면 더 벌어질 것인가에 관심이 집중된다. 대규모 투자와 M&A를 병행하고 있어 간격이 좁혀질 것이라는 전망이 지배적이다. 하지만 기술격차를 단번에 따라잡기가 어려울 것이라는 견해도 만만치 않다. 특히 삼성전자나 SK하이닉스가 생산하고 있는 17~18mm의 미세한 수준으로 끌어올리는 데는 일정 시간이 소요된다는 점을 이유로 든다. 20년 전과 비교해 현재 시장과 기술의 수준은 확연하게 다르다. 현재 중국 반도체 업체에서 일하는 기술자들의 대부분은 대만 출신이다. 대만 업체들의 줄도산으로 불가피하게 중국으로 옮겨간 것이다. 실제로 대만의 젊은이들이나 기술자들이 보다 큰 시장인 본토에서 일하기를 더 원하고 있기도 하다. 또한 미국, 일본,

유럽 등 선진국들의 반도체 기술 중국 유출에 대해서 극도의 견제를 하고 있는 것도 중국의 반도체 굴기 시계視界를 흐리게 하고 있다. 한편으론 AI 반도체 시장이 새로운 블루오션으로 부상한다. 미국, 중국의 IT 업체들이 이 부문에 대거 참여할 태세다. 이에 따라 비반도체 기업들과 파운드리Foundry 업체 간의 합종연횡 및 경쟁이 치열하게 전개될 것으로 예상된다. IT 공룡들이 AI 반도체 개발에 뛰어들면서 반도체 시장이 새로운 국면을 맞이하고 있다.

한·중·일 가전 삼국지

글로벌 가전 시장의 전반적인 경쟁 구도는 한·중·일 삼국지라고 해도 과언이 아니다. 유럽이나 미국 업체들이 일부 틈새시장에서 명맥을 유지하고 있지만 그리 위협적이지 않다. 불과 5년 전까지만 해도 한국이 확실히 앞서가는 분위기였으나 갈수록 중국의 추격이 거세고 일본의 반격도 만만치 않다. 프리미엄 TV 시장의 경우 선두주자인 한국에 일본 메이커들이 재도전하고 있으며, 백색 가전 부문에서는 중국 업체의 부상이 가시적이다. 중국 업체의 한국 따라잡기 전략은 스마트폰이나 자동차와 마찬가지로 중국 시장 내에서 선두자리를 꿰찬 후에 점진적으로 글로벌 시장에서 승부를 걸겠다는 전형적인 수법을 구사하고 있다. 한국 업체는 중국 업체의 추격을 따돌리기 위해 고급화, 즉 초超프리미엄급으로 수준을 올려 격차를 더 벌이려고 힘을 쏟는다. 한편으로 신사업 혹은 신상품 개발을 통해 새로운 블루오션을 만들어가는 전략도 병행하고 있다. 일본 업체들은 한국, 중국 업체들과의 무모한 양적 경쟁을 지양하고 가장 잘 할 수 있는 분야에만 특화하고 있는 것이 현저하게 목격된다. 한국 업체가 머물고 있는 프리미엄 시장에서 한판 승부를 걸고 있는 것이다.

글로벌 가전 시장의 양대 산맥으로 인정받고 있는 삼성, LG와 일본, 중국 가전 기업들과의 한판 전쟁은 결국 기술 집약에 달려 있다고 할 것이다. 이는 브랜드 명운을 건 결코 양보할 수 없는 싸움이다. TV 시장은 3세대 퀀텀닷(양자점) TV인 QLED와 OLED TV처럼 화질 경쟁을 통해 프리미엄 시장의 불을 계속 지펴 나갈 것이다. 생활 가전 분야에서는 사물인터넷에 AI 음성인식을 적용한 프리미엄 냉장고, 세탁 · 건조기, 로봇청소기 등을 놓고 시장 주도권 경쟁을 해나갈 것으로 보인다. 한국에 역전 당해 고전해온 일본 업체들도 재기를 호시탐탐 노린다. 소니는 4K HDR 이미지 프로세서 'X1 익스트림'을 탑재한 4K OLED 브라비아 A8F 시리즈를 공개했다. 기존 A1 시리즈의 화면 진동을 통해 소리를 내는 어쿠어스틱 서피스 기술을 탑재한 것이다. 새로운 X-모션 클래리티X-Motion Clarity 기술도 탑재해 최대 85인치 대형 화면에서도 역동적인 영상을 선명하게 시청 가능하다. X1 얼티미트 프로세서가 탑재된 8K 디스플레이도 선을 보였다. 중국 업체들은 한국 모방 전략을 철저하게 구사할 것으로 예상된다. TCL은 85인치 QLED TV 'X6' 등을 공개했다. 이 제품은 돌비 '애트모스' 몰입형 사운드 기술과 '하만카돈' 사운드 시스템을 지원하는 UHD TV다. 특히 삼성전자의 '더 프레임'과 거의 동일한 디자인이 적용된 모습이고,

곡면 UHD 스마트 TV 'P5'도 노출시켰다. 하이센스는 해상도를 개선한 레이저 TV를 들고 나왔다. 레이저 TV는 레이저 프로젝트를 이용해 대형 화면을 만들어내는 제품이다. 2017년에는 98인치 8K ULED TV를 전략 제품으로 내놓기도 했다. 스마트홈 버전이 가정에 국한되지 않고 사무실을 넘어 차량까지 유기적으로 연동하는 방향으로 흘러가면서 차량용 '디지털 콕핏'까지 선보이고 있다. 향후 글로벌 가전 시장의 폭과 깊이가 한층 더 확대될 전망임을 시사해 준다.

프리미엄 경쟁에서 이기면 시장은 더 커진다

최근 미국 정부의 세이프가드 조치에도 불구하고 한국 세탁기의 미국 내 입지는 견고하다. 지난 2018년 2월 18일 미국 컨슈머리포트CR 발표에 따르면 미국 소비자들 평가에서 LG, 삼성 브랜드 제품이 여전히 최고의 제품으로 평가되고 있다. 내구성 소비재인 만큼 성능과 품질을 내세운 프리미엄 전략이 당분간 더 유효할 것이라는 관측이 지배적이다. 대용량 세탁기 15종 중 양사 제품이 무려 8개나 우수 제품으로 선정되었다. 미국 국내에서 중저가 세탁기 양산을 서두르고 있어 한국산 고가 포트폴리오 전략을 구사하면 세이프가드의 피해를 줄여나갈 수 있을 것으로 예상된다. 그러나 글로벌 프리미엄 TV 시장에서는 삼성, LG의 아성에 도전하는 소니의 부활이 예사롭지 않다. 시장조사업체 IHS 마킷에 의하면 2,500달러 이상의 고가 TV 시장에서 소니 시장점유율이 2017년에 36.9%로 LG전자(33.0%)와 삼성전자(18.5%)

를 제치고 1위로 올라섰다. 체질 개선에 성공한 덕택으로 무려 10%나 늘어난 수치다. 기준을 달리한 다른 시장조사 업체 발표에서는 삼성전자 39%, LG전자 26%, 소니 24%(5% 증가) 순으로 나타났지만 소니가 약진하고 있음은 분명해 보인다. 2000년대 들어 10년 연속 누적적자액이 무려 8,000억 엔에 달했지만 2014년부터 흑자로 돌아서기 시작했다. 미국 가전 유통의 35%를 차지하고 있는 '베스트바이'가 최근 소니 제품을 적극적으로 마케팅을 하고 나서고 있는 것도 삼성, LG전자에 불리하게 작용하고 있다. 프리미엄 TV 시장에서는 당분간 한·일 메이커 간의 자존심 대결이 불가피할 것으로 예상된다.

한편 프리미엄 시장은 선진국에만 존재한다는 개념이 점진적으로 희석되고 있다. 동남아와 인도 신흥국의 중산층이 급속도로 증가하기 시작하면서 가전제품 시장에도 경계가 무너지고 있는 것이다. 특히 2016년부터 아시아 신흥국의 프리미엄 가전 시장 규모가 급속하게 증가하고 있는 것으로 나타났다. 무시할 수 없는 큰손으로 변화하고 있는 것이다. 일반 상품보다는 프리미엄급이 더 인기를 끈다. 변모하는 아시아 시장에 가장 빠르게 대응을 하고 있는 메이커가 바로 LG전자다. 스나이퍼 전략, 즉 수요가 유망한 품목을 중심으로 맞춤형 상품을 개발하여 시장을 만들어 나가는 전략이 먹혀들어가고 있다. 세탁기 2개가 연결된 트윈워시 매출이 2배나 증가할 정도로 선풍적 인기를 끌었다. 특히 동남아 시장을 겨냥한 모기 퇴치 기능 에어컨, 인도에서는 필터를 강화한 5단계 정수기 등이 대표적으로 히트를 치고 있는 상품들이다. 아시아 국가들의 고질적 문제인 환경을 고려한 신상품 개발에도 더욱 박차를 가한다. 한국 가전업계의 최후 보루는 역시 일본 시장이다. 일본 소비자들은 태생적으로 고집스럽게 자국 브랜드를 선호한다. 글로벌 가전 기업의 무덤이라고 할 정도로 난공불락의 시장으로도 정평이 나 있다. 완벽한 품질이나 일본인이 선호할 수 있는 깔끔한 디자인이 아니면 결코 성공할 수 없다. 최근 LG는 의류 관리기 스타일러로 일본 시장에서 조금씩 진지를 구축해 나가고 있다. 일본 시장에서 성공은 한국 가전의 해외 시장 진출 완결판이다.

5G와 빅데이터 기술 누가 선점하나

매년 1월 초 미국 라스베이거스에서 열리는 CES는 전 세계 가전제품 시장의 기술 트렌드와 향후 판도를 읽을 수 있는 이벤트로 정평이 나 있다. 최근에는 자동차, 도시 등이 가전과 연결되는 미래 기술 경연장으로 탈바꿈하고 있기도 하다. 이어 매년 2월에는 스페인 바르셀로나에서 MWCMobile World Congress가 개최된다. 이동통신사, 휴대전화기 제조 · 장비업체들의 기술 경연 전시회다. 지난 2008년 4G 통신을 선보인 이후 10년 만에 MWC 2018에서 차· 도시· 운전자를 연결하는 5G 기술이 세상 밖으로 나왔다. CES와 마찬가지로 MWC도 갈수록 모터쇼와 같은 착각을 불러일으킨다. 5G가 접목된 커넥티드카, 자율주행차, VR 콘텐츠 등 다양한 기술이 선보였다. 퀄컴과 캐딜락, T모바일과 BMW, SK텔레콤과 제네시스, 벤츠와 엔비디아 등이 보여주듯 완성차 업체와 통신사에 이어 부품·장비업체까지 합종연횡이 활발하다. 미래형 자동차에 5G가 필연적인 기술이 되고 있는 것이다. IT 시장조사업체인 가트너Gartner는 2020년 2억 5,000만 대의 차량이 무선으로 연결되면서 이 부문의 시장 규모가 무려 1,600억 달러에 이를 것으로 예상한다. 2025년 7,900억 달러, 2035년에는 3조 5,000억 달러 규모로 커지면서 고용효과도 2,200만 명에 달할 것으로 내다보고 있다.

5G 1초 당 최대 다운로드 속도는 20GB, 최저 속도는 100MB다. 현재의 LTE보다는 데이터 전송 속도가 20배 이상이나 빠르며, 지연이나 끊김도 거의 없다. 1GB 영화를 다운로드하는 데 걸리는 시간이 불과 10초 내외다. 차량에서 초고화질 영상과 음악을 즐기고, 자율주행이 가능하도록 하기 위해서는 방대한 운행 정보나 위험 신호를 끊김이나 시차 없이 송·수신하는 것이 중요한데 현 LTE 수준으로는 불가능하다. 5G는 기가 인터넷 시대의 도래를 예고하고 있으며, 이는 4차 산업혁명 시대에 있어 마치 인체의 척추 같은 기술이다. 자동차는 물론이고 사물인터넷, 인공지능, 바이오헬스, 공유경제, 핀테크 등 거의 모든 미래 분야에 필연적으로 요구된다. 장래의 산업 판도가 소유라는 개념에서 벗어나 접속을 기반으로 하는 공유경제의 시대로 바뀔 것임을 예측케 한다. 이에 따라 AR·VR 시장이 폭발적으로 증가하고, 인류의 모바일 기기 사용 방식도 크게 달라질 것이다.

5G 활용 다양한 비즈니스 모델 개발에 주력해야

이에 따라 5G 시장을 선점하려는 각국 대표주자들의 움직임도 가히 폭발적이다. 5G 기술의 우위가 미래 먹거리 선점과 직결되기 때문이다. 초반에 중국이 앞서가는 분위기지만 한국 기업들이 바짝 따라붙고 있다. 미국도 절대 양보할 수 없다면서 배수진을 친다. 유럽·일본 등도 반발자국 정도의 행보로 뒤를 바짝 추격하는 모양새다. 미국이동통신산업협회CITA에서는 5G에서 가장 앞서 나가는 국가가 중국이고, 다음으로 한국을 꼽았다. 한국의 경우 평창 동계올림픽을 계기로 순위를 끌어올린 것으로 알려졌다. 국내는 SK텔레콤이 선두주자이나 평창 동계올림픽 공식 후원사로 5G를 선보인 KT와 LG유플러스 등 이동통신 3사가 말고 당기면서 치열한 각축전을 벌인다. 빠르면 2019년, 늦어도 2020년 상용화를 눈앞에 두고 있는 상황이다. 평창 동계올림픽에서 KT는 삼성전자, 노키아, 인텔 등과 LED 기술을 활용해 평화의 상징인 비둘기를 오륜기로 형상화한 5G 드론 매직 공중 쇼를 입체적으로 연출하기도 했다. 반도체 부문에서 삼성이 인텔을 제치고 선두주자에 올랐지만 반도체 기술을 기반으로 한 미래 먹거리 선점 경쟁에서만은 자신들이 우위에 있다는 것을 과시한 셈이다. 중국 알리바바는 마윈 회장이 직접 출격하여 클라우드 기반의 AI 플랫폼을 소개하는 장면을 연출하기도 했다. 태블릿을 통해 얼굴 사진만으로 맞춤형 서비스를 제공하는 스마트패스와 스포츠 분야에 응용한 ET 스포츠브레인으로 눈길을 끌었다. 오는 2020년 도쿄 하계올림픽과 2022년 베이징 동계올림픽도 이러한 첨단 기술의 각축장이 될 것임을 예고한다. 대형 스포츠 이벤트를 활용하여 5G 기술 표준 선점에서 우위에 서겠다는 속살을 내비친다. 미국 퀄컴도 인텔만큼 무시할 수 없는 강자다. 퀄컴은 스마트폰의 두뇌라고 불리는 APApplication Process 시장에서 스냅드래곤 시리즈로 탄탄한 1위를 유지하고 있다. 전 세계 62개국 134개 업체가 5G 시장에 우후죽순처럼 머리를 내민다. 이와 더불어 광섬유·케이블 업계도 20년 만에 슈퍼사이클의 호황을 기대하면서 특수에 잔뜩 기대에 부풀어 있기도 하다. 국내 관련 공장들은 이미 가동률 100%를 보이고 있다.

5G 시장도 한·중·일 삼국지를 예고한다. 2G 기술은 일본이, 3G 기술은 미국이 선도했다. 4G는 전반기에 한국 업체가 주도했으나, 후반기에 접어들어 중국 업체들이 빠르게 치고 올라왔다. 이는 5G 시장의 조기 도래를 재촉하는 빌미를 제공했다. 이 부문에도 중국의 화웨이가 가장 과감하게 도전장을 내밀고 있다. 화웨이는 MWC 2018 글로벌 모바일 어워즈에서 삼성전자를 제치고 8관왕에 오르는 기염을 토했다. 기술·소프트웨어 혁신 분야에서 특히 높은 평가를 받았다. 차이나모바일, 차이나텔레콤, 차이나유니콤은 5G 기술개발과 망 구축에 무려 1,800억 달러(약 196조 원)를 쏟아 붓고 있을 정도다. 일본의 NTT 도코모, KDDI, 소프트뱅크 등 3대 통신업체들이 2023년까지 460억 달러(약 53조 원)를 투자하여 5G망을 구축한다. 국내에서도 꿈의 속도라고 불리는 주파수 확보 전쟁으로 통신 3사 간 선점 각축전이 벌써 달아오르고 있다. 내년 3월 상용화를 목표로 벌써 '3조+α'라는 주파수 경매 낙찰 예상 금액까지 나올 정도다. 정부의 판 키우기에 편승하여 주파수를 선점한 통신사가 과다한 지출 대비 걸맞은 이익을 누릴 수

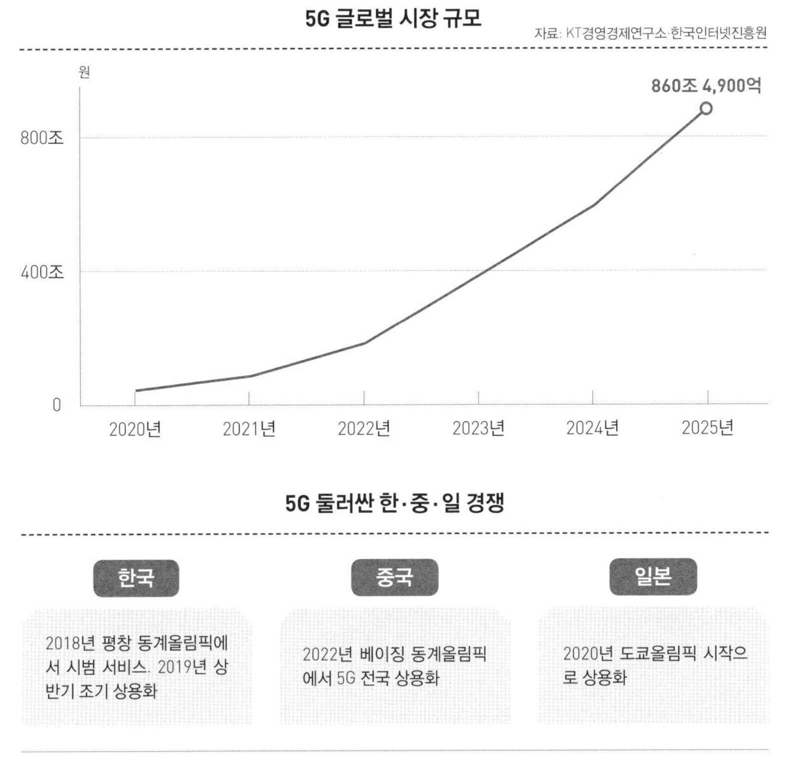

있지만 역으로 승자의 저주라는 부메랑으로 돌아올 수 있다는 우려마저 나온다. 글로벌 경쟁 구도를 감안하면 우리 기업의 과중한 부담이 경쟁력 저하로 연결될 수 있다. 결국 5G 경쟁은 통신망 구축에 있지 않고 누가 어떤 비즈니스 모델을 개발하느냐가 더 중요한 관전 포인트다. 이 과정에서 후발주자도 승자로 변신할 수 있는 역전 기회가 생겨날 수 있다. 기술력에 의해 기업 간의 격차가 커지고, 글로벌 주자들과의 짝짓기 조합이 순위를 결정할 가능성이 높다.

빅데이터가 금이다

데이터가 곧 돈이라는 데이터 자본주의 시대가 부지불식간에 시작되고 있다. 본격적인 4차 산업혁명 시대에 데이터는 산업과 사회 시스템 등 전 분야에서 엄청난 부가가치를 창출할 것으로 예상된다. AI나 빅데이터 중 어느 것이 미래 기술의 중심에 설 것인가 하는 질문을 가끔 받는다. 이는 닭이 먼저냐, 계란이 먼저냐 하는 질문과 흡사하다. 이 두 개의 산업을 두고 '디지털 시대의 금맥'이라고 하지 않는가. AI를 구현하려면 빅데이터가 필요하고, 센서 기술도 동반되어야 한다. 4차 산업혁명의 핵심 키워드는 융합이고, 다양한 기술들을 어떻게 조합하느냐에 따라 부가가치가 달라진다. 이러한 측면에서 보면 빅데이터 기술에 있어서도 미국과 중국이 앞서가면서 글로벌 데이터 패권 경쟁을 주도한다. 2016년 기준 미국의 데이터 관련 인프라 투자 금액은 아마존, 마이크로소프트, 알파벳(구글) 3사만으로도 36조 5,000억 원에 달한다. 중국은 2020년 빅데이터 중심 국가로의 부상을 위하여 국가가 전면에 나서고 있다. 핵심 데이터 규제가 엄격하지 않아 빅데이터 시장에서도 중국이 선두주자가 될 것이라는 평가가 벌써 나온다. 빅데이터 기술을 기반으로 하는 AI 시장의 최종 승자가 되기 위한 글로벌 경쟁이 그야말로 치열하게 전개되고 있는 것이다. 그러나 중국도 어느 시점이 되면 지금보다는 엄격한 정보보호법을 도입하게 될 것으로 보여 개인정보 보호와 관련 산업 육성 사이에 괴리가 생겨날 수 있다.

데이터의 금맥이라고 할 정도로 세계 최고 수준의 IT 인프라, 스마트폰 보급률, 방대한 공공데이터를 보유하고 있는 나라가 한국이다. 그럼에도 불구하고 데이터 관련 규제, 엄격한 개인정보 보호 규제로 빅데이터 산업이 제자리걸음하고 있다. 보수적인 일본과 유럽에서도 데이터 규제 완화에 대한 논란이 뜨겁다. 중국의 속도가 워낙 빠르기 때문이다. 우리도 이제 더 이상 장롱 속에 넣어두고 방치할 수 없는 상황이 되고 있다. 중국에 시장을 송두리째 내줄 수 있다는 우려가 커진다. 결단을 내려할 시점이 되고 있는 것이다. 개인 프라이버시를 침해하지 않는 범위 내에서 데이터를 보다 자유롭게 사용하는 환경이 만들어져야 한다. 금융, 통신, 의료 등 이종異種 산업 간 비식별 정보와 법률·투자 비즈니스 자문 부문 등의 데이터가 결합된 인공지능 산업 분야에서 지진아로 전락할 수 있다는 경고를 새겨들어야 할 것이다.

빅데이터 관련 가장 주목을 받고 있는 분야 중 하나가 유통업계다. 최근 이와 관련 미국에서 발생한 하나의 해프닝이 화제다. 미국 대형마트인 타깃Target에 한 남성이 나타나 직원에게 불같이 화를 낸 사건이다. 마트에서 남성의 고등학생 딸에게 아기 옷, 수유제품 등 출산용품 할인 쿠폰을 우편물로 보낸 것이 화근이었다. 수일 뒤 매장 직원이 이 남성에게 사과 전화를 걸었는데 오히려 사과를 받았다. 뒤늦게 자기 딸이 임신한 사실을 알았기 때문이다. 매장에서는 고객의 상품 구매 주기, 구매 행태 분석으로 딸의 임신을 아버지보다 먼저 눈치챈 것이다. 이것이 바로 빅데이터의 위력이다. 빅데이터 분석이 상품 마케팅에 본격 활용되고 있지만 이에 따른 폐단도 속출되고 있다. 일례로 페이스북 이용자 8,700만 명 개인정보 유출 사건과 같이 인터넷 포털 기업의 추악한 이면이 드러나 사회적 물의를 일으키기도 했다. IT 기술이 인류의 삶에 많은 기여를 한 것도 사실이지만 사회적 흉기가 될 수 있는 개연성이 여전히 존재한다. 부정적인 측면에 대한 논란은 새롭게 정리되어 나가겠지만 여하튼 빅데이터와 AI 기술의 위력이 더 커지는 현실을 부정할 수 없다.

하지만 우리 유통기업의 빅데이터 기술 활용은 현재까지 거의 전무하다. 특히 오프라인 유통업체들에게 이런 기술이 아직은 무척 생소한 편이다. 월마트, 까르푸 등과 같은 기존의 대형 오프라인 유통업체들이 이에 한발 앞선 아마존에 크게 밀리고 있다. 빅데이터 활용 측면에서 아마존을 따라가지 못하고 있기 때문이다. 오프라인 유통업체들이 시장에서 살아남기 위해서는 상품기획자, 점포 운영자 등 인재의 유형이 바뀌어야 한다. 이들이 데이터를 분석하고, 그 데이터를 의미 있게 해석할 수 있는 데이터 과학자 혹은 엔지니어로 변신해야 한다는 의미다. 유통의 흐름을 알아야 하고, 고객의 행동을 분석할 수 있는 기법이 요구된다. AI 기술은 결코 새로운 것이 아니며 문제를 해결하기 위한 명령들로 구성된 일련의 순서화된 절차다. 중요한 것은 데이터다. 아무리 좋은 알고리즘이 있어도 데이터가 없으면 무용지물이 되고 만다. 이런 점에서 고객 데이터를 가장 많이 갖고 있지만 이를 제대로 활용하지 못하고 있는 기업이 유통업체들이다. 그래서 데이터를 활용할 수 있는 인재가 필요한 것이다.

글로벌 경쟁에서 쿠팡은 살아남을 것인가

그나마 빅데이터 기술에 빠르게 눈을 뜨고 있는 쪽이 소셜커머스 업체들이다. 소위 오픈마켓이라고 지칭되는 온라인 중개사들이 이를 적극 도입하고 있는 추세다. 빅데이터 분석 오픈마켓 평판 국내 1위 기업은 이커머스 선두기업인 쿠팡이다. 쿠팡은 지난 2015년 〈포춘〉이 선정한 글로벌 20대 유니콘으로 혜성처럼 등장했다. 눈에 띄는 점은 쿠팡이 빅데이터 분석 기술을 도입하여 온라인·모바일 쇼핑 시장에서의 주도권 확보를 위해 진군하고 있다는 것이다. 지난 2014년 실리콘밸리 소프트웨어 업체 캄시Calm sea 인수에 이어 빅데이터 분석 엔진 전문 스타트업인 그루터의 전문 엔지니어들을 대거 영입했다. 캄시는 대규모 데이터베이스, 시스템 구축, 유통 최적화 사업, 빅데이터 분석의 서비스를 제공하는 업체로 디즈니, 푸마, 레노버 등이 주요 고객이었다. 이를 통해 로켓 배송, 쿠팡맨, 대규모 물류창고 확보 등 3대 서비스 브랜드 개발과 차별화를 통해 시장을 주도할 수 있는 인프라가 만들어졌다. 해외 기업과의 전략적 제휴를 통해 글로벌 이커머스 업체로의 도약을 꿈꾼다. 유니콘에서 데카콘(기업가치 100억 달러 이상의 신생 벤처기업)으로의 양적 성장을 추구하고 있는 것으로 보인다.

또 하나 주목되는 것은 쿠팡이 2020년 나스닥 추진을 하고 있다는 점이다. 지난 3년간 해외로부터 투자가 전무하였지만 최근 세계 1위 자산운용사인 블랙록을 비롯해 피델리티, 웰링턴 등으로부터 4억 달러(4,200억 원) 투자를 받아냈다. 물류 인프라 투자와 재고부담 확대로 지난 3년간 누적 손실이 무려 1조 7,510억 원에 달했지만 쿠팡의 유통

혁신 실험에 글로벌 투자사들이 다시 투자하면서 미래에 대해 긍정적인 평가를 하고 있다는 증거이기도 하다. 2017년도 매출이 전년 대비 무려 40%나 늘어난 2조 6,800억 원에 달했지만 적자도 6,400억 원에 달했다. 경쟁 온라인 쇼핑몰 업체들이 투자를 줄이고 특가상품 판매에 치중하면서 흑자를 추구하고 있는 것과는 사뭇 대조적이다. 위기감이 감돌고 있지만 쿠팡은 2018년에도 몸집 키우기를 하면서 외형적 성장을 더 밀어붙이겠다는 전략을 고수한다. 아직도 투자 여력이 충분하다는 입장을 견지하고 있다. 아마존도 지난 20년간 적자를 감수하면서도 외형 성장을 추구해 결과적으로 미국 유통시장의 40%를 차지했다는 점을 들면서 현재의 베팅이 무모하지 않다고 강변했다. 이익보다 성장이 먼저고, 이는 좁은 국내 내수시장에서 1등으로 군림하는 비결이라는 주장을 서슴지 않는다. 그러나 밑 빠진 독에 물 붓기라는 우려와 핀잔도 적지 않다. 글로벌 판매망을 갖춘 아마존이나 알리바바가 국내 시장에 들어오면 일시에 무너질 수 있다는 점이 그 이유다. 한국의 아마존을 표방하는 쿠팡 비즈니스 모델에 대한 잡음이 한동안 중단되지 않을 것으로 보인다. 유통 빅뱅 시대에 쿠팡이 과연 아마존과 같이 빅데이터로 승부를 걸 수 있는 인프라를 갖출 수 있느냐 하는 것이 승패의 관건이다. 쉽지 않은 일이긴 하지만 그렇다고 전혀 불가능한 것도 아니다.

중국의 복수
문화 위기가 온다

중국의 야심, 그 끝이 어딘지 분간되지 않을 때가 많다. 미국의 패권을 넘겨받기 위한 중국의 행보는 그야말로 총체적이다. 경제·군사 부문에만 그치지 않고 문화쪽으로까지 급속하게 번지고 있다. 문화 대국이 되지 않으면 패권 국가로 설 수 없다는 역사적으로 검증된 사실을 익히 알고 잘 알고 있기 때문이다. 중국의 노골적인 불만은 아메리칸 스탠다드American Standard만 글로벌 스탠다드가 되고 있는 것에서 시작한다. 글로벌 질서의 불공정과 불공평이 바로 이 폐단에서 기인하고 있다고 주장하면서 목청을 높인다. 이제는 중국이 만드는 차이니스 스탠다드Chinese Standard도 글로벌 스탠다드가 되어야 한다고 항변한다. 세상에는 하나의 룰만 있는 것이 다른 룰도 있다는 것을 천명하면서 룰 세팅 전쟁에 나서고 있는 것이다. 당연히 미국은 이에 대해 아예 무시하려고 애쓴다. 사실 문화, 즉 소프트웨어적인 측면에서의 글로벌 영향력을 보면 중국은 미국에 비해 엄청난 열세다. 중국도 그것을 인정하고 있다. 경제·군사적인 측면에서 미국을 능가할 수 있다고 하더라도 소프트웨어의 힘에서 미국을 잡지 못하면 패권 국가의 꿈, 중국몽中國夢은 일장춘몽에 그치고 만다.

미국이 패권 국가로 그 위세를 유지하는 중요한 원인 중에 하나는 글로벌 인재들로 하여금 미국에 대한 동경심을 불러일으키는 것이다. 종국에는 그들을 미국으로 이주시켜 미국의 국가 이익에 기여토록 유도한다. 전 세계 주요 도시에 산재하고 있는 이른바 아메리칸 인터내셔널 스쿨American International School이 주도적 역할을 한다. 해외 주재원이나 해당 국가·도시 부유층들은 자녀들을 대부분 이 학교에 보낸다. 이들에게 미국의 리더십, 우월성, 도덕성 등을 강조하면서 장차 그들이 미국 시민이 되도록 유도하는 밑그림을 제공한다. 오늘날 미국이 초강대국으로 남아있는 배경에는 이 프로그램이 크게 기여하고 있다고 해도 과언이 아니다. 모방의 달인인 중국이 이를 지나칠리 없다. 대항마로 내세운 것이 바로 공자학원이다. 지난 2004년 서울에서 개원한 것을 시작으로 지금은 전 세계 138개국에서 525곳이 운영되고 있다. 이보다 좀 더 작은 규모의 공자학당은 79개국에서 1,113곳이 운영되고 있어 불과 10여 년의 기간에 엄청난 확산 속도를 보였다.

원래 공자학원은 중국 교육부가 중국어나 중국 문화를 해외에 알린다는 취지로 각국 대학의 부설기관 형태로 세운 비영리기관이다. 미국에만 무려 100여 개 대학에서 운영되고 있을 정도다. 하지만 중국 공산당 출신 관계자들의 운영 미숙으로 교육기관이 아닌 첩보기관으로 내몰리면서 입지가 갈수록 좁아지고 있다. 당초 취지와는 무색하게 중국 공산당의 선전 도구로 전락하고만 것이다. 중국의 이미지 혹은 소프트파워 고양은 고사하고 점점 더 샤프 파워Sharp Power를 키우는 기관으로 변질되고 있다. 샤프 파워란 군사력과 경제력 같은 '하드파워'나 문화적 힘인 '소프트 파워'와 달리 비밀스럽게 영향력을 행사하는 방식으로 중국, 러시아 등 권위주의적 정부가 은밀하게 전개하는 정보전 혹은 이데올로기 전쟁을 일컫는다. 이에 따라 미국 FBI의 수사에 의해 문을 닫는 학원마저 생겨나고 있다. 미국대학교수협의회에서도 공자학원이 학문의 자유를 침해하고 있다면서 각 대학에 이들과의 단절을 요구하고 나섰다. 한편에서는 중국 차이나머니의 미국 대학 인수에도 차질이 생기면서 미·중 간 문화 전쟁으로 확대되고 있는 양상이다. 호주에서는 이미 공자학원의 폐단에 대한 심각성을 인식하고 철수시킨 사례가 발생하기도 했다.

중국 모바일·화장품 등 한류에 부정적 영향 경계해야

공자학원의 잇따른 잡음으로 중국의 문화, 소프트웨어 굴기가 여의치 않자 최근에는 다른 분야로의 시도가 나타나고 있다. 다름 아닌 기업 주도의 문화 굴기다. 시동은 부동산 대부인 다롄완다가 걸었다. 지난 2016년 미국 AMC를 시작으로 미국 카마이크, 유럽 1위 사업자 오데온&UCI, 호주 1위 사업자 호이츠, 북유럽 1위 사업자 노르딕 시네마 그룹까지 인수하며 몸집을 불렸다. 이를 통해 완다시네마가 세계 1위 극장 사업자로 부상하기도 했다. 특히 레전더리픽쳐스를 인수하는 데만 35억 달러를 투입하는 등 무려 160억 달러를 뿌렸다. 최근 다롄완다의 투자가 주춤하면서 IT 신흥 대기업인 텐센트가 배턴을 이어받고 있다. 텐센트는 중국 기업 중 최초로 시가총액 5,000억 달러(약 543조 원)를 돌파한 기업이기도 하다. IT로 만든 플랫폼에 콘텐츠를 얹는 이른바 텐센트의 길로 노선을 선명하게 하고 있는 점이 특징이다. 2011년에는 리그오브레전드 개발 업체인 미국의 라이엇 게임즈를 사들인 이후 2016년 핀란드 모바일 게임업체 슈퍼셀을 전격 인수함으로써 영향력을 대폭 키우고 있다. 2018년에는 배틀그라운드로 유명한 블루홀에 5,000억 원 배팅을 하여 10% 지분의 2대 주주로 부상하기도 했다. IT 기술에 바탕을 둔 모바일 메신저와 콘텐츠의 결합이 상당한 시너지를 내고 있는 것이다. 근래에는 뮤직엔터테인먼트 등 음악 부문으로 영역을 넓혀가고 있는 추세다. 모바일 게임 중심의 중국판 신형 문화 굴기인 셈이다.

또 다른 야심은 화장품 굴기다. 전 세계 소비자를 중국산 화장품으로 더 예쁘게, 젊게 만들어 주겠다는 발상에서 시작된다. 제조업 굴기의 최종 기착지가 어디인지는 분명하지 않으나 그 도화선이 화장품으로 옮겨 붙고 있다는 것이 여러 군데서 확인된다. 중국의 화장품 굴기에 가장 당황하는 국가는 당연히 한국이다. 화장품 굴기의 시작은 한국 화장품 인력 빼가기로 나타나고 있다. K뷰티 성공 노하우를 습득하여 C뷰티로 연결시켜 나가겠다는 전략이다. 중국의 화장품 시장은 현재의 500억 달러 수준에서 오는 2020년에는 600억 달러 이상으로 커질 전망이다. 자라, 프로야, 상후이 등 중국 신흥 브랜드들이 한국 화장품 업체에서 중간 관리직으로 근무했던 경력 직원들을 대거 채용하고 있다. 중국 업체들은 브랜드 관리, 용기 디자인, 매장 인테리어, 구매, 마케팅 등 다양한 직종에 걸쳐 한국 화장품 인력 영입에 혈안이다. 한국 화장품 업계와의 격차를 줄여 궁극적으로 한국 화장품을 넘어서겠다는 것이다. 다른 한편으로는 글로벌 명품 브랜드를 인수하여 일거에 시장의 큰손으로 부상하는 전략을 병행한다. 푸싱 그룹이 프랑스 랑방을, 산둥루이 그룹이 스위스 발리를 인수한 것이 대표적 사례다. 중국 화장품 굴기에 대한 경각심을 늦추지 말고 우리 화장품 핵심 인력의 중국 유출을 최대한 억제시켜야 한다.

비즈니스, 콘셉트가 문화 장벽·민족 감정도 허문다

미국과 중국은 물론이고 왜 이토록 문화에 집착하고 있는 것일까? 미국은 기본적으로 아메리칸 스탠다드라는 소프트파워로 패권 국가로서의 이미지와 자존심을 유지하려고 한다. 중국의 부상과 위협에 대해 미국이 경계하고 심지어 중국 때리기China Bashing를 공공연히 일삼고 있는 이유도 문화적 우위를 양보할 수 없다는 강력한 메시지인 것으로 이해된다. 한때 G2로 군림하던 일본도 자국 문화의 글로벌화를 위해 안간힘을 쓴 적이 있다. 막강한 경제력을 바탕으로 일본 문화의 우월성을 전파하려고 노력했지만 경제가 후퇴하면서 시들해지고 말았다. 잘 드러나지는 않았지만 미국의 상당한 방해도 작용하였다. 최근 일본은 다른 방식으로 글로벌 시장에 대한 문화적 접근을 시도한다. 대표적인 예가 일본 유통업체 료힌케이카쿠의 글로벌 진격이다. MUJI 無印良品라는 브랜드로 더 잘 알려진 업체다. '상표가 없는 좋은 상품'이라는 뜻으로 지극히 합리적인 가격에 우수한 품질이라는 의미를 내포하고 있기도 하다. 1980년 당시 일본의 거대 유통업체 세이유가 만든 PB(자체 브랜드)로 탄생했으나, 1989년 설립된 료힌케이카쿠 독립법인의 산하로 편입되었다. 2017년 말 기준 중국에만 229개 점포가 있으며 대만, 홍콩, 한국, 미국, 싱가포르, 영국, 태국 등으로 영역을 넓혀가고 있다. 간결하고 합리적인 이미지에다 젊은이들의 트렌드를 정확하게 저격하고 있는 것이 성공 비결이다. 중국이나 한국 등 반일 감정이 높은 국가에서도 충성팬이 빠르게 늘어나고 있다. 제품의 경쟁력과 문턱을 낮춘 세련된 유통방식이 이를 충분히 극복해내고 있는 것이다. 섬세하면서 상대의 약점을 파고드는 일본식 문화 혹은 정서를 가장 대표하는 기업이 MUJI라고 해도 크게 모순되지는 않을 듯싶다.

MUJI는 중국의 샤오미, 미니소MINOSO 등이 가장 배우고 싶어 하는 브랜드로도 잘 알려져 있다. 실제로 이들은 철저하게 모방하여 완벽한 시늉을 내기까지 한다. 제품의 경쟁력이나 브랜드 유통 콘셉트가 획기적일 경우 문화적 장벽이나 민족적 감정까지도 뛰어넘을 수 있음을 보여준다. 중국의 사드 보복은 한국 상품 불매 운동으로 나타났다. 이에 따라 많은 우리 기업들이 피해를 봤다. 특히 중국 전역에 매장을 갖고 있는 롯데마트의 경우 자타가 인정하는 가장 크게 피해를 본 기업이다. 결국 견디지 못하고 매장 전부를 매각하고 완전 철수키로 결정했다. 파죽지세의 MUJI와 비교해 보면 아쉬움도 많다. 같은 유통업체로 취급 품목은 다르지만 한 쪽은 승승장구하는데 다른 쪽은 망하고 보따리를 쐈다. 사드가 영향을 미친 것은 맞지만 그것이 근본적인 이유가 될 수 없다. 결국은 경영의 실패라고 보는 것이 타당할 것이다. 다행스럽게도 우리 한류는 아직까지 중국이나 일본에서 살아남아 있다. 한류는 다양한 콘셉트와 콘텐츠가 지속적으로 개발되고 있다는 것이 가장 큰 강점이다. 문화적 장벽이나 정치적 대립을 넘을 수 있는 중립성 내지 순수성도 지니고 있다. 문화를 이념이나 제도로 접근할 것이 아니라 산업 혹은 비즈니스 모델 · 콘셉트로 접근해야 성공할 가능성이 높다는 것을 잘 보여주고 있기도 하다. 강대국의 패권 지향적인 문화에 주눅 들지 말고 우리만의 문화 경쟁력을 키워나가야 한다는 자신감까지 불어넣어 준다. 한류의 승승장구를 우리 국운 상승으로 이어가는 지혜와 디테일을 정리해가는 정교한 노력이 필요하다.

작은 지방 가세로 높아지는 일본 관광의 매력

섬에 사는 일본 사람들은 지진과 화산폭발, 태풍과 홍수 등 천재지변을 운명적으로 머리에 이고 산다. 지난 1980년대 일본 경제가 하늘을 찌를 정도로 기고만장하던 시절, 그들은 일본이 지구상에서 망할 수 있는 유일한 이유로 자연재해를 들었다. 그렇지 않고서는 일본이 망할 이유가 없다는 것이다. 천재지변에 대한 일본에 대비 상황은 거의 완벽할 정도다. 진도 7정도의 지진이 닥치더라도 피해가 거의 없을 정도로 완벽하다. 더 놀라운 것은 천재지변 상황 속에서도 무너지지 않는 그들이 질서 의식이다. 늘 위기를 안고 사는 그들에게 발견되는 지혜는 흩어지면 죽고 뭉치면 산다는 것이다. 그래서 일본 사람들은 집단적 의식이 강하고 개인적으로 튀는 행동을 가급적 지양한다. 우리보다 더 척박할 정도로 자연자원이 없고 오로지 믿는 구석이라곤 인적자원이 고작이다. 그렇다보니 삶을 대하는 방식이 진지하고 매사에 적극적이다. 어떻게 사는 것이 현명한 것인지를 잘 안다. 상대적인 격차를 싫어하다 보니 삶의 질이 대체적으로 균질적이며 갈등의 요소들이 많지 않다.

아시아의 진정한 선진국은 일본이라고 할 수 있다. 싱가포르를 선진국 부류에 포함시키기도 하지만 국가 규모가 작아 큰 의미를 갖지 못한다. 선진국으로 분류하는 기준이 다수 있긴 하지만 필자가 보기에는 시골이 잘 사는 나라들이 이에 해당하지 않을까 싶다. 도시와 농촌 간 차이가 없는, 심지어 시골이 더 여유 있고 풍족한 선진국들이 많다. 이런 면에서 일본은 분명히 선진국이고, 우리가 선진국이 되기까지는 많은 시간이 소요될 것이라는 판단의 근거가 되기도 한다. 시골이 잘 살려면 우선 인프라가 확충되어야 하고 도시와의 연결이 매끈해야 한다. 그리고 자생적으로 소득이 지속적으로 생겨날 수 있는 기반이 충분히 확보되어야 한다. 이런 측면에서 아직 우리가 가야할 길은 멀다. 한·일 양국 간의 관광 산업 인프라를 비교해도 이 부문에서 확연히 부등호가 찍힌다. 일본을 찾는 외국인 관광객들은 도쿄, 오사카 등 대도시만을 찾는 것이 아니라 일본 전국의 작은 지방 구석구석까지 누빈다. 반면 한국을 찾는 방문하는 관광객 대부분은 서울이나 수도권 주변에서 시간을 보내다가 떠난다.

왜 이런 차이가 나는 것일까? 첫째로 지적할 수 있는 것은 편리성

차이다. 한국의 시골에 가면 먹고 자는 것뿐만 아니라 교통 연결편이 이만저만 불편한 것이 아니다. 이렇다 보니 외국 관광객들이 한국의 시골에 가는 것을 극도로 꺼린다. 반면 일본은 이런 불편함이 거의 없다. 잠자리의 경우만 하더라도 호텔보다도 바닥에 다다미가 깔린 료칸旅館(일본 전통숙박시설)이 비싸지만 인기가 더 높다. 정갈하고 아늑하면서 일본 전통 요리까지 묘미를 만끽할 수 있다. 근자에는 800만 호가 넘는 일본의 폐가들이 지방을 중심으로 관광객을 맞이할 수 있는 시설로 거듭나고 있는 것이 눈에 띈다. 이로 인해 저렴하게 묵을 수 있는 숙박 인프라가 대폭 확충되면서 관광객들에게 선택의 폭을 넓혀주고 있기도 하다. 외식을 하더라도 외국인이 접근하기에 전혀 부담을 느끼지 않을 정도로 세련되어 있다. 메뉴도 깔끔해 외국인에게 전혀 혐오감을 주지 않는 것이 특징이다. 또한 시골까지 대부분 신칸센이나 지선 철도들이 촘촘하게 연결되어 있어 이동에 불편이 전혀 없다. 로컬 관광지 내에서는 1일 대중교통 이용권을 구매하면 버스나 전철을 자유자재로 이용할 수 있다. 둘째는 콘텐츠의 차이다. 일본 시골들은 지역 특성에 맞는 자연 환경과 풍물을 관광 자원으로 연결하는 능력이 탁월하다. 상술商術과 장인 정신이 효율적으로 결합되어 만들어낸 산출물이다. 어디를 가도 온천이 있고, 유적과 전통이 매력적으로 잘 보전되어 있다. 또한 관광 특산품이 관광객의 지갑을 충분히 열도록 유혹한다. 그리고 무엇보다 몸에 철저하게 베인 친절함이다. 가식이 없고 손님을 지극정성으로 대한다. 후진국일수록 관광지에서의 지나친 친절이 바가지 상혼으로 이어지는 경우가 허다하다. 일본이나 선진국 관광지에는 이런 것들이 없어 안심하고 편안하게 관광을 즐길 수 있다. 우리는 앞의 요소들이 부족하기 때문에 시골에 외국인이 보이지 않는 것이다. 무엇을 고쳐야 하는지는 일본을 보면 답이 나온다.

편중된 관광만으로 일본과 상대하기엔 역부족

백문이 불여일견이라고 일본의 관광 현장을 가보면 더 정확한 확인이 가능하다. 실제로 일본의 지방 명소에는 연중 한국인 관광객들로 붐빈다. 한국인들이 가장 선호하는 관광지의 상위권에 일본의 주요 도시들이 버젓이 올라가 있다. 한동안 중국으로 행선지를 정하는 여행객이 많았으나 최근 들어서는 국별로 일본이 압도적으로 많으며, 동남아 전체 국가들을 합한 숫자와 엇비슷하다. 오사카, 도쿄, 후쿠오카 등을 비롯하여 일본 작은 지방 도시로의 여행객이 갈수록 늘어난다. 가성비가 좋아 다시 가고 싶은 충동이 든다. 2017년에 일본을 찾은 한국인 관광객 수가 전년 대비 무려 40% 이상 증가하여 사상 처음으로 700만 명을 넘어섰다. 일본을 찾은 전체 외국인 관광객 수도 2,870만 명으로 전년에 비해 무려 19.6%나 증가했다. 전체의 25%, 4명 중 1명이 한국인인 셈이다. 반면 중국을 방문한 한국인은 452만 명으로 무려 13%나 줄었다. 일본을 방문한 중국인 관광객은 735만 5,800명으로 15.4% 늘어났다. 한국을 방문한 중국인 관광객은 417만 명에 그쳐 전년보다 48.3%나 감소했다. 상당수 중국인 관광객이 한국 대신 일본을 선택한 것으로 보인다. 한편 북한 핵실험과 미사일 발사 등 복합위기의 여파로 2017년 한국을 방문한 외국 관광객 수가 전년대비 22.7% 감소한

2017년 한국인 출국 주요 행선지 현황

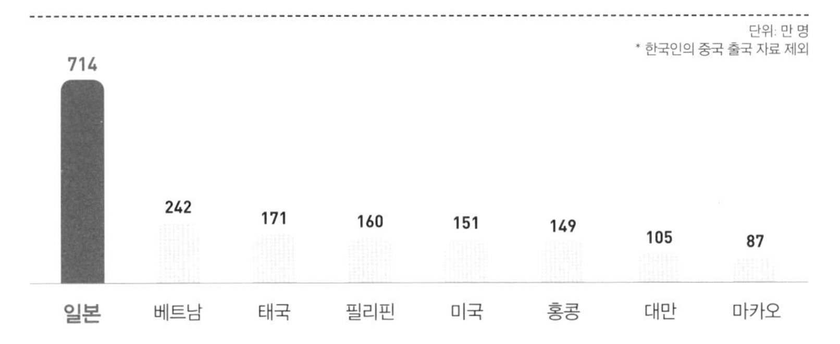

1,334만 명으로 집계되었다. 중국인에게 일본과 한국 관광이 상호 대체재의 관계에 있음을 보여주기도 한다.

중국의 단계적 사드 보복 해제로 2018년 하반기부터는 중국 관광객들의 방한이 다소 늘어날 것으로 예상된다. 하지만 사드 보복 이전의 수준으로 단번에 회복될 지는 미지수다. 한번 발길을 돌린 관광객은 같은 지역을 다시 찾는데 시간이 많이 걸리며, 영원히 돌아오지 않을 수도 있다. 중국인을 포함한 외국인 관광 수요를 회복하기 위해서는 우리 관광 인프라의 대대적인 개선이 불가피하다. 서울을 비롯한 수도권으로만 관광객 유치에 한계가 있기 마련이며, 지방이 새롭게 단장하여 합류해야 한다. 문제는 일시에 되지 않고 시간이 걸린다는 점이다. 그래도 더 늦기 전에 서둘러야 한다. 일본의 경우 2011년 대지진으로 아직 완전히 복구되지 않은 동북 지방을 제외하고는 전국이 관광 명소로 각광을 받고 있다. 일본은 우리보다 국토 면적 5배, 인구 2배, 명목 GDP는 3배 이상이나 되는 국가다. 국토가 남북으로 길게 펼쳐져 있는 열도임으로 인해 이질적인 자연경관이 나타나고 있으며, 지진에 대한 공포가 있긴 하지만 전국적으로 온천을 즐길 수 있는 장점을 가지고 있다. 북의 홋카이도와 남의 큐슈, 우리의 동해와 맞닥뜨리는 서의 일본해와 동의 태평양, 그리고 중부내륙 등 여행 자원이 참으로 다양하다. 쇼핑 관광밖에 내세울 것이 없는 우리와는 대조적으로 지역의 특색을 제대로 살린 테마관광 상품이 즐비하다. 특히 한국인의 구미에 맞는 상품들이 계속 개발되고 있기도 하다. 전국적인 관광 자원을 가지고 공세를 펴는 일본과 비교하면 우리는 너무 초라하다. 아날로그적 전통에 디지털적 아이디어를 접목시키면서 관광 산업의 경쟁력을 키워나가는 일본 사례를 적극적으로 배워야 한다. 일방적인 카피가 아니라 우리 식으로 승화시켜 한국 관광의 기초를 다시 다져나가야 할 때다.

역사적 유물보다 랜드마크가 관광객을 끈다

해외여행도 시대에 따라 변한다. 한국인의 중국 관광 대상지로 초기에는 구이린桂林 혹은 황산黃山 등이 대세였으나 이제는 장자제張家界로 바뀌었다. 우리보다 앞선 일본인들의 중국 여행 행선지는 이미 이 지역을 벗어나 서역으로까지 뻗치고 있다. 어떻게 보면 일본인들의 중국 관광이 거의 막바지에 이르고 있는 셈이다. 유럽 관광도 마찬가지다. 처음에는 프랑스 혹은 이탈리아에서 시작하여 중부유럽, 북유럽, 스페인 같은 남유럽 그리고 크로아티아 등 동유럽으로 점점 바뀌고 있다. 미국 관광도 뉴욕 같은 동부보다는 LA, 샌프란시스코 등 서부 캘리포니아가 인기를 끌고 있다. 갈수록 행선지가 줄어들 수밖에 없고 유적지 중심의 보는 관광 위주에서 풍경과 함께 즐기고 느끼는 체험 관광 형태로 변하고 있음을 보여준다. 또한 불경기 탓도 있겠지만 요즘 일본인들은 무조건적인 해외 관광을 지양하고 조용한 국내 관광을 선호하는 경향을 보이고 있다. 가볼만한 곳은 거의 다 가보았기 때문에 해외여행이 끝물이 되고 있는 것도 또 다른 이유다.

이는 한국과 일본의 관광수지 통계에서 증명된다. 일본의 경우 2014년 흑자로 전환된 이후 2017년에는 120억 달러(약 15조 원)에 달했다. 반대로 우리는 14.7조 원의 적자를 기록했다. 사드 보복에 따른 중국 관광객의 급격한 감소가 원인이라는 주장은 변명으로밖에 들리지 않는다. 일본의 흑자는 최근 해외 관광객 유입이 늘어나고 있는 측면도 있지만 내국인들의 해외 관광이 줄어들고 있는 것이 더 큰 원인이다. 과거에는 일본도 적자였지만 지금은 엄청난 흑자로 돌아섰다. 이는 우리에게 시사해주는 바가 크다. 관광의 행태도 일본과 비슷하게 따라가겠지만 국내 관광이 활성화되리라는 확신이 아직 서지 않는다. 일본 국내에는 우리보다 관광할만한 매력적인 곳이 많다. 전국적으로 온천이 개발되고 있기도 하지만 지방자치단체의 국내 관광객을 유치하기 위한 테마 프로그램들이 매우 다양한 것도 일조한다. 특히 지방 특산품도 관광객을 유치하는 데 적지 않은 몫을 하고 있다. 구태여 해외에 나가지 않더라도 국내에서 훨씬 더 안락하고 여유 있는 여행을 즐길 수 있는 상황이 만들어지고 있는 것이다.

지금부터 10여 년 전으로 거슬러 올라간다. 미국 LA 주재 시 몇몇 한국 지방정부와 미국의 유명 테마파크 유치를 위해 발품을 팔았던 기억이 아직도 생생하다. 유니버설 스튜디오, 디즈니랜드, 레고랜드, 씨월드 등 남부 캘리포니아의 유명한 테마파크를 헤집고 다녔다. 엄밀한 의미에서 투자유치는 아니지만 이들로부터 허가를 받아야만 투자를 일으킬 수 있고, 사업 시행이 가능했기 때문이다. 한국 사업자에게 브랜드, 지적재산권 사용 권한과 운영 노하우를 제공하고 라이선스 수수료를 받는 방식이다. 수도권이 아닌 지방정부에서 이를 유치하려고 발버둥을 쳤다. 어떻게 하면 지방의 관광산업을 활성화할 수 있을 것인가에 대해 고민하면서 나온 궁여지책이라고 이해할 수 있다. 이런 테마파크들은 연중 누적 입장객 1,000만 명이 되어야 손익분기점을 넘을 수 있다. 그러나 우리와 같이 인구 5,000만 명이 조금 넘는 인구 규모로는 수도권을 제외하고 이익을 창출해내기가 구조적으로 어려운 것이 현실적 벽이다. 또 씨월드와 같은 테마 파크는 기후적인 특성으로 인해 제주도 정도를 제외하고는 연중으로 운영하기 힘든 것이 태생적 난관이기도 하다. 일을 진행하는 과정에서도 온갖 잡음과 지자체 간의 물밑 경쟁이 치열하게 전개되기도 했다.

지금도 여전히 우리는 부족한 내수를 충족하기 위해 관광 산업에 열을 올리고 있다. 우리 나름대로의 매력적인 요소와 콘텐츠를 갖고 있다고 하지만 주변국과 비교해서 그리 내세울 것이 부족하다는 것을 부인하기 어렵다. 안타깝게도 이러한 글로벌 테마파크 유치도 가까운 이웃에 비해 크게 뒤진다. 일본 도쿄 디즈니랜드는 1983년에 개장되었으며, 규모로 보면 미국의 오리지널 파크보다 더 크다. 2016년에 개장된 상하이 디즈니랜드는 이보다 2배나 더 넓으며, 홍콩 디즈니랜드의 3배나 될 정도다. 일본 2대 도시 오사카에는 지난 2001년 개장한 유니버설 스튜디오 재팬이 있으며, 3대 도시 나고야에는 축구장 17배 규모의 레고랜드가 2017년 4월 1일 오픈하였다. 중국 베이징은 2020년 유니버설 스튜디오 개장을 목표로 한창 공사가 진행 중이며, 2022년 상하이에는 레고랜드까지 들어설 예정이다. 이래저래 테마파크 유치에도 경쟁국에 비해 훨씬 뒤지고 있는 실정이 되고 말았다. 더 많은 외국 관광객 유치는 고사하고 우리 관광객이 더 많이 밖으로 나가야 하는 상황이 만들어지고 있는 것이다.

테마파크 유치를 보면 우리에게 어떤 문제점이 있는지 적나라하게 드러난다. 우선 관광 산업의 중요성에 대한 국민적인 공감대가 이웃 국가들에 비해 매우 취약하다. 개발에 대한 거부감과 님비 현상까지 겹친다. 한편으로는 불합리한 제도, 각종 규제, 부정과 비리, 이에 더해 주가 튀기기 등 각종 조작설 등 잡음이 끊이지 않는다. 이러한 관행에 익숙하지 않은 외국인 관점에서 보면 어처구니없고 황당한 일이 아닐 수 없다. 그렇다 보니 한국보다 여건이 낫고, 상대적으로 사업이 빠르게 진척될 수 있는 일본이나 중국이 우선적으로 선택을 받게 되는 것이 지극히 당연하다. 우리보다 늦게 시작한 중국에 테마파크 유치마저 속수무책으로 밀리면서 중국인 관광객을 유치하겠다는 우리 의지가 무색해지고 있다. 이러한 글로벌 테마파크와 한류의 결합이 안성맞춤이고, 볼거리 혹은 놀거리를 풍부하게 하는 중요한 관광 자원임에 틀림이 없다는 점에서 아쉬움이 너무 크다. 글로벌 테마파크의 동북아 포지셔닝은 이제 거의 막바지 단계다. 더 이상 한국에 그 기회가 올 가능성이 희박하다. 닭 쫓던 개 지붕 쳐다보는 꼴이 되었다는 말이 이래서 나온다.

테마파크 유치 과정을 보면 우리 현주소 적나라하게 드러나

그나마 천신만고 끝에 확정된 것이 춘천에 들어서는 레고랜드다. 당초 협상 당시 다른 경쟁 지방정부에 비해 강원도가 불리하였으나, 다행스럽게 부지가 쉽게 마련되고 때마침 서울과 춘천을 연결하는 전철이 생기면서 사업성이 확보됨으로 인해 가까스로 성사가 되었다. 그러나 일본의 나고야보다 빠른 7년 전에 사업을 개시하였지만 아직도 오리무중이다. 시공사 선정 잡음으로 삽도 못 뜨고 있는 형편이다. 비리와 잡음이 끊이지 않으면서 강원도는 빚더미에 앉게 되었다고 울상을 하고 있다. 화성 송산 그린시티의 유니버설 스튜디오, 인천 서구의 한국판 디즈니랜드 등도 소문만 무성하지 비슷한 이유로 제대로 실행되지 않고 있다. 초기 단계에는 단체장들이 움직이면서 그럴 듯하게 추진하다가 얼마 가지 않아 슬그머니 꼬리를 감춘다. 투자를 끌어들일 수 있는 정교한 마스터플랜이 만들어지지 않고 민간 전문 영역이 참여할 틈이 좁은 것도 또 다른 이유다. 게다가 중간에 떡고물이나 챙기려는 좀비들만 수두룩하니 일이 잘될 리 만무하다. 테마파크 유치 과정을 보면 우리의 인식과 수준이 얼마나 낙후되어 있는가를 정확하게 파악된다. 정말 우리가 중국보다 나은 것이 하나도 없다는 말이 이래서 나오는 모양이다.

우여곡절 끝에 얼마 전 롯데월드타워가 정식 개장을 했다. 지금 세계는 스카이타워 전쟁이라는 표현이 무색할 정도로 랜드마크 경쟁이 치열하다. 보여줄 만한 역사적 유적이나 유물이 없으면 이 방향으로 빨리 물꼬를 터야 한다. 관광객 유치를 통한 수입과 일자리 창출이 가능하다면 다른 장기를 가져야 하는 것이 필연적이다. 싱가포르의 마리나베이샌즈가 지난 5년간 매년 9조 원 정도의 관광 수입을 안겨주었다고 하니 가히 짐작할만하다. 유서 깊은 유적지만이 관광객 유치의 유인책이 되지 않고 최근에는 이런 초고층 랜드마크나 도심 속의 휴양 리조트 등이 더 각광을 받는 추세다. 5성급 호텔, 쇼핑몰, 전시장, 갤러리, 미식 레스토랑 등으로 해외 관광객을 적극 유인한다. 중국 상하이나 베이징을 가보면 하늘을 찌를 듯한 초고층 빌딩이나 아파트가 빽빽하지만 같거나 유사한 디자인의 건축물을 찾기 힘들다. 도시 미관이나 경쟁력을 고려하는 이들의 식견이 돋보인다. 마이스MICE(기업회의·포상관광·국제회의·전시회) 산업 육성을 위해서 각국의 경쟁이 치열한데 우리는 구호만 요란하고 총론만 있을 뿐 각론이 없다. 세상이 어떻게 돌아가든 근시안적 사고로 우리식만 고집한다. 경쟁에서 뒤지는 이유를 찾아보면 수십 가지도 넘는다.

두바이는 상상력이 빚어낸 모래 위의 신기루라고 불리는 대표적 미래형 도시다. 인간의 창조적 상상력과 중동 자본의 합작품이라고 할 수 있다. 메뚜기라는 의미의 두바이는 진주조개와 대추야자를 수출하는 작은 어촌 마을이었으나 1966년 유전이 발견되면서 중동의 허브로 비약적인 발전의 시동이 걸렸다. 두바이가 보여주고 있는 모든 것이 최초, 최대, 최고다. 마천루, 세계 최고의 빌딩에서 즐기는 분수 쇼, 사막의 석양, 인공 섬, 예술 갤러리, 아쿠아리움 등 볼거리로 넘쳐난다. 두바이 공항은 연간 7,000만 명이 이용하는 세계 최대 공항과 면세점이라는 지위를 얻었으며 금의 도시라는 별칭에 걸맞게 금은보석을 비롯한 다양한 전통시장이 조화롭게 관광객의 발길을 유도한다. 여행의 진수라는 사막 관광과 전 세계에서 온 관광객들이 즐길 수 있는 카페, 레스토랑과 무희들의 강렬한 벨리댄스도 환호성을 지르게 한다. 우리 내수시장에서는 중국의 사드 보복이 끝나가고 있으니 중국 관광객이 다시 몰려올 것이라고 잔뜩 기대감에 부풀이 있다. 과연 그럴까? 과거와 같이 서울 시내에 중국 관광객들로 북적거릴 지는 미지수다. 중국 관광객이 다시 몰려 올만큼 서울이 과연 매력적인가하는 의구심마저 든다. 우리 관광 패턴이 그랬듯이 중국 유커들도 점진적으로 유럽, 미국, 일본 등 선진국으로 더 찾아갈 공산이 크다. 더 이상 쇼핑만으로 이들을 유인하기 어렵다. 혹하게 할 수 있는 랜드마크가 필요하고 K팝·푸드에 더 많은 즐길 거리가 보완되어야 한다. 뭐든지 저절로 되는 것은 아무 것도 없다.

서울을 비롯한 우리 지방 도시들은 천혜의 자원을 갖고 있다. 서울만 하더라도 한강과 도시를 둘러싸고 있는 수려한 산들이 많다. 세계 어느 곳을 다녀 봐도 이만한 자연경관을 갖추고 있는 도시를 찾기 쉽지 않다. 그럼에도 단추를 잘못 끼워 한강 주변에는 성냥갑 같은 아파트만 덩그러니 서 있어 밤에 유람선을 띄우더라도 크게 매력적이지 못하다. 주위에 산들이 많다고 하나 국내 등산객만 즐비하고 외국인은 거의 찾기 힘들다. 그렇다고 자연을 훼손하면서까지 무분별하게 개발하라는 주문은 결코 아니다. 선진 도시 탐방이라는 프로그램으로 국고를 낭비하면서까지 많은 이들이 공무로 해외에 나가 벤치마킹을 한다고 야단법석을 떤다. 그런데 무엇을 배우고 오는지, 그리고 돌아온 이후 현장에서 어떻게 적용하고 있는지는 전혀 확인이 되지 않는다. 외유성으로 출장이라고밖에 판단할 방법이 없다. 도시 개발과 관련한 일관성은 그 어디에서도 잘 보이지 않는다. 일본은 총리가 7명이나 바뀌어도 16년 전에 통과된 정책이 계획대로 추진되어 결실을 맺은 사례가 있다. 도쿄 도심 왕궁 바로 앞 마루노우치 거리의 '도쿄 미드타운 히비야'는 노천광장, 영화관, 쇼핑몰, 오피스 등을 갖춘 35층짜리 복합 쇼핑몰 랜드마크다. 시들어가는 구도심 부활의 마중물로 명소가 되고 있다. 총리가 누가 되든 도심 부활 작업이 원칙대로 진행된 결과물이다. 이것이 전형적인 일본식 도시개발 백년대계다. 정치에 휘둘리다보면 배가 산으로 가기 마련이며 도시의 경쟁력은 시간이 갈수록 후퇴한다.

03

한국 산업 지도 어떻게 다시 그릴 것인가

무너지는 진입 장벽
새로운 충격이 필요하다

게임체인저란 어떤 일의 결과나 흐름의 판도를 뒤바꿔 놓을 만한 중요한 역할을 한 사건이나 인물을 지칭한다. 일반적으로 기존 현상이나 판세에 엄청난 충격을 줄 수 있는 새로운 기류의 생성이라고 정의할 수 있다. 우선 지적할 수 있는 것은 기존 세력이 몰락하면서 생겨나고 있는 신리더십, 즉 정치적 게임체인저다. 미국, 유럽, 아시아 등에서 스트롱맨이라고 지칭되는 강성 우익 지도자들이 우후죽순처럼 등장하고 있다. 반세계화에 기초한 고립주의와 자국우선주의, 즉 신국가주의가 전면에 부상한다. 이들의 공통된 특징은 분노한 자국 대중들의 지지를 업고 있다는 점과 인종 차별주의를 부추기고 있다는 점이다. 이에 따라 국가 혹은 지역 간의 안보적인 긴장이 더 고조되고 있다. 자국의 이해에 극도로 민감해지면서 글로벌 정세를 단기간에 위험에 빠트릴 수 있는 전운이 감돌기도 한다. 스트롱맨들은 보편적으로 자기 목소리를 강하게 내지만 경우에 따라서는 편짜기를 주저하지 않는다. 상대를 제압하기 위한 온갖 수단과 방법을 동원하는데 거리낌이 없다.

거시경제적 의미에서의 게임체인저도 도처에서 확인된다. 글로벌 경제의 프레임을 획기적으로 바꾸려고 하는 4차 산업혁명, 미국 경제의 부활을 기치로 상대를 협박하는 트럼프식 보호무역, 기술 패권 경쟁을 지향하고 있는 중국의 제조업 굴기, 중국을 대신하여 세계의 공장으로 부상하려는 동남아와 인도 등 포스트 차이나 국가들이 대표적 현상들이다. 이들은 동전의 양면과 같이 글로벌 경제에 위기와 기회를 동시에 제공하고 있기도 하다. 언제든지 게임체인저로 변모할 수 있는 각양각색의 용트림이 시대적 상황에 따라 계속 꿈틀거린다. G2의 패권 경쟁에 대한 거부감, 신흥국 소비자들의 소비 반란, 인구절벽에 따른 사회적 반전 추구, 개인적 소유가 아니라 공유를 통한 사회·경제적 가치의 확대 창출 등도 큰 틀에서 이 범주에 속한다. 이러한 체인저들도 4차 산업혁명을 통해 더 탄력받을 것이며, 조만간 게임을 전면적으로 바꿀 수 있는 위치로 올라설 수 있다. 향후 5~10년간 세계 경제는 크고 작은 게임체인저들의 주도하에 국가, 기업, 상품, 브랜드, 개인을 둘러싼 다양한 게임의 프레임과 룰이 만들어질 것이다. 시장, 산업 간 경쟁이 일시에 무너지면서 현상을 주도하려는 게임체인저들의 반격이 더 거세진다. 그리고 그들에 의해 시장의 패러다임이 빠르게 바뀔 것이다.

지금 당장 눈에 띄는 게임체인저들을 살펴보자. 현재 부상하고 있거나, 변신을 시도하고 있는 기업이나 개인까지 포함하면 보는 시각에 따라 더 많다. 이들에게 초점을 맞추기보다는 경제적 현상을 중심으로 시장의 변화를 만들어가고 있는 게임체인저들을 보자.

중국제조 2025, AI 굴기

2025년 첨단 제조 강국이 되겠다는 중국제조 2025는 중국 정부가 내걸고 있는 의욕적인 프로젝트다. 이는 중국이 미래 먹거리에서 확실한 게임체인저가 됨으로써 실질적인 경제적 패권을 거머쥐겠다는 발상에서 추진되고 있다. 미국 등 선진국들도 중국의 이러한 의도를 간파하고 무역, 지식재산 등 다양한 툴을 동원하여 이를 저지시키려고 한다. 현재 벌어지고 있는 G2의 통상 갈등은 여기서 비롯되고 있다고 할 수 있다. 그럼에도 불구하고 중국의 약진은 놀랍다. AI 반도체 부문에서는 중국이 미국의 리더십에 강력한 도전장을 내밀고 있다. 미래를 건 싸움 형태로 번지면서 AI 기술 주도권 경쟁이 뜨겁게 달아오른다. 100만 AI 전문가 양성을 선언하고 있을 정도다.

이를 위해 중국판 구글이라고 불리는 바이두가 향후 3년간 10만 명의 AI 인재 양성을 선언하고 나섰다. 인해전술로 미국의 아성을 넘겠다는 것이다. 2017년 글로벌 인공지능 스타트업 투자규모가 152억 달러(16조 원)에 달했으며, 그중 48%가 중국에 몰린 반면 미국에는 38%에 그쳤다. 이를 배경으로 화웨이는 세계 최초로 스마트폰용 AI 반도체인 기린 970을 개발하기까지 했다. 메모리(저장용) 반도체 부문에서는 삼성전자에 뒤지지만 인텔, 퀄컴, 앤비디아 같은 미국의 선도기업

주요국 AI 특허 등록 비교

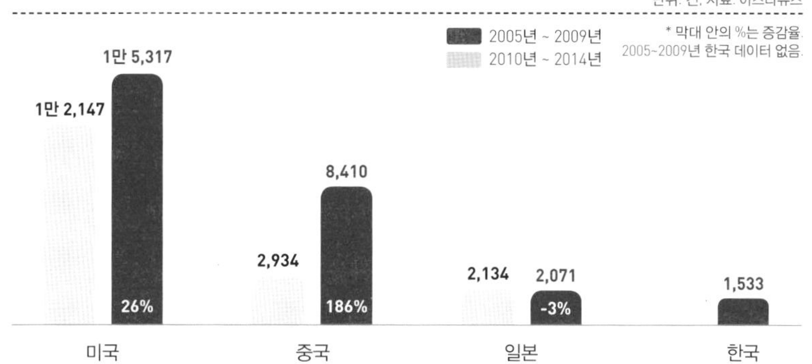

급성장하는 글로벌 AI 산업

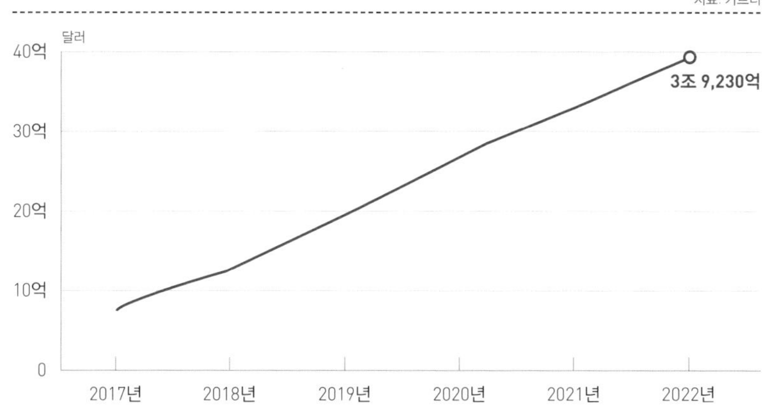

미국과 중국으로 쏠리는 AI 스타트업 투자

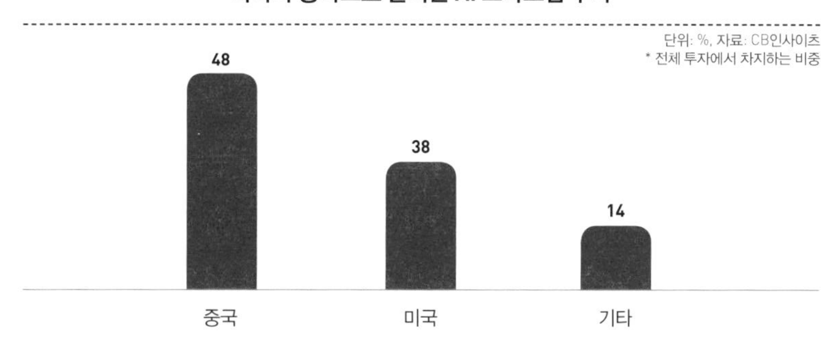

과 어깨를 나란히 할 정도다. 이밖에도 안면 인식 기술 개발을 선도하는 등 AI 관련 스타트업들이 계속 쏟아져 나온다. 7억 명에 달하는 인터넷 사용자가 만들어내는 데이터가 인공지능 서비스 개발에 밑거름 역할을 한다. 세계 AI 스타트업 1~3위에 중국 스타트업들이 차지할 정도로 놀랍다. 이를 두고 혹자는 영국의 딥마인드가 개발한 알파고도 중국에서 기를 펴지 못할 정도라는 표현을 하기도 한다. 스타트업들이 개발한 AI 기술을 화웨이 같은 대기업이 채택해줌으로써 선순환을 촉진한다. 기술 개발 단계에서부터 수요 예측이 가능한 시스템이 만들어지고 있는 것이다. 5년 뒤 미국을 따라잡기 위한 중국의 AI 굴기가 결코 만만치 않아 보인다. 시장과 인재가 AI 허브의 성패를 가릴 것이라는 전망이 타당성을 얻고 있다.

IT와 제조업의 결합

IT와 제조업의 융합은 어제오늘 이야기가 아니다. 제조업 경쟁력 강화라는 측면에서 이미 새삼스러운 것도 아니지만 최근 4차 산업혁명이 대세가 되면서 엄청난 폭발음을 내고 있다. 글로벌 저성장, 고령화, 생산성 감소 등이 4차 산업혁명의 본질적 태동 배경이다. 4차 산업혁명이 다목적 포석을 갖고 있기도 하지만 본질적으로 우선 제조업 절대 강자를 가리는 전면전이라는 해석이 힘을 받고 있다. 수차례의 글로벌 경제위기를 겪으면서 선두권에 있는 다수 국가들이 강한 제조업을 갖고 있어야 살아남을 수 있다는 귀중한 교훈을 얻은 것이다. 경쟁에서 이기는 전략을 추구하고 있지만 기술 부문별로는 각자의 강점을 가지면서 융합하고 있는 모습을 보이고 있기도 하다. 첫째는 기존 주력산업과 IT의 융·복합을 통한 신성장 산업의 발굴과 육성이다. IT 기술은 AI, 빅데이터, 3D 프린팅, 사물인터넷, 로봇, 블록체인, AR·VR 등 다양한 응용기술로 빠르게 진화한다. 이들은 자동차, 가전, 조선, 섬유, 의료, 바이오, 항공 등 전통적 주력산업과의 접목을 통해 시장의 흐름을 크게 바꾸어 놓을 것이다. 이뿐만 아니고 공장과 접목된 스마트 팩토리, 도시와 연결된 스마트시티, 유통·물류와 결합한 무인점포·드론 택배 등 다양한 변신을 현실적으로 목격하고 있는 중이다. 그리고 제조 기업과 IT 공룡 간의 결합과 합종연횡도 괄목할만하게 증가하고 있다. 짝짓기가 미래시장 선점을 위한 전제 조건이 되고 있으며, 연합팀 간 승부로 게임의 양상이 변화하고 있는 중이다. 양측의 결합이 시너지 효과를 내기도 하지만 연합팀 내에서 IT 기업과 제조 메이커 간 누가 주도권을 가질 것인가에 대한 기싸움 또한 치열하게 전개될 것이다. 세력의 기울기가 명확해지지 않을 경우 불협화음이 생길 가능성도 전혀 배제할 수 없기는 하다.

유니콘 & 데카콘

중국이 4차 산업혁명 경쟁에서 왜 미국에 밀리지 않고 당당하게 맞서고 있는 것으로 평가될까. 중국에서 깜짝 등장하고 있는 유니콘과 데카콘 수가 미국과 비교해 전혀 밀리지 않고 있다는 것이 중요한 객관적 원인이다. 유니콘과 데카콘은 일단 상장이 되거나 경영권을 매각하면 엑시콘Exitcorn으로 바뀐다. 중국 정부의 양대 핵심 경제 정책인 중국제조 2025와 인터넷 플러스(인터넷 플랫폼에 기반을 두고 모든 산업과 경계를 뛰어넘어 ICT 기술로 융합하는 것)가 현재까지는 실효적인 성과를 내고 있다. 유니콘은 창조적 아이디어와 비즈니스 모델로 새로운 시장을 만들고 미래를 열어가는 명실상부한 이 시대의 게임체인저다. 기존의 시장 질서를 무너뜨리고 단번에 시장 지배자로 부상하고 있다는 점에서 그 영향력이 막강하다. 이에 따라 미국, 중국뿐만 아니라 세계 각국의 신생 벤처들이 유니콘이 되기 위해 꿈을 불사른다. 스타트업들이 우후죽순 생겨나고 있으며, 정부들의 백업 경쟁도 치열하다. 거대 내수시장을 갖고 있는 인도는 물론이고 전통 산업에만 열중하던 한국, 일본, 유럽도 이 부문에 본격 가세하고 있는 분위기다. 동남아와 중동으로도 확산되고 있어 좋은 아이디어와 혁신적인 기술이 있으면 국경을 초월하여 스타트업이 유니콘으로 발돋움할 수 있는 여건이 성숙되고 있다. 미국의 창조·혁신 마인드와 중국의 창업속도·시장규모가 이러한 분위기를 전면에서 주도한다. 아이디어와 기술을 조합하여 어떻게 매력적인 비즈니스 모델로 만들어낼 것인가와 이를 통해 어떻게 투자자로부터 자금을 조달할 수 있을 것인가가 유니콘으로 가는 첫 단추다. 유니콘으로 게임체인저가 되려는 자는 이러한 기본적인 소양에다 시장을 리드할 수 있는 도전의식을 겸비해야 한다.

모방꾼 & 스틸러

미국 혁신기업의 아이콘인 애플은 카피캣Copycat(모방꾼)일까? 지금부터 수년 전 미국에서 이와 관련한 뜨거운 논쟁이 있었다. 드롭박스, 인스터 페이퍼, 카메라플러스, 와츠앱 등 분야에서 애플이 독립 회사들의 기술을 모방했다는 것이다. 물론 의혹 수준이지만 시장에서는 이를 대체적으로 인정하는 분위기다. 다른 회사의 앱과 유사하다는 것이 모방이라기보다는 애플의 독점적 횡포라는 지적에 대한 찬성이 더 많았다. 또한 휴대폰 관련 기술이 부족한 애플이 당시 1위 업체이던 노키아와의 특허 분쟁에서 로열티를 내기로 결정함으로써 백기를 든 적이 있다. 이에 대해서는 다소 논란이 있다. 원천기술을 가진 업체에게 로열티를 내고 특정기술을 사용하는 것을 카피캣이라고 부르는 것이 부당하다는 주장이다. 여하튼 애플을 두고 혁신적 창조자냐, 아니면 혁신적 모방꾼이냐 하는 논란이 거듭되고 있지만 대체적 평가는 후자 쪽에 더 가깝다. 많은 전문가들이 20세기에 가장 뛰어난 모방 국가로 일본과 한국을 지목한다. 금세기에 들어서는 당연히 중국이며, 동남아·인도 등 포스트 차이나 국가들이 그 뒤를 잇고자 채비하고 있다. 글로벌 혁신의 메카로 주목받고 있는 실리콘밸리에서도 서로 모방하면서 배운다. 모방은 아이디어 공유로 해석되며, 이를 통해 거대한 이익을 창출해내는 방식으로 간주된다. 20세기 천재 화가 파블로 피카소는 "유능한 예술가는 모방하고, 위대한 예술가는 훔친다. 그리고 위대한 생각들을 훔치는 것에 대해 부끄러워하지 않았다"고 고백한 적이 있다. 페이스북이 세계 모바일 메신저 Big3 중 하나인 와츠앱을 모방하다가 여의치 않자 그 회사를 통째로 사버렸다. 훔치는 것이 통하지 않으면 타깃 회사를 사버리는 것이 실리콘밸리에서의 또 다른 공공연한 비밀이다.

누구도 인정하듯이 모방이 전부는 아니다. 그러나 창조의 출발이 모방에서 시작된다는 것에 대해서는 부정하지 않는다. 본격적인 4차 산업혁명 시대를 맞이하여 기술과 관련한 카피캣이나 스틸러들의 움직임이 매우 빠르다. 그들이 국가나 기업이 되기도 하고 심지어 개인들까지도 이 대열에 합류한다. AI, 로봇, 3D 프린팅, 센서 등에서 수조 달러 규모의 신산업이 만들어지면서 낡은 산업의 파괴가 불가피해진다. 누가 카피캣이고 스틸러냐에 관해 '선진국·선진기업 vs 신흥국·후발기업' 같은 단순한 이분법적 접근은 그리 현명한 판단이 아니다. 세계 도처에서 새로운 아이디어와 기술이 넘쳐나고 있다. 이들과 어떻게 협력을 하고 융합 시너지를 낼 것인가 고민해야 한다. 더 많은 기회가 생겨나고 있지만 그만큼의 위기도 반대편에 도사리고 있다. 미국을 비롯한 선진국의 신흥국에 대한 기술 유출 감시는 더 강화될 것이다. 감시가 심할수록 더 현란한 수법이 등장함과 동시에 신기술 창조에 대한 열망으로 시장은 더 커지고 성숙되기 마련이다. 모방이 혁신의 출발이며, 혁신과 파괴가 오버랩되는 공간에서 최후까지 생존하는 노하우를 터득해야 한다. 단지 기술에만 국한하지 않고 시스템 혹은 비즈니스 행태에 대해서도 완벽한 변신을 통해 변화의 선봉에 설 수 있다면 금상첨화다.

무모한 경쟁은 그만
선택과 집중을 하라

국내에도 둘째가라면 서러워할 정도의 중국 전문가들이 많다. 중국에 대한 과거와 현재, 그리고 미래에 이르기까지 실로 다양한 진단과 전망을 쏟아놓기도 한다. 그러나 냉정하게 평가해보면 이들이 과거의 잣대로만 중국을 평가하고 있는 것이 아닌지 의문이 갈 때가 많다. 중국의 미래적 가치에 기초한 정확한 판단과 이에 근거한 한국 경제의 활로에 대해서는 명확한 해법을 제시하지 못한다. 대조적으로 경쟁국인 미국이나 일본 심지어 유럽까지 중국의 변화 방향을 예측하고 중국 경영에 대한 전략적 대안을 만들어가는 것이 눈에 띈다. 중국을 많이 안다고 하지만 실제로는 잘 모른다는 것을 이제라도 진솔하게 고백해야 하지 않을까 싶다. 외교가에서 시작하였지만 주재원, 특파원에 차이나 스쿨, 워싱턴 스쿨, 재팬 스쿨이라는 용어가 있다. 이 지역에 근무해야 소위 잘 나가는 인맥을 쌓을 수 있고, 출세가도를 달릴 수 있다고 해서 유래된 것이다. 하지만 중국의 사드 보복 이후 중국 근무를 기피하는 현상까지 생겨나고 있다고 하니 우리 사회의 민낯을 보고 있는 듯해서 쑥스럽다. 2013년을 기점으로 이전과 이후의 중국은 완전히 다르다. 시진핑 체제의 출범은 '신중국, 즉 New China' 시대 서막으로 갈수록 패권 지향적 성향을 더 노골화하고 있는 것이 특징이다. 이런 중국과 우리가 어떻게 관계를 가지면서 살아가야 할지 더 큰 고민이 필요한 시점이 되고 있다.

연일 한국 경제의 현상이 암울하고 미래는 더 절망적이라는 불편한 경제 뉴스를 접한다. 속이 뒤집힐 정도지만 이러한 평가가 틀린 것이라고 부정하기도 쉽지 않다. 중국의 고도성장과 G2로 편입, 세계의 공장에서 시장으로의 변신, 제조업 대국에서 강국으로의 지향 등 중국의 위상 변화가 우리를 전율케 하고 있다. 대부분이 인지하고 있듯이 한국 경제의 위기가 대부분 중국에서 기인하고 있다는 사실과 이에 대한 별 뾰족한 대책이 없다는 현실이 더 무력감에 빠지게 한다. 일본이 우리에게 추격을 허용하였듯이 그것과는 비교가 되지 않을 정도의 추격을 중국에 허용하고 있다. 반대로 중국은 이제 한국을 넘어서고 있다는 자신감이 가득하다. 실제로 중국이 우리보다 앞서가는 분야가 점점 더 많아지고, 기업들의 미래 가치에서도 월등히 우위에 서고 있다. 창업 속도도 천문학적으로 우리를 앞선다. 중국에서는 매일 1만 6,500개의 창업이 생겨나고 있는 반면 우리는 고작 270개에 불과하다. 인구 1만 명당 신설 기업 수도 지난 2013년에는 우리가 15개, 중국은 14개였지만 2014년부터 역전을 허용했다. 2017년 기준으로 중국은 32개고, 우리는 15개에 그쳤다. 이 와중에 중국은 자신들의 민낯을 우리에게 따끔하게 보여주기도 했다. 사드 보복은 한국에 일침을 가하겠다는 중국의 우월적 심리 상태가 보여준 무서운 경고다. 중국과의 양적 경쟁이나 게임은 이미 끝났다.

중국, 여유가 넘치는 것 같지만 초조하기는 마찬가지

세계의 시장, 중국이 글로벌 기업들의 무덤이 되고 있다. 중국 기업의 추격으로 이미 짐을 쌌거나 곧 떠날 채비를 하는 기업들이 계속 늘어나고 있는 판이다. 미국 공유자동차 업체 우버는 이미 중국을 떠났다. 텐센트와 알리바바가 합작 투자한 콰이디다처가 점유율을 85%까지 올리면서 울며 겨자 먹기 식으로 중국 사업을 접은 것이다. 미국 IT 업체 오라클은 R&D 사업장인 베이징 사무소의 직원 200명을 전격 해고했다. 일본의 파나소닉과 소니는 중국 TV 생산 라인을 청산했거나 진행 중이다. 한국의 이마트도 중국에서 전면 철수하고 있다. 롯데마트도 110여개 매장 전체를 매각하는 등 구조조정을 서두른다. 급기야 백화점도 접기로 하면서 롯데의 중국 유통 사업은 엄청난 실패로 막을 내리고 있다. 중국 내 삼성의 휴대폰 시장점유율은 1% 대로 전락하여 존재 가치를 거의 상실했다. 세계 시장을 호령하는 삼성과 LG TV의 시장점유율도 7%, 1.4%에 불과할 정도다. 아이센스, 스카이워스, TCL 등 중국 로컬 기업에 1~3위를 내줬다. 이들은 이제 글로벌 프리미엄 시장에서까지 얼굴을 내밀면서 우리 브랜드와의 경쟁에 뛰어들고 있다. 2016년 기준 스타트업 투자도 중국은 48조 원에 달하고 있는 반면 우리는 고작 2조 원이다. 이 추세라면 반도체를 빼고 우리가 중국보다 앞서는 분야가 없어질 것이라는 분석이 틀리지 않아 보인다.

정말 이런 중국에 속수무책이고 할 수 있는 일이 아무것도 없을까. 이 중요한 시기에 미래에 대한 아무 준비를 하지 않고 뒷짐만 지고 있으면 우리 위치는 더 퇴보할 수밖에 없다. 이럴 때일수록 침착하고 냉정한 자세로 중국의 속내와 계산법을 읽어내는 성숙된 지혜가 필요하다. 섣불리 대응하다간 우리가 더 큰 피해를 볼 수 있지만 전체의 판세를 읽을 수 있으면 유연한 해법을 찾아낼 수도 있다. 중국이 제조업 대국이 되고 홍색공급망Red Supply Chain(수입에 의존하던 원부자재와 중간재를 국산으로 대체하는 것)을 구축하게 되는 것은 결국 시간의 문제임이 드러났다. 그러나 더 높은 곳을 향해 질주하려는 중국이라는 폭주 기관차도 더 바쁘고 초조해지기 마련이다. 시황제의 등극도 미국과의 패권 도전 가도를 유지해야 하는 중국의 비장함이 만들어낸 불가피한 선택으로 이해된다. 그러나 이러한 결정이 사면초가의 부메랑으로 돌아올 수 있는 개연성이 없지 않다. 부채 급증, 국유기업의 민영화 지연, 무차별 투자로 인한 부실 확대 등 내부적인 시한폭탄도 수두룩하다. 중국 가계 빚이 10년 이상 증가세를 보이면서 7조 달러 수준(2017년 기준 6.7조 달러)으로 확대되고 있다. 주요 43개국 중 증가율이 가장 높다. 수출보다 소비 중심으로 경제구조로 전환하였지만 가계 부채 증가는 성장을 견인하는 내수에 빨간불이 되고 있는 셈이다. 부채 증가는 투자심리 위축, 증시 주가 하락, 성장 둔화의 악순환으로 연결된다. 미국과의 통상 전쟁도 중국 경제에 악재로 작용할 것이 확실하다.

경제력 측면에서 중국이 세계 제2의 경제대국으로 부상하였지만 제조업·기술력 측면에서 아직도 미흡한 점이 많다. 최근 중국 공업정보화부가 130개 주요 대기업의 기술력을 자체 조사해 발표한 자료를 보면 이들이 사용하는 핵심부품의 95%는 해외에 의존하고 있는 것으로 드러났다. 중국 기술력의 현주소를 보여주는 객관적인 지표로 기술 강국의 허상을 여지없이 보여준다. 이를 극복하기 위한 그들의 1차적 목표는 전 산업에서 한국을 뛰어넘는 것이다. 좋은 말로 표현하면 한국 산업 벤치마킹이지만, 다르게 해석하면 한국을 반드시 넘어야 중국이 글로벌 무대에서 대접을 받을 수 있다는 의미이기도 하다. 한·중 수교 이후 지난 25년 동안 중국은 줄기차게 한국과의 기술력 차이 해소에 엄청난 역량을 결집시키고 있다. 우리가 일본을 극복할 만큼 상당한 수준의 제조업 저력을 확보하였다고 하지만 핵심 기술에 대한 의존도는 여전히 높다. 섬유를 비롯하여 조선, 철강, 자동차, 가전, IT, 플랜트, 엔지니어링 등 대부분의 산업 군에서 중국 앞에 한국이 아직 버티고 있다. 물론 태양광, 고속철, 전기차, 드론(상업용) 등 중국이 우리보다 앞서 가는 분야가 지속적으로 나오고 있는 것도 사실이다. 중국이 목표로 하는 2025년 제조업 강국이 되기 위해서 반드시 넘어야 할 산이 한국 제조업이고, 여기에는 반도체를 비롯하여 스마트폰, 디스플레이, 자동차 같은 것들이 포함되어 있다. 기술력 열세를 만회하기 위해 중국이 선진국 기업을 대상으로 한 무차별적인 M&A 공세도 모두 이와 관련이 있다. 고속철, 전기차(배터리 포함), 상업용 드론 등과 같이 글로벌하게 뚜렷한 선두주자가 없는 분야에는 소위 차이나머니라는 막대한 자본력을 투입하여 일시에 퍼스트 무버가 되는 바이패스Bypass 전략에 무모할 정도로 적극적이다. 중국의 산업 고도화 전략을 큰 틀에서 보면 전통 산업에 대한 한국 따라잡기와 신산업에 대한 글로벌 시장 선점이라는 두 개의 트랙으로 진행되고 있음이 극명하게 드러난다.

일본 기업은 '한국·중국과의 양적 경쟁 지양'

한편 한국, 중국 등 후발주자들의 거센 공세에 한동안 고전하던 일본 기업의 최근 변신 행보를 보면 주목을 끌만한 요소들이 많다. 기존 주력업종을 과감하게 버리고 새로운 분야로 사업 재편을 하는 뼈아픈 구조조정을 서두르고 있는 것이 눈에 띈다. 더 이상 무모한 양적 경쟁이 필요하지 않다는 판단에서 시작되는 발상의 전환이다. 도토리 키재기 식의 출혈 경쟁은 하지 않겠다는 선언이기도 하다. 적자 사업은 버리고, 흑자가 날 수 있는 프리미엄 사업에만 집중한다. 1980년대 일본 경제의 성공 비결로 알려졌던 '경輕·박薄·단短·소小' 전략을 다시 끄집어내었다. 뼈를 깎는 구조조정으로 비용 부담을 가볍게 하면서(輕), 부서·사업 간 벽을 줄인다(薄). 그리고 재고 회전 일수를 줄이기 위해 고부가가치 제품에 집중하고(短), 자본을 적게 투입하는(小) 체질을 만들기 위해 고군분투한다. 일본 정부는 친기업 정책으로 제조업 재건의 견인차 역할을 한다. 모노즈쿠리 대국의 잃어버린 자존심이 회복되는 징조가 여기저기서 감지된다.

일본 제조업의 자존심이자 상징인 소니의 부활은 마른 수건도 쥐어짜는 처절함에서 비롯되고 있다. 한때 우쭐했던 관료주의적 사고와 관행은 모두 집어던졌다. 게임, 반도체, 금융, 음악 등 4개의 축을 중심으로 8개 사업 부문이 흑자를 시현하면서 도약의 발판을 구축했다. TV의 경우 한국, 중국과 경쟁을 회피하기 위해 프리미엄에만 집중, 이 부문에서 삼성을 제치고 1위를 탈환했다. 소니의 프리미엄 시프트라는 용어까지 생겨날 정도다. 삼성전자와 맺고 있던 LCD패널 합작사업도 접었다. 판매량에만 의존하는 사업에 더 이상 집착하지 않는다. 디지털 카메라 부문도 고급 기종에만 집중하여 수익을 끌어 올리고 있다. 남은 숙제는 한자리수 점유율로 떨어진 스마트폰 사업의 재건이다. 소니의 자존심이 걸려있기 때문이기도 하다. 이런 사례는 더 많다. 가전 주력기업인 히타치는 한국·중국에 밀린 전자 부문 사업을 포기했다. 2000년대 중반까지 주력 사업이었던 반도체, 디스플레이, TV, HDD(하드디스크드라이브) 등을 접었다. 그리고 상대적으로 기술우위가 확실한 대형 공장설비, 풍력발전, 엘리베이터 등 덩치가 큰 산업을 주력업종으로 선정하였다. 그 결과 연간 8~9조 엔의 매출에 5,000~6,000억 엔의 영업이익을 실현해내고 있다. 파나소닉의 경우도 2017년 상반기 매출액으로 주력인 가전(1조 3,274억 엔) 부문보다 차량용 부품(1조 3,430억 엔)이 넘어서는 등 주력업종의 전환이 성공을 거두고 있는 것으로 파악된다. 잃어버린 20년 기간 중 수천억~수조억 엔의 적자에 시달렸던 파나소닉, 미쓰비시전기, 후지쯔 등 가전업체와 도요타, 혼다, 닛산, 스바루, 이스즈 등 자동차 기업에 덴소·신에쓰화학·TDK, 무라타제작소·도레이 등 부품·소재 기업에 이르기까지 대부분의 기업이 최근 10년 내 호황을 누리고 있다. 모두가 위기극복 수단으로 전통적 본업을 포기하는 강수를 두고 있는 것이 특징이다. 한국·중국 기업의 틈바구니에서 살아남는 전략으로 선택한 고육지책인 셈이다. 특히 기술적 우위에 있는 분야를 발굴해 이 부문에 집중적으로 투자, 수익 극대화를 실현해내는 생존 전략이라고 봐야한다.

일본 기업의 이러한 변신은 우리 기업에게도 많은 시사점을 준다. 엄청난 속도로 따라오는 중국에 대해 계속 우리 뒤에만 있으라고 하는 것은 가능치도 않고 그렇게 될 리도 없다. 더 이상 무모한 양적 규모의 경쟁은 무용지물이며, 우리에게 유리하지도 않다. 모든 산업 분야에서 중국보다 앞서야 한다는 강박 관념에서 빨리 벗어나야 한다. 우리가 잘 할 수 있는 분야에 선택과 집중하여 그들과 일정 수준의 격차를 지속적으로 유지해 나가는 것이 보다 현명하다. 반도체, 디스플레이, 전기차 배터리, 프리미엄 가전, 수소차, 해양플랜트, 화장품, K콘텐츠 등 분야에 특화해야 한다. 일본 혹은 중국보다 더 잘 할 수 있는 분야에 추가적으로 찾아내는 일도 더 이상 미룰 수 없다. 제조업 강국이 되기 위한 중국의 욕심은 끝이 없다. 반면 미국, 일본 등 선진국들은 중국 제조업의 부상을 저지하기 위해 핵심 기술 유출에 대한 억제력을 계속 강화해 나갈 것이다. 갈 길 바쁜 중국 앞에 장밋빛만 있는 것이 아니고 암초도 곳곳에 도사리고 있다. 중국의 의중을 꿰뚫고 있으면 우리 행동반경이 그만큼 넓어지고, 손해 보지 않는 전략을 구사할 수 있는 선택의 폭도 넓어진다. G2 통상 전쟁으로 새우등 터진다는 타령만 하지 말고 철저한 손익 계산을 통해 피해는 최소화하고 반사이익까지 시야에 넣어야 한다. 중국의 굴기를 역이용할 수 있는 새로운 접근이 필요하다.

삐걱거리는 중국 우리에게 기회다

글로벌 경제가 뉴 노멀과 뉴 애브노멀의 경계를 넘나들면서 기업들의 생존이 과거보다 훨씬 더 불확실해지고 있다. 이러한 상황에서 나타나고 있는 두드러진 특징은 글로벌 기업일수록 경쟁의 맞수와 서로 협력하는 적과의 동침을 서슴지 않고 있는 점이다. 독일 BMW와 다임러가 우버로 대표되는 실리콘밸리의 위협에 대응하여 차량공유사업에 대한 합작사를 만들기로 했다. 일본 도요타와 스즈키는 미국, 중국에 이어 세계 3위의 자동차 시장으로 부상하고 있는 인도 시장 공략을 위해 손잡았다. 소형차부터 전기차에 이르기까지 전 라인에 대한 협력을 강화할 계획이다. 스즈키의 인도 시장 점유율이 40%가 넘는 반면 도요타의 점유율은 3.5%에 불과해 양사 제휴는 상호 강점이 접목되어 시너지 효과를 낼 것으로 보인다. 미래 기술, 시장을 놓고 더 많은 파이를 확보하기 위한 경쟁업체 간 콜라보레이션이 더 기승을 부릴 조짐이다. 이를 통해 다른 경쟁사의 시장 진입을 최대한 억제하면서 지배력을 확대하겠다는 포석이 깔려 있다. 어제의 적이 오늘의 동지가 되는 극단적인 짝짓기가 줄을 잇는다. 본격적인 프레너미Frenemy 시대가 도래하고 있는 것이다.

전통적으로 인수·합병에 보수적이던 일본 기업들이 과거의 폐쇄성을 버리고 적극적으로 나서고 있다. 외부 기술을 흡수하여 기술 경쟁력을 더 키우고 시장의 외연을 더 확장하겠다는 포석을 깐다. 혼다는 중국의 알리바바와 커넥티드카를 공동 개발하고, 파나소닉은 미국 전기차 업체 테슬라와 50억 달러를 투자하여 미국 네바다 주에 세계 최대 전기배터리 공장을 건립했다. 소프트뱅크는 우버의 지분 20%(96억 달러)를 인수하는 등 930억 달러의 펀드를 만들어 글로벌 유력 벤처기업들을 적극 사냥하고 있다. 일본 최대 제약사인 다케다 제약은 항암제 분야에서 세계 최고의 기술력을 인정받고 있는 미국 아리아드 파마슈티컬스를 54억 달러에 인수하기도 했다. 과거와는 판이한 일본 기업의 변신이다. 합종연횡에 소극적이던 우리 대기업들도 이러한 분위기에 적극 편승하고 있다. 내부 혹은 외부에 개의치 않고 적절한 파트너가 있으면 제휴의 손길을 강력하게 내민다. 핵심 역량만 보유하고 나머지는 모두 아웃소싱을 하는 오픈 이노베이션Open Innovation 혹은 오픈 비즈니스Open Business가 대세가 되는 분위기다. 파이를 늘려서 나누되, 위험은 분산하여 혼자만 죽지 않겠다는 전략이다.

또 하나 눈여겨 볼 것은 전면에 중국 기업이 대거 등장하고 있는 점이다. 막대한 자본과 거대 시장을 배경으로 중국 큰손들이 선두에 나

한풀 꺾인 중국 해외 M&A

단위: 억 달러, 자료: 딜로직

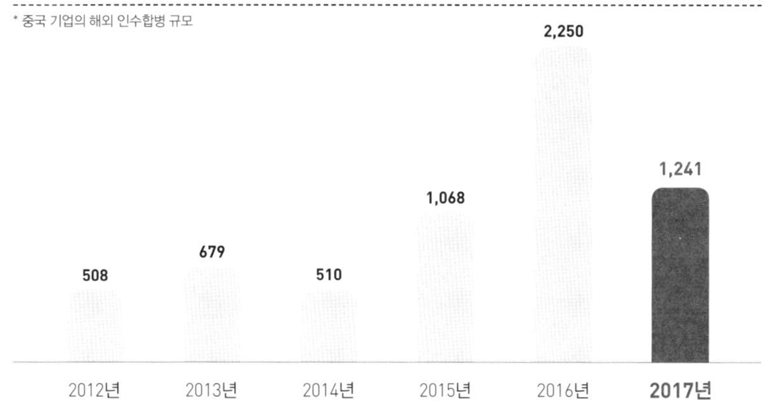

해외자산 내다 파는 중국 대기업

그룹 명	내용
HNA그룹	- 뉴욕시 '245 파크 애비뉴'를 비롯해 시카고, 샌프란시스코, 미니애폴리스 등 미국 전역에 소유한 부동산 매각 - 호주 시드니 건물 처분 - 홍콩 부동산 두 곳 매각 추진
다롄완다그룹	- 623억 위안 규모 테마파크, 쇼핑센터, 호텔 등 처분 - 영화관 체인사업과 상업 부동산 지분 418억 위안어치 매각
안방보험그룹	- 농업은행·공상은행·중국은행·중국건설은행 등 4개 국유은행 주식 66억 위안어치 처분
푸싱그룹	- 300억 위안 규모 부동산과 채권, 주식 처분

자료: 딜로직

서고 있는 것이 가시적으로 눈에 띈다. 2014년부터 2년 연속 글로벌 M&A 시장에서 2배 이상 증가세를 보이던 추세가 2017년 들어서는 오히려 절반으로 줄어들었다. 중국 당국의 무분별한 M&A에 제동을 걸고 나섰기 때문이다. 첨단기술을 제외한 부동산, 보험 등 금융과 에너지 등 무분별한 투자가 자칫 유동성 위기로 연결될 수 있다는 판단하에서다. 중국 기업의 이런 무차별적인 행보에 대한 각국의 경계감과 거부감이 걷잡을 수 없이 확산되는 분위기다. 자연스럽게 중국의 선진 기업 M&A에 제동이 걸리고 있다. 지역별로는 미국 기업에 대한 M&A가 2017년에 전년보다 72% 줄어든 183억 달러에 그쳤다. 트럼프 행정부가 중국 기업의 자국 기업 인수를 경계하면서 미국 외국인투자심의위원회CFIUS 심사가 엄격해진 것도 영향을 미치고 있다는 분석이다. 무분별한 투자로 자금난에 몰린 중국 기업들이 잇달아 자산 매각에 나섰다. 중국 최대 부동산 그룹인 다롄완다의 경우 2017년 7월 테마파크, 쇼핑센터, 호텔 등으로 이뤄진 문화·관광 프로젝트 지분 91%와 호텔 76곳을 632억 위안(약 10조 9,000억 원)에 팔았다. 영화관 체인사업 지분 12.8%와 상업 부동산 지분 14%를 각각 78억 위안과 340억 위안에 매각하기도 했다.

중국의 일대일로 프로젝트, 곳곳에 상처투성이

자타가 인정하듯 대외적으로 가장 큰 영향력을 발휘하고 있는 프로젝트가 중국의 일대일로다. 아시아와 유럽, 그리고 아프리카 3개의 대륙에서 49개국이 참여하고 있을 정도다. 중국 패권의 상징인 중국몽을 실현하기 위한 수단이자 '중국판 마샬 플랜'이라는 평가마저 나온다. 2013년부터 의욕적으로 추진하고 있는 대외 플랜으로 중국은 이를 미래 운명과 연결시키고 있기도 하다. 다른 지역으로의 M&A는 줄어든 반면 일대일로 지역에 대한 2017년 M&A 규모는 214억 달러로 전년 대비 무려 11배나 증가했다. 중국이 미국과 신형 대국관계를 유지해 나가면서 궁극적으로 미국을 뛰어 넘는다는 야심이 이 메가 프로젝트에서 비롯되고 있다고 해도 과언이 아니다. 2008년 미국발 글로벌 금융위기 이후 세계 경제의 주도권을 잡은 중국이 내놓은 야심찬 프로젝트다. 저개발국 인프라 지원 명목으로 전략적 요충지를 장악하겠다는 저의가 깔려 있다. 이를 통해 향후 미국과 충돌 시 상대적으로 유리한 고지를 선점하겠다는 의도다. 중국의 리더십과 이를 백업하고 있는 차이나머니가 동력원이다. 이를 통해 그들이 강점을 갖고 있는 철도·발전소·통신·항만 등 각종 인프라 부문에서 중국이 세계의 중심에 서겠다는 전략이다. 아시아나 중동부 유럽의 상당수 국가들이 이에 쌍수를 들면서 환영하고 나온 것에는 중국 자금으로 자국의 낙후된 인프라를 확충하겠다는 저의가 내포되어 있다. 중국과 일대일로 참여 국가들의 복잡한 이해 계산법이 이면에 깔려 있다는 의미이기도 하다.

잘 굴러갈 것 같은 이 프로젝트가 최근 휘청거리고 있다. 투자 동기가 순수하지 않은 수상한 투자라는 해괴망측한 소리마저 들린다. 초기 단계에서부터 중국 정부의 자금 제공 지연, 현지 정부와의 갈등, 인력 채용, 환경 문제 등 제반 요인으로 공사 자체가 중단되면서 삐걱거리고 있는 것이다. 원천적으로 이 구상은 중국의 해외직접투자에서 출발하고 있지만 중국의 외환보유고가 한때 3조 달러 이하로 떨어지면서 잡음이 끊임없이 들리기 시작했다. 중국이 지난 5년간 692억 달러를 투입하여 64개국 인프라 사업에 참가하였지만 일감의 89%를 중국 기업이 독차지하고 있다는 원성이 자자하다. 일대일로에 참여했던 국가들이 빚더미에 쌓이고, 일부 국가들은 채무 상황이 어려워져 금융 불량 국가로 신세가 급반전되는 상황으로까지 내몰리고 있다. 이에 따라 이 지역 국가들의 볼멘소리들이 연일 터져 나오고 있는 것이다. 한마디로 빚 좋은 개살구로 중국 기업 배불리기만 하고 있다는 불만이 넘쳐난다. 라오스, 몽골 등 8개국은 재정위기에 직면했고 중국의 경제 속국으로 전락할 신세에 놓이게 되었다. 21세기 판 '채권 제국주의'라는 비판까지 터져 나온다. 친중 국가인 파키스탄도 등을 돌리고, 10년 전부터 추진해온 미얀마의 건설사업도 제자리걸음이다. 스리랑카는 국가부도 직전에 내몰렸다. 한편으론 세계 곳곳에 뿌려 놓은 중국의 고속철 굴기도 위기에 처하고 있다. 태국, 인도네시아, 미국, 멕시코 등에 중국이 벌려 놓은 102개국 고속철 사업이 대부분 무산될 위기에 처하고 있는 것이다. 한편 러시아, 영국, 아르헨티나 등에서 추진하던 원전 수출 사업도 휘청거리고 있다. 파열음이 커지면서 일대일로 프로젝트 자체에 급제동이 걸리는 분위기가 갈수록 확산되는 추세다.

한편 유럽 국가들도 중국의 이런 무차별적인 자금 공세에 잔뜩 긴장하고 있다. 중국의 전략은 매우 교묘하다. 미국의 손길이 상대적으로 덜 미치는 곳을 집중적으로 공략한다. 중남미, 아프리카, 유럽이 이들의 주력 타깃이다. 실제로 상당수 중동부 유럽 국가들이 중국의 '돈세례'에 넘어가기도 했다. 중국은 중동부 유럽 11개국과 발칸반도 5개국을 묶어 소위 '16+1(중국)'이라는 프레임을 만들어 친중 노선을 유도, 하나의 블록으로 만들어가고 있기도 하다. 낙후된 이 지역의 도로, 철도, 항만, 송유관, 통신 등 분야에 돈줄을 대고 있다. 최근 7년간 중국의 대對EU 투자는 650억 유로에 달해 무려 32배나 증가했다. 중국의 지리자동차가 메르세데스벤츠를 생산하는 다임러 지분 10%, 도이체은행 지분 9.9%를 인수하여 최대 주주가 되기도 했다. 이탈리아, 그리스, 헝가리, 폴란드, 체코 등 중국에 우호적인 국가들을 대상으로 EU의 틈새를 집요하게 파고들고 있다. 때늦었지만 독일, 프랑스, 영국 등 서유럽 EU 국가들이 중국의 이런 파상적인 움직임에 제동을 걸기 시작했다. 잘못하다간 유럽이 중국이 일부가 될 수 있다는 경계감, 일종의 차이나 포비아China Phobia가 확산되고 있는 추세다. 구체적으로는 중국 자금이 유럽 기업의 M&A에 대한 심사 강화로 나타나고 있다. 미국에 동조하여 서방 기술의 중국 유출에 대한 연합 전선에 합류하고 있는 것이다. 유럽 전체적으로 일대일로 프로젝트에 일제히 등을 돌리는 모습이 현저하게 증가하고 있다.

갈수록 고립되는 중국, 우리에게 기회가 될 수 있다

여러 이유가 있겠지만 궁극적으로는 중국이 진출 국가의 실질적 이익을 고려하지 않고 자국의 이익만을 고집하고 있는 것이 결정적 원인이다. 말만 무성하다가 실질적인 계약 단계에 들어가면 이해관계가 일치하지 않아 연기되거나, 흐지부지하게 결론이 난다. 중국의 자금 사정이 과거와 같지 않다는 것도 이러한 사태를 부추기고 있다. 중남미나 아프리카에 상당한 중국 자금이 투입되었으나, 결국 중국 기업의 배만 불린 이기적인 행태와 무관치 않다. 과거 일본이 후발개도국에게 ODA(공적개발원조)를 제공하면서 자국 기업이 이익을 독식했던 구조와 거의 흡사하다. 이러한 사례들은 중국보다 열악한 자금력으로 해외 시장에서 경쟁하고 있는 우리들에게 많은 것을 시사해준다. 결국은 진출 국가와의 이익 공유, 기술 이전, 사후 관리 등 측면에서 일방적이지 않고 쌍방향으로 진행되면 수주 가능성이 열려 있음을 의미한다. 고속철, 원전은 물론이고 각종 인프라에서 우리에게도 기회가 아직은 열려 있다. 한편 중국 국내적으로도 공산당이 중국 진출 외국 기업에 대한 장악을 강화함으로써 불만이 한층 더 고조되는 모양새다. 70%에 해당하는 외국 기업 내에 당위원회를 설치해 통제의 수단으로 활용하고 있는 것이다. 경영 간섭은 물론이고 공산당원이 기업의 새로운 주주가 되도록 압력을 가한다. 이에 대한 외국 기업이 불만이 이만저만이 아니다. 미국, 독일 등 선진국 기업은 향후 중국 공산당이 경영권을 침해할 시에는 철수할 것이라고 강력히 경고하고 있다.

시진핑 2기 출범이 화려하게 시작하고 있지만 중국의 걱정과 고민도 많다. 황제로 등극한 시진핑 체제의 무소불위 행보는 더 기승을 부릴 것이다. 그러나 분명한 것은 순탄한 행보만 있는 것이 아니라는 점이다. 미국을 비롯한 세계는 이런 탐욕적인 중국을 어떻게 다스릴 것인지에 대해 노심초사한다. 사회주의와 시장경제의 모순을 극복하기 위한 내부 통합, 일대일로를 통한 대외 위상 강화 등 어느 하나도 만만한 것이 없다. 일대일로 프로젝트의 지연이나 후퇴는 중국에게 치명적으로 작용할 공산이 크다. 시진핑 체제의 공고화로 공급과잉에 대한 구조조정이나 국유기업의 지배구조 개혁이 후퇴할 가능성도 점쳐진다. 공산당이 실효적인 지배를 하고 있는 거대 국유기업으로 서방 자본주의 체제를 무너뜨릴 수 있다는 착각이 더 기승을 부릴 공산이 크다. 그리고 원칙보다는 변칙을, 정상적인 방법보다 갖은 편법을 동원하여 글로벌 시장의 지배력을 높이려고 할 것이다. 이런 중국에 대해 갈수록 세계는 경계심을 늦추지 않을 것이며, 궁극에는 외면할 수도 있다. 실제로 미국은 중국의 미국 기업 인수를 막기 위한 법안 제정

핵심 교통로 장악하는 중국

국가	항구명	투자 내용
❶ 방글라데시	치타공	운영권 확보
❷ 캄보디아	코콩	100% 지분, 99년 임대
❸ 지부티	도랄레	중·지부티 자유무역지대
❹ 오만	알 두큼	중국 사업단지 건설
❺ 파키스탄	과다르	중국 내륙 연결 송유관 사업
❻ 스리랑카	함반토타	빚 탕감 조건으로 항구 인수
❼ 미얀마	차우퓨	중국 남부 연결 송유관 사업
❽ 말레이시아	몰라카 게이트웨이	중국 자본으로 항구 개발
❾ 인도네시아	탄중프리오크	항구 확장 공사에 투자

자료: C4ADS

까지 검토하고 있을 정도다. 지금까지의 중국식 성공 공식이 미래에도 계속 통할 것이라고 보는 것은 중국만의 착각이라는 사실이 밝혀질 날도 그리 멀지 않다.

스타트업이 글로벌 혁신 경쟁의 본질이다

요즘 세계는 혁신 경쟁으로 후끈 달아오르고 있다. 지구상에 제대로 된 국가들은 모두 이에 잔뜩 열을 올린다. 형태는 스타트업·창업 열풍으로 나타나고 있고, 국가는 이를 백업하기 위해 갖은 정책적 수단을 동원한다. 이를 좀 더 진지하게 들여다보면 일련의 움직임들이 '젊은이들 기 살려주기' 방식으로 진행하고 있다는 공통점이 발견된다. 최근 10년여 동안 글로벌 경기의 위축으로 세계 경제 질서가 새롭게 태동하는 본격적인 뉴 노멀의 시대로 접어들고 있다. 또한 1970년대부터 시작된 세계화 여파로 개발도상국의 위상이 강화되고 있는 반면 부의 양극화 현상은 더 심화되고 있기도 하다. 이러한 상황을 극복하기 위해서는 글로벌 경제의 파이를 더 키워야 한다. 선진국의 4차 산업혁명 주도는 신성장 동력을 확보하기 위한 몸부림이다. 그리고 이는 상대적으로 불리한 선상에 놓여 있는 젊은이들을 북돋는 창업의 형태로 나타난다. 궁극적으로 이는 일자리 창출과도 연계되는 수순이 되고 있기도 하다.

청년 창업을 확대 유도해나기 위해서는 정책적인 제도 정비와 더불어 사회적 여건이 성숙되어야 한다. 성실했음에도 발생한 창업 실패에 대해서는 재도전이 가능토록 안전망을 탄탄하게 구축하는 것이 무엇보다 중요하다. 이와 함께 지속 성장이 가능한 청년 창업 생태계가 만들어져야 하며, 융자보다는 투자자금이 몰려들도록 해야 한다. 또한 시장수요 연계 혹은 상용화 검증, 창업 조직에 정부 R&D 자금이 집중적으로 지원되어야 할 것이다. 판로 확보는 생태계의 선순환을 위해서 또 하나 중요한 요소로 창업 초기 단계부터 타깃 시장과 연결되어야 한다. 경쟁이 치열한 내수보다는 상대적으로 블루오션인 해외 시장을 지향하도록 할 필요가 있다. 중앙·지방 정부, 대기업들이 팔을 걷어붙이고 경쟁력 있는 생태계 조성과 거미줄처럼 얽혀 있는 규제를 덜어낼 수 있느냐가 관건이다. 규제는 시장 참여자들에게 비대칭적 정보를 제공하면서 공공 부문의 비리와 부정부패만 양산할 따름이다. 암울한 청년 실업, 미래에 대한 비관론으로 가득한 젊은이들이 활개를 펼칠 수 있는 새로운 무대가 만들어져야 한다. 혁신은 특정 분야에 국한된 것이 아니고 총체적인 접근이 이루어져야만 성과창출이 가능하다.

이러한 시스템이 확보되기 위해서는 사회 분위기의 반전도 중요하다. 유럽이나 미국 등 서구 국가들을 보면 자녀들이 고교를 졸업하면 부모로부터 독립하는 것이 전통적 관습이다. 입학 초기를 제외하고는 대다수의 청년들이 학비를 자발적으로 충당하며, 경우에 따라서는 휴학을 통해 일정 기간 사회 현장 경험과 모험심을 축적하기도 한다. 부모의 빈부와는 상관없이 일종의 관행으로 정착되어 있기도 하다. 심지어 유럽에서는 남녀 커플이 혼전 동거하면서 비용을 줄이고, 남녀가 학업을 교대로 이어가는 모습까지 비일비재하다. 부모 재산이 자신과 무관하다는 것과 자신의 운명은 스스로 개척해 나간다는 정신적 무장이 투철하다. 이는 서구 국가에서 더 많은 창업이 생겨나고, 결과적으로 파이가 확대되어 성장 동력이 계속적으로 유지되게 하는 숨겨진 비결이기도 하다. 유교적 전통 관습으로 부모가 평생 자식을 품에 안고 가는 한국·중국·일본과는 확연하게 대조적이다. 이런 구조하에서는 자녀들이 대부분 안정적인 직업군을 선호할 수밖에 없으며, 자녀가 부모 재산에 대해 의존하려는 것이 자연스러워 보이기까지 한다.

중국과 일본은 우리와 입장이 조금 다르다. 중국은 거대한 시장이 버텨주고 있고, 시장경제 편입의 역사가 짧아 아직도 청년 창업 붐이 계속되고 있다. 벤처 1세대 유니콘들이 심심찮게 시장에 등장한다. 우리와는 다르게 중국 젊은이들의 최고의 꿈은 기업가다. 사회 전반에 걸쳐 기업인에 대한 존경심이 높다. 일본은 잃어버린 20년과 인구절벽의 터널을 지나면서 인식이 판이하게 달라지고 있는 듯하다. 최근에는 장년 창업까지 새로운 트렌드로 자리매김을 하고 있는 판이다. 창업이 활기찬 국가가 되어야 지속적인 성장 동력이 창출된다는 점에서 우리도 이제 분위기 반전이 필요한 시기다. 규제의 천국이던 일본마저 스타트업 천국으로까지 변신하겠다고 천명한다. 미국이나 중국에 더 이상 뒤질 수 없다는 초조함에서 생겨난 발로다. 외국인도 창업 준비 비자를 받으면 일본 내 1년간 체류가 가능토록 했다. 우리 교육의 내용에도 메스가 필요하다. 중·고교 과정에서부터 창업이라는 커리큘럼이 필연적으로 반영되어야 한다. 글로벌 문화 코드와 상생과 협력, 노블레스 오블리주, 공유 경제와 같은 콘텐츠가 포함되는 것이 마땅하다. 대학은 이론 전수와 실전이 동시에 진행되는 명실공히 창업 혹은 스타트업의 플랫폼으로 굳건하게 자리를 잡아야 한다. 글로벌 인재 혹은 자금들이 모여들 수 있는 열린 스타트업 생태계 거점이 지역을 기반으로 하고 있는 대학을 중심으로 재편되어야 한다.

우리 대학, 방치하면 국가 경쟁력을 송두리째 갉아 먹는다

안타깝게도 우리 대학은 글로벌 대학들의 움직임과 거꾸로 간다. 창업으로 상징되는 혁신의 주체가 대학이 되고 있는 경쟁국들과 비교하면 우리의 모습은 너무나도 대조적이다. 대학이 생존에 급급해지면서 정부 예산만 쳐다보고 있는 꼴이다. 학생 등록금에만 의존하고 있는 대학들은 10년 가까이 계속된 반값 등록금으로 재정 파탄상태에 이르렀다고 아우성이다. 설상가상으로 인구절벽으로 입학생 수는 갈수록 줄어들고 있는 형편이다. 대학이 무너지면서 지역경제 기반마저 빠르게 붕괴되고 있다. 인재 고갈이나 스타트업 등 창업이 사라지면서 모두가 지방을 탈출하려고 한다. 우리 대학 사정을 보면 미래가 암울하다는 외국 기관들의 평가가 전혀 공허하게 들리지 않는다. 지구촌의 대학들은 4차 산업혁명의 진원지로 바뀌면서 변신에 변신을 거듭하고 있는데 우리는 반대로 정체·후퇴를 거듭한다. 경쟁국들은 AI, 로보틱스, 미래차, 스마트 팩토리 등과 관련해 기업과의 주도권 싸움에 대학이 정면 승부를 걸고 있다. 미국 대학은 사회과학이나 자연과학 수업에서 시장과 기업가 정신을 중시하고 있지만 우리는 아직 예전 학문의 영역에서 벗어나지 못하고 있는 형편이다. 세계의 대학은 간판이 아니고 연구가 우선이다. 이와 관련한 인재 스카우트 경쟁이 치열하다. 대학이 최고의 혁신 플랫폼이 되고 있는 것이다. 그러나 우리 대학은 고인 물과 같다. 흐르지 않으니 썩기만 하고, 새로운 산출물이 나올 수 없는 풍토가 된 지 오래다.

글로벌 유수 대학들은 투자은행이 되어 미래 먹거리 선점 경쟁을 주도한다. 독일의 아헨 공대는 캠퍼스 내에 전기차 공장을 두고 있다. 미국의 하버드대·스탠퍼드대·매사추세츠 공대·코넬대와 영국의 런던대는 대규모 자금을 투자하여 응용과학, 수학·공학 등의 분야에 집중한다. 일본도 팔을 걷어붙였다. 도쿄대·게이오대·와세다대 등이 인큐베이팅 시설을 늘리면서 혁신기술의 연구 거점이 되고 있다. 기업은 대학의 이공계 교수 실험실을 제집처럼 드나든다. 2015년 기준 도쿄대가 만들어낸 스타트업만 280개로 시가총액만 1조 엔을 초과했다. 중국이나 인도는 정부 주도로 최첨단 대학을 집중적으로 육성하고 있다. 기업과 대학이 협력하여 인재 양성과 창업을 부추긴다. 싱가포르, 홍콩, 베트남 등 다른 아시아 국가들도 대학이 4차 산업혁명과 관련한 인재 공급과 평생교육원으로 변신하고 있다. 대학이 적극적으로 움직이고 있고, 정부는 관련 지원과 규제를 대폭 완화시킨다. 선순환 구조이면서 시너지가 넘쳐난다. 중동의 두바이나 바레인도 이 대열에서 빠지지 않는 변화의 중심에 자리 잡고 있는 국가들이다.

세계의 도시들은 이러한 분위기에 동조하면서 새로운 도시로 거듭태어나고 있다. 스타트업 열풍에 불을 지피면서 도시의 기능을 획기적으로 재편하는 것이다. 최근 파리에 세계 최대 규모의 스타트업 센터가 개장되었다. 청년 4명 가운데 1명이 실업자인 프랑스가 창업을 통해 이를 극복하겠다는 의지의 천명이다. 파리는 더 이상 문화·관광의 도시가 아닌 경제·창업의 도시라는 것을 보여주겠다고 벼르고 나선다. 미국 뉴욕의 도전도 신선하다. 뉴욕 맨해튼을 제2의 실리콘밸리로 만들겠다는 플랜이 나와 주목을 끈다. 코넬대학과 제휴, 산학협력을 통해 AI·빅데이터 등 4차 산업혁명과 관련한 스타트업·창업의 산실이 되겠다는 의욕에 차있다. 도시와 대학의 리더십이 잘 접목되고 있는 사례들은 무궁무진하다. 브렉시트를 통해 새로운 영국 만들기의 중심 도시 런던, 독일형 4차 산업혁명의 핵심 도시 베를린, IT 혁명을 통해 스타트업 메카로 재도약하고 있는 아일랜드의 더블린 등은 유럽에서 돋보이는 혁신 도시들이다. 이탈리아·스페인, 발틱해의 에스토니아 등에서도 지방 중소 도시들을 중심으로 스타트업 열기가 한층 고조되고 있다. 우리와 같이 국방의 의무가 있는 이스라엘이 군대를 창업의 요람으로 육성, 성공적인 창업국가로 발돋움하는 원동력이 되고 있는 것은 우리에게 충격적으로 받아들여진다. 사이버 강국의 모태가 바로 이스라엘의 군軍·산産·학學 협력 프레임에서 비롯되고 있다는 것을 진솔하게 배워야 한다.

혼돈의 시대 리포지셔닝이 필요하다

경영학적 의미의 리포지셔닝Re-positioning이란 소비자의 욕구 혹은 경쟁 환경의 변화에 따라 기존 제품이 가지고 있던 포지션을 분석하여 새롭게 조정하는 활동을 일컫는다. 이에 더하여 이미 시장에서 자리를 잡고 있는 경쟁 제품에 도전하여 시도하는 포지셔닝을 포함하기도 한다. 이러한 리포지셔닝 전략은 비단 기업에만 국한된 것이라기보다는 국가나 개인에게 이르기까지 모든 경제 주체들에게 공통적으로 적용된다. 특히 위기와 기회가 공존하는 혼돈의 시기에는 이러한 리포지셔닝 전략을 통해 경쟁력이 보완되면서 승기를 잡는다. 다양한 변수를 읽고 선제적으로 상대를 제압하는 압도적인 전략으로 무장하기도 한다. 미국의 보호무역, 중국의 일대일로와 무차별적 글로벌 테크 기업 M&A, 일본의 TPP 주도, 독일의 제조업 르네상스 Industry 4.0 등 경쟁국이 내놓는 각종 카드들도 발상의 전환을 통해 자신의 포지션을 재구축해 나가기 위한 전략으로 간주된다. 모두가 강하게 살아남기 위한 처절한 몸부림이지만 명쾌한 전략이 돋보인다.

원칙보다는 변칙이 난무하고, 기술과 시장의 경계가 무너지면서 모두가 게임체인저가 되려고 하는 판이다. 현재의 정확한 포지션에 대한 분석이 가능해야 계속기업Going Concern으로서 미래 전략에 대해 경쟁적인 접근이 가능하다. 선두 자리를 어떻게 지속적으로 유지해 나갈 것인가, 어떤 신산업 분야를 치고 나갈 것인가, 아니면 2위 자리를 유지하면서 언제 기회를 틈타 1등으로 치고 나갈 것인가 등을 결정하는 일이다. 경쟁 포지션을 진단하고 예측하면서 어떤 포트폴리오 전략으로 위험을 분산, 궁극적으로 이익을 극대화해 나갈 것인가 하는 치밀한 전략이 필요하다. 지난 50여 년간 한국 경제가 축적해 놓은 기술, 상품, 시장, 글로벌 경험 등 사회적 자본을 어떻게 다시 결집하여 재편해 나갈 것인가 하는 총체적인 국가 전략이 요구되는 시점이다. 비단 경제뿐이겠는가. 안보나 외교 분야에서도 우리 미래와 관련해 현재와는 다른 전략적 대안을 한시라도 빨리 모색해야 한다. 미국 스탠퍼드대 교수인 프랜시스 후쿠야마는 저서 《트러스트》에서 선진국과 후진국의 차이는 신뢰 자본의 격차에서 비롯되며, 사회의 신뢰 수준이 국가경쟁력을 좌우한다고 피력하고 있다. 그리고 한국은 중국, 이탈리아, 프랑스 등과 함께 저低신뢰 국가로 분류한다. 수긍이 가는 평가다.

제조업 리포지셔닝은 4차 산업혁명의 본질적 접근이다. 해외 진출 기업이 많은 미국이나 일본은 그들을 국내로 유턴시키는 리쇼어링에 박차를 가한다. 거대 내수시장을 확보하고 있다는 강점과 함께 파격적인 감세 혹은 인센티브로 국내로 불러들일 수 있는 당근 개발에 골몰한다. 이에 더하여 노동생산성 향상을 위해 자동화·고도화를 기치로 하는 스마트 팩토리의 구현은 이들에게 충분히 매력적인 요인이 되고 있다. 독일의 아디다스는 23년 만에 자국 신발 공장을 가동시켰다. 100% 자동 로봇 공정을 통해 10명의 상주 인력으로 600명이 작업하던 연간 물량 50만 켤레를 생산한다. 독일은 인구 8,000만 명으로 내수 시장이 그리 크지 않다. 설사 그렇더라도 공장들이 더 이상 저임금을 찾아 해외로 나갈 필요가 없다는 것을 시사하고 있는 대표적 사례다. 노동집약적인 산업이라는 개념 자체가 없어질 수 있다는 징조로도 해석된다. 이와 대조적으로 우리 공장들은 여전히 시장이나 저임금을 찾아 나선다. 생산기지 선택에 있어 국내보다 해외에 더 끌리고 있다는 반증이다. 4차 산업혁명에 대한 본질적 이해 부족에서 기인하는 측면도 있다. 이제는 부가가치 정도에 따라 저부가가치 상품은 해외에서, 고부가가치 상품은 국내에서 생산하는 포지션의 변화를 과감하게 도입해야 할 때가 아닌가 싶다.

한 눈으로만 보다가는 글로벌 경쟁에서 패배한다

우리만큼 트렌드에 민감하고 이에 신속한 행보를 보이는 경쟁자도 없다. 가끔 이런 민첩함이 화를 자초하여 부메랑으로 돌아오기도 한다. 또한 냄비 근성으로 인해 쉽게 달아오르면서도 일순간에 식기도 하여 지속성이 부족하다는 지적을 받는다. 1990년대부터 저임금 생산기지로 중국을 선택하여 거점을 마련하였던 기업들이 수년 전부터는 베트남으로 옮겨가고 있다. 하지만 지난 7년간 최저임금이 연 18%씩 올라 베트남도 더 이상 제조업의 낙원이 아니게 되었다. 지난 10여 년 전 중국에서 야반도주하던 기업이 생겨났듯이 경영난 가중으로 베트남에서도 이러한 사례가 속출할 조짐마저 나타나고 있다. 근로자에 대한 임금 체불로 베트남 정부에서도 이를 심각하게 인식, 대응 수위를 높여가고 있는 것으로 알려진다. 항상 대안을 가지고 움직여야 하는데 문제가 생겼을 때는 이미 수습할 수 있는 선택의 폭이 좁아진다. 일본 기업의 China+1 전략은 특정 국가에 국한되지 않고 다양한 포트폴리오를 갖고 움직이는 것이 특징이다. 최근 인도 진출이 가시적으로 늘어나고 있는 것도 그런 맥락에서 이해된다. 하지만 우리 기업들은 베트남이라는 특정 국가에만 집착하면서 다른 국가에 대해서는 별 관심을 보이지 않는다. 집요함이 지나쳐 큰일을 당하고 나서야 시선을 다른 데로 돌린다.

상품 특징, 브랜드 가치, 가격 구조, 경쟁 구도, 소비자 반응 시장 환경 등 다양한 변수들에 의해 포지션은 항상 바뀔 수 있다. 이외에도 생산기지, 주력시장, 공급, 가치 사슬 등도 시장 내에서의 위치를 정하는 방식이 각기 다르다. 가전, 스마트폰, ICT, 조선, 화학, 자동차 등 후발주자들의 추격이 심한 품목은 선두 전략을 고수해야 한다. 반면 선진국 명품에 비해 지명도나 브랜드 가치가 미치지 못하는 소비재 상품은 B+ 전략이 보다 유효하다. 명품에 비해 손색이 없는 품질에다 합리적인 가격으로 승부를 걸면 특정 부류의 소비층 확보가 언제든지 가능하다. 이러한 전략적 틀을 가지고 공급(생산) 거점 재편과 시장 다변화를 해나가야 한다. 또한 스마트 팩토리의 점진적 도입 확대를 통해 나갔던 기업들이 국내로 다시 들어오도록 여건 조성을 서두를 필요가 있다. 부산 신발업계들이 국내 거점을 재건시키려는 노력을 하고 있다는 소식이 들린다. 고무적인 현상이다. R&D, 생산, 마케팅과 연계한 국내, 해외의 거점을 연결하는 혁신적 리포지셔닝을 인지하고 있는 움직임으로 재기의 전환점이 되기를 기대해 본다.

또 하나 눈여겨 볼 것은 글로벌 패션 시장의 기류 변화다. 중저가 브랜드가 대세를 이루면서 백화점과 같은 오프라인 매장보다는 온라인 판매가 더 각광받고 있다. 이러한 세계적 추세와는 좀 특이하게 한국의 경우는 백화점이 성행하고 연일 사람들로 붐빈다. 그러나 이런 바람에도 서서히 변화가 감지된다. 한국은 물론이고 세계적으로 의류 시장은 패스트패션Fast Fashion(최신 유행을 빠르게 반영하는 중저가 의류)의 급물살을 타고 있다. 합리적 소비를 지향하는 가계 지출 구조의 변화도 이를 부추긴다. 자라, 유니클로, H&M 등 생산, 유통, 판매까지 직접 관리하는 스파SPA 브랜드, 즉 중저가 패스트패션의 약진이 두드러지고 있는 것이 입증하고 있다. 과거 브랜드, 유통업체, 패션 전문지, 유명 디자이너들이 주도하는 고가 명품 브랜드의 퇴조가 뚜렷하다. 미국은 물론이고 글로벌하게 직장인들의 캐주얼 복장 허용 비율이 늘어나면서 정장 수요는 급격히 후퇴하고 있다. 중저가 의류 수요의 확대로 금액 기준 전체 패션 시장의 규모는 감소 추세에 있다. 시장의 주도권이 빠르게 공급자에서 수요자로 넘어가고 있는 것이다. 시장 구조의 변화는 우리에게도 희소식이다. 패스트패션은 동대문으로 상징되는 우리 의류업계가 가장 잘 할 수 있는 영역이다.

리포지셔닝의 핵심은 혁신이다. 지속적인 혁신이 가능해야만 시장에서 승자로서의 지위가 유지된다. 하지만 우리 주변에는 '두 번째 혁신'에 실패하여 고전하는 기업들이 의외로 많다. 시장의 변화에 변신하지 못해 추락하고 있는 것이다. 중국 시장에서 승승장구하던 휴롬의 녹즙기는 중국산 짝퉁이 시장에 쏟아지기 시작하면서 매출이 절반으로 줄고, 영업 적자가 났다. 결국 중국 시장 비중을 줄이고 동남아 시장으로 기수를 돌렸다. 침구 살균청소기 업체인 레이캅은 매출의 80%를 차지했던 일본 시장 대박을 배경으로 2015년 매출 피크를 기록했지만 2017년에는 1/5로 줄었다. 일본 대기업들이 줄줄이 유사 제품을 시장에 내놓았기 때문이다. 내수시장에서도 자이글은 연기가 나지 않고 옷에 냄새가 배지 않는 적외선그릴로 홈쇼핑에서 히트를 쳤지만 한 제품만 고집하다가 매출이 급감하고 있다. 로드자전거로 스타기업으로 부상했던 알톤스포츠도 중국산 저가 공세에다 미세먼지 여파로 시장이 축소되면서 매출이 줄고 영업 적자가 났다. 모두가 혁신을 외면하거나 후속상품 포트폴리오 준비를 소홀히 한 탓이다. 이와는 반대로 시계 업체로 유명한 제이에스티나는 주얼리·핸드백 등으로 상품 포트폴리오를 확대하면서 제2의 도약을 하고 있다. 맥킨지 분석에 따르면 기업 평균 수명이 1935년에는 90년이었으나 1975년에는 30년, 2015년에는 15년으로 대폭 줄어들고 있다. 변신을 위한 경영자의 결단과 새로운 사업에 과감하게 도전하는 문화가 수반되지 않으면 시장에서 밀려나는 속도가 점점 더 빨라진다.

글로벌 기업의 87%가 현재 경영권·사업부를 2년 내 팔겠다고 한다. 빠르게 진행되고 있는 4차 산업혁명의 기류에 맞추어 사업구조를 재편하겠다는 발상이다. 경쟁력 확보를 위해 적극적으로 M&A 시장에 나서면서 산업구조 변화에 능동적으로 대처하겠다는 포석으로 이해된다. 일례로 구글이 알파고로 유명해진 영국의 딥마인드 등 14개 AI 업체를 한꺼번에 싹쓸이 하다시피 사들였다. 발 빠른 행보로 불확실한 혼돈의 시대를 선점하겠다는 계산이다. "제품만 팔던 시대는 지나갔다"면서 아마존처럼 빅데이터를 활용한 회원제 서비스를 무기로 고객과의 접점을 돈독히 하고 있는 경우도 있다. 이처럼 우리를 둘러싼 주변 환경이 언제 편한 날이 있었던가 할 정도로 요즘은 시계추가 정말 빠르게 움직인다. 상황 전개가 마치 일촉즉발처럼 한 치 앞을 내다볼 수 없을 정도로 가쁘다. 자고 일어나면 위기가 기회로, 기회가 위기로 둔갑을 한다. 혼돈의 시기 1년은 평시의 10년과도 맞먹는다. 국가, 기업, 개인의 혁신을 통한 리포지셔닝은 미래 생존전략으로 직접적으로 연결된다. 국가의 흥망성쇠는 동시대를 사는 사람들에게 큰 도전이기도 하지만 미래 세대에 대한 엄중한 책무이기도 하다.

경제 생태계를 매력적으로 복원시켜라

지난 2010~2016년 중 우리 대기업이 국내에서 창출한 고용은 2만 명에 불과하지만 해외에서는 무려 15만 명이나 되었다. 해외에서는 매년 연평균 9.3%의 고용을 늘리는 데 반해 국내에서는 1.4% 증가에 그친다. 전체 직원 수를 보더라도 해외에선 70.5% 증가하였는데, 국내에서는 고작 8.5%만 늘어났다. 국내 고용은 9만 명에서 정체되고 있으나 해외에서는 21만 명으로 확대되었다. 국내의 기업 환경이 갈수록 각박해지니 밖으로 나가는 것이 이제 자연스러운 현상으로 정착되고 있다. 해외투자로 외화는 유출되고 일자리마저 해외에 뺏기고 있는 것이다. 여러 이유가 있겠지만 국내 생산성이 자꾸 떨어지고 있다는 것이 가장 큰 이유다. 중국 충칭 현대차 근로자 임금은 국내의 1/9인데 반해 생산성은 오히려 더 높다고 한다. 강성노조의 기세는 꺾이기는커

녕 오히려 더 힘이 실려 기고만장해지고 있다. 정부는 세금은 더 거두고, 최저임금을 올리며 노동시간을 단축시켜 나가고 있다. 규제 완화와 철폐는 잠자고 있는지 오래다. 세계경제포럼이 평가하는 규제부담 부문에서 한국은 138개국 중 105위다. 기업이 지방정부를 부자로 만든다는 것은 삼척동자도 다 안다. 삼성전자나 SK하이닉스가 있는 화성, 수원, 이천, 청주는 세수가 넘쳐난다. 반면 기업이 떠난 거제, 군산, 통영은 세수가 바닥나 어려움이 가중되고 있다. 지방 경제가 사느냐 죽느냐 하는 사활이 기업에 달려 있는 것이다.

최근 인도 유학생 유치를 놓고 프랑스와 인도가 신경전을 벌이고 있어 눈길을 끈다. 마크롱 대통령이 인도의 전통적 우방국인 영국을 제치고 프랑스가 유럽 내 최고의 파트너가 되겠다고 천명하고 나선 것이 발단이다. 브렉시트, 즉 영국의 EU 탈퇴로 프랑스가 인도 젊은이들의 유럽 진출 꿈을 키워주겠다고 부추겼다. 이에 영국의 존슨 외무장관이 발끈했다. 전통적으로 인도 유학생들이 영국을 찾고 있는 것은 케임브리지나 옥스퍼드와 같은 프랑스보다 한 수 위의 대학들이 있고, 영어가 유창하기 때문이라고 주장했다. 1년에 평균 1만 4,000여 명의 인도 유학생들이 영국에 몰려든다. 영국은 해외 유학생 덕분에 연간 250억 파운드(약 37조 원) 경제적 효과가 나고 이를 통해 20만 개 일자리가 유지된다. 이들마저 프랑스에 뺏긴다면 영국에겐 실로 큰 타격이다. 보수 국가의 상징이던 일본도 외국 인재의 자국 내 창업에 대해서 적극적으로 문호를 개방하고 있다. 절차를 용이하게 하고, 외국 인재의 체류기간도 늘린다. 이런 것들이 바로 전형적인 인바운드 경제의 샘플이다.

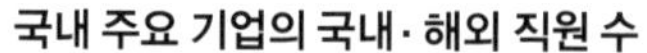

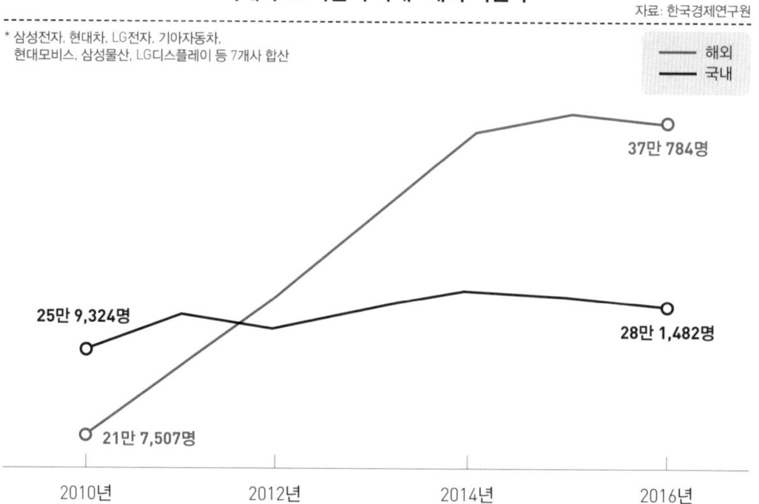

연도별 해외 직접투자 현황

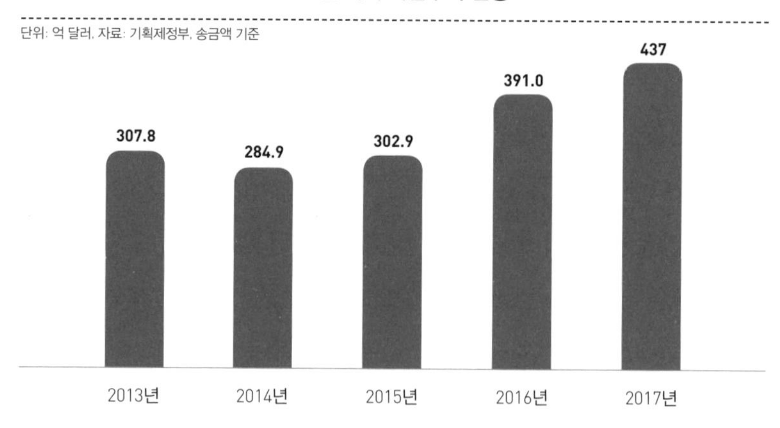

세계경제포럼 국가 경쟁력 주요 분야 한국 순위

제도	인프라	거시경제 환경	노동시장 효율성	금융시장 발전도	혁신	종합
58위	8위	2위	73위	74위	18위	**26위**

국내 취업이 어려워지면서 내국인의 해외 취업은 증가하고 있다. 일본으로의 취업 증가가 가장 눈에 띈다. 일자리가 남아도는 일본이 특히 우리 젊은이들에게 눈독을 들인다. 양질의 노동력이며 기업에 대한 충성도가 높다는 것을 이유로 든다. 2017년에만 2만 명 이상의 젊은이들이 일본에 취업한 것으로 알려졌다. 최근 일본은 지방정부, 경제단체, JETRO 등이 협업하여 더 많은 한국의 노동력을 일본으로 끌어들이려는 작업을 착실하게 진행하고 있다. 베트남에 대한 취업자 수도 늘어나고 있는 추세다. 현재 베트남에 진출하고 있는 국내 기업 수는 6,300여 개에 달한다. 신규 진출 기업의 수도 2105년에는 543개, 2016년에는 672개로 수적 증가 추세가 뚜렷하다. 한국 진출 기업에 대한 우리 취업자 수도 2014년 72명에서 2017년 359명으로 5배나 늘어났다. 이러한 증가 추세는 계속될 것으로 보인다. 정확한 숫자는 없지만 중국 제조업의 현장에는 우리 자동차, IT, 반도체, 조선, 화학 등 엔지니어들이 다수 일을 하고 있다. 달콤한 샐러리 공세에 현혹된 측면도 있지만 국내에 일자리가 없는 것이 보다 근본적인 이유다.

인바운드 경제에 대한 획기적인 발상 전환 필요하다

인바운드 경제의 중요성에 대해 정확하게 인식하면서 이를 체계적으로 실행에 옮기고 있는 국가가 바로 일본이다. 가히 인바운드 경제의 원조 격이라고 불러도 손색이 없다. 우선 내수 확대에 전력투구를 한다. 돈을 안 쓰는 일본인을 위해 정부가 돈을 풀고 심야관광까지 활성화하고 있다. 최저임금 3년 연속 인상, 매월 마지막 금요일 조기 퇴근, 외식·국내여행 수요 확대라는 종합 처방전의 방식으로 소비를 독려한다. 일본 경제 부활의 마지막 남은 퍼즐인 디플레 탈출, 즉 소비 지출의 증가에 안간힘을 쓰고 있는 것이다. 이에 더해 관광객 유치에 국가 총력전을 펼치고 있다. 2017년 일본을 방문한 외국 관광객은 2,869만 명이나 되고, 이들이 무려 4조 엔(38조 2,700억 원)을 썼다. 5년 연속 최고치를 경신하였다. 중국 관광객이 한국 대신 일본은 찾은 탓도 있지만 앞서 언급했듯 한국 사람이 가장 많이 가는 외국 관광 행선지가 일본이다. 2017년에만 전년 대비 41%나 증가했다. 도쿄, 오사카 등 대도시는 물론이고 지방 중소 관광지에도 한국인들로 북적북적한다. 지방은 온천 등과 같은 천혜의 자원을 최대한 활용한다. 특산품에다 특색 있는 테마 관광이 외국인들을 유혹한다. 재미있고 아기자기하다. 여행을 다녀온 사람들의 만족도가 높고, 이는 입소문을 통해 또 다른 관광객을 유치하는 촉매제 역할을 한다. 실속 관광, 가성비 여행의 대명사로 일본이 확실하게 자리를 잡았다. 2014년까지만 해도 한국을 방문한 외국 관광객이 1,420만 명으로 일본(1,342만 명)보다 많았으나, 2015년부터는 완전히 역전된 상태다. 일본 관광의 성공은 인프라와 콘텐츠의 차별화에 있다. 일본 정부는 수도권보다 지방을 관광 산업의 전초기지로 개발하기 위해 '뉴 프런티어'라는 개념의 후보지를 전국 곳곳에 지정해 독특한 관광 문화의 창조를 적극 유도한다. 반면 우리는 18년째 해외여행수지 적자라는 늪에서 빠져 나오지 못하고 있으며, 반도체로 벌어들인 돈의 1/3을 해외여행으로 쓰고 있다. 인바운드 경제와 정확하게 거꾸로 움직이고 있는 대표적 사례다.

서비스 산업의 고용 창출 효과는 제조업의 2배에 달한다. 한국은행 자료에 따르면 제조업의 취업유발계수는 8.8명인 반면 서비스업은 16.7명에 달한다. 그럼에도 불구하고 서비스산업발전법은 2012년 국회에 제출된 이후 7년째 잠자고 있다. 요즘 케이블카가 지역 경제에 효자가 되고 있다고 한다. 생겼다 하면 연 200억 매출을 거뜬하게 해낸다. 통영, 여수의 케이블카는 연간 200만 명이 이용하면서 경제적 효과도 1,500억 원에 이르고 있다는 평가도 나온다. 볼거리, 즐길 거리를 개발해야 관광객이 온다는 것을 지방정부들이 만시지탄이지만 깨닫고 있기 때문이다. 이제는 너무 난립하지 않을까하는 우려마저 나올 정도다. 그런데도 강원 양양의 오색 케이블카나 울산시와 울주군이 추진하고 있는 영남알프스 행복 케이블카 사업은 오랫동안 중단되어 있다. 어렵사리 인허가를 받았지만 환경단체들의 거센 반대로 전혀 진척되지 못하고 있는 상황이다. 보편적으로 세계 유명 관광지는 대부분 케이블카로 관광 수입을 끌어올리고 있다. 세계의 모든 도시들은 경쟁적으로 기업친화적 환경 조성에 심혈을 기울이고 있다. 하지만 한국의 도시들은 이를 팽개치고 뒷걸음질만 친다. 한국 지자체도 더 늦기 전에 기업친화적 환경 지수인 아마존 체크리스트를 도입하여 적극적인 기업 유치 전략을 펼치지 않으면 도시의 기능이 갈수록 마비될 것이 불을 보듯 뻔하다.

또 하나 실종되고 있는 현상 중 하나가 외국인투자 기업 유치에 대한 중요성이다. 외국 자본 혹은 기업에 대한 거부감을 없애야 한다. 현재 한국에 들어와 있는 외국계 기업은 약 1,500개나 되며, 이들이 우리 수출액의 21%를 차지한다. 또한 전체 매출의 12%, 고용의 6%를 담당하고 있을 정도다. 왜 더 많은 외국 기업을 한국에 끌어들어야 하는지 이러한 수치를 보면 수긍하지 않을 수 없다. 더 많은 외국인투자를 유치하려면 남북 관계의 개선, 노동시장의 유연성 확보 등이 필요하다. 최근 일손 부족으로 구인난을 겪고 있는 일본 기업들이 인천경제자유구역에 둥지를 틀고 있다. 한국 인재를 교육시켜 일본 기업의 해외 생산기지에 파견하기 위한 것이 주목적이다. 이외에도 동북아 물류거점 혹은 연구개발 인프라의 장점을 활용하기 위한 서구 기업들의 진출도 가시적이지는 않지만 꾸준히 입주하고 있다. 한국 투자 환경이 매력적이면 코리아 프리미엄Korea Premium을 갖게 되는 것이고, 그렇지 않으면 코리아 디스카운트Korea Discount 늪에 빠져든다. 2017년 국세가 10년 만에 최대치인 14.3조 원이나 되었다고 한다. 요즘엔 수입의 증가도 상당한 기여를 하고 있다. 외국에서 상품 수입이 5조 원 이상의 세수 증가를 가져온 것으로 알려진다. 지금까지 우리는 막연하게 수출을 미덕, 수입은 악덕으로만 간주했다. 그러나 우리 상품을 더 많이 해외에 팔려면 적정 규모의 수입이 불가피하다. 이를 통해 교역상대국의 통상 보복을 피하고 무역 규모를 지속적으로 확대해 나갈 수 있다. 경제의 파이를 키우고, 어떻게 일자리를 창출할 수 있을 것인가에 대한 보다 유연한 접근이 요구된다. 기업·자금·사람(인재·관광객 포함)이 국외로 나가는 것보다 국내로 더 많이 들어오도록 하는 것이다. 플러스 경제, 즉 인바운드 경제에 대한 인식을 새롭게 해야 한다.

아날로그의 반격

디지털 혁명 시대에 디지털 기업이 승승장구하는 것 같지만 이들에게도 성쇠가 있기 마련이다. 미국 IT의 3대 아이콘으로 불리는 테슬라, 아마존, 페이스북 등도 정도의 차이는 있지만 고난의 시기를 겪고 있기도 하다. 전기차 선두업체인 테슬라는 '모델3' 양산 지연으로 매분기 자금난으로 허덕이고 있으며, 2017년 3월 말 한 때 주가가 무려 17%나 빠지기도 했다. 전통 제조업의 경험 부재로 역량이나 노하우 측면에서 허점이 드러나고 있는 것이다. 아날로그적 사고와 전략이 전무하다. 디지털 시대에 독보적인 기업으로 상종가를 치고 있는 아마존의 승자독식 구조가 기존 온라인·오프라인 쇼핑몰들의 줄도산을 부채질하고 있다. 일자리가 없어짐과 동시에 유통업계의 반발이 갈수록 거세진다. 이에 미국 세무당국의 세무조사설 등 악재로 일시적 주가 하락이 나타나고 있다. 트럼프 행정부는 아마존에 대해 반독점법 적용 등을 운운하면서 궁지로 내몰고 있다. 아마존이 대부분의 매출 이익에 대한 투자를 빌미로 동종 업체인 월마트의 1/45(14억 달러)에 해당하는 법인세만 내었다는 것도 약점이다. 유럽과 마찬가지로 미국에서도 디지털세稅 도입이 필요하다는 주장이 갈수록 힘을 얻고 있다. 아마존이 미국 온라인 시장의 43.5%를 점유하고 있지만 오프라인을 포함한 전체 소매시장 점유율은 4%에도 미치지 못한다. 이를 인식하여 지난 2000년부터 물류센터에 대한 투자를 확대, 아날로그적 대응에 박차를 가하고 있는 모습이다. 회원 정보의 유출이라는 치명타를 입은 페이스북 CEO 저커버그는 한때 사퇴압력에 몰리면서 회사 설립 이후 최대의 위기에 직면하기도 했다. 이처럼 잘 나가는 디지털 선도기업에게도 항상 일곱 빛깔 무지개만 있는 것이 아니다. 이들의 시장 지배력이 커질수록 기울어진 운동장 논란으로 화를 자초할 수 있다는 우려가 확산되고 있다.

세계 최대 음식주문 서비스 업체인 딜리버리 히어로는 인공지능이 주문받고 로봇이 음식을 배달하는 시기가 곧 도래할 것이라고 공언한다. 독일에서는 배달 로봇의 시험이 이미 성공했다고까지 한다. 한국의 음식 배달 2~3위 업체인 요기요와 배달통도 인수하여 운영하고 있다. 만약 현실화된다면 초기에는 호기심을 자극하기도 하겠지만 이런 세상이 과연 재미가 있을까 하는 점에서는 다른 시각이 있을 수도 있을 것같다. 이와 같이 지구촌 전체가 4차 산업혁명과 디지털 혁명으로 들끓는 이 와중에도 새롭게 나타나는 바람이 있어 오히려 기분이 상쾌해진다. AI, 로봇, 가상현실, 블록체인 등 최첨단 기술과 용어들이 난무하고 있는 가운데 불고 있는 조용한 반전이다. 자칫 상실할 위기에 처할 수도 있는 인간의 속내, 감성을 되찾으려는 분위기로 일종의 작용에 대한 반작용이라고나 할까. 이를 한마디로 표현하면 캐나다의 저널리스트 데이비드 색스David Sax가 언급한 것처럼 《아날로그의 반격The Revenge of Analog》이다. 디지털 혁신이 빠르게 진행될수록 아날로그로의 회귀 현상도 더 두드러지게 불거질 것이다. 미래에 대한 기술보다 과거 아날로그 기술에 대한 향수를 자극하면서 또 다른 틈새시장이 생겨나고 있다. 4차 산업혁명으로 일자리가 없어질 것이라는 고민이 커지는데 반해 아날로그 시장으로의 환원은 새로운 일자리를 만들어낸다. 미국, 일본은 물론이고 한국도 이러한 현상이 점점 더 고개를 들고 있는 추세다.

혁신의 본거지인 실리콘밸리에서 인기를 끌고 있는 종이 혁명이라 불리는 몰스킨 아날로그 수첩, 디지털 물류의 선두주자 아마존의 오프라인 서점 등은 대표적인 사례들이다. 이외에도 스마트폰 음악을 탈출한 레코드판, 디지털 카메라에 반기를 든 필름 카메라, 네트워크 밖의 네트워크라 불리는 보드 게임, 인터넷 미디어에 대응하여 무게감 있는 이야기를 제공하는 신문·잡지, 알고리즘이 말하지 못하는 사회적 상호작용을 강조하는 오프라인 매장은 디지털 표준과는 다른 새롭고 잊혀져버린 경험을 되찾으려는 신선한 바람으로 해석된다. 비단 이 뿐만 아니다. 아이패드로 상징되는 교육 파괴 열풍에도 여전히 관계와 토론이 중시되는 학교, 기술의 대체를 부정하는 노동자들의 이야기, 낮에는 코딩(컴퓨터 프로그래밍)을 하지만 밤에는 수제 맥주를 즐기는 실리콘밸리의 젊은이들, 로컬로의 귀환을 중시하는 일본 중소도시 서점들이 있다. 한국에도 종이 달력·다이어리에 대한 수요가 늘고 있으며, 아날로그 취향의 소비자들을 위한 심리전문책방·독립출판·식물책방 등이 속속 등장한다. 3년 전까지만 하더라도 다이어리 판매가 매년 줄었지만 최근 다시 늘어나고 있다. 교보문고 같은 대형 서점이나 문구점에서도 다이어리 코너는 매장의 한가운데로 다시 위치가 옮겨졌다. 잃어버린 자아를 찾아 홀로 여행을 떠나거나, 과거 드라마를 보고 삐삐나 워크맨을 찾고 있는 사람들도 생겨나고 있다. 이를 단순 노스탤지어Nostalgia로만 치부하는 것은 적절치가 않다. 0과 1이 반복되는 디지털의 염증에서 해방되려는 복고풍, 즉 아날로그의 열풍이라고 보는 것이 타당할 것이다.

아날로그적 감성과 디지털적 이성을 더한 전략

이러한 트렌드는 우리에게 많은 시사점을 준다. 디지털 경제의 홍수 속에서 기지개를 켜고 있는 아날로그의 반란이 자극제가 되면서 풍요로움을 제공한다. 한 눈으로만 세상을 보는 것이 무미건조하고 어리석다는 지적이다. 두 개의 눈으로 보아야 세상을 사는 재미도 있고, 완성도를 높일 수 있다는 메시지이기도 하다. 빠르게 변하지만 불확실성이 큰 시기에 아날로그의 반전에 관심을 갖게 되는 것이 전혀 이상하지 않다. 오히려 당연한 귀결처럼 보이기도 한다. 그래서 미래 세상이 '아날로그 → 디지털 → 디지털·아날로그' 접목 시대로 진화할 것이라는 예측이 설득력을 얻어가고 있는 분위기다. 한국 사람들은 마치 유행병에 걸린 환자처럼 하나에 꽂히면 다른 것은 모두 버리거나 잊으려는 경향이 짙다. 균형적인 시각을 가지는 편이 더 지혜로우며 글로벌 지향적이다. 아날로그와의 접목은 스토리에 멋을 가미시켜 우리 삶을 더 풍요롭고 원숙하게 만든다. 아날로그 시장의 보완으로 시장이 활기를 되찾고 궁극적으로는 파이를 확장해 나갈 것으로 보인다. 디지털과 아날로그의 조화로운 접목은 한국을 더 매력적으로 보이게 할 것이다. 특히 지방 특산품, 재래시장, 관광 명소 등이 아날로그의 전통과 품격이 숨쉬는 명품으로 거듭나기를 기대해 본다. 요즘 프로 축구, 야구 구단에서는 양발 혹은 양손잡이 선수들을 좋아한다. 좌우 포지션에 관계없이 기용이 가능해 활용도가 높다는 것이 가장 큰 장점이다. 선수 입장에서도 자기 기량을 자유자재로 발휘할 수 있기 때문에 이러한 플레이어가 되기 위해 부단히 노력한다. 요즘과 같이 4차 산업혁명이 속도를 내고 있는 전환기 시대에는 그만큼 불확실성도 커지기 마련이다.

이 시기에는 두 부류의 기업이 나타나기 마련이다. 과감하고 치고 나가는 기업이 있는 반면 지나치게 신중하여 2등 전략만을 고수하는 기업도 있다. 그 어느 것도 정답이라고 할 수 없다. 이로 인해 자연스럽게 대두되고 있는 경영 기법이 바로 양손잡이Ambidextrous 전략이다. 구글이나 아마존 같은 4차 산업혁명의 선두주자로 분류되고 있는 기업도 이 전략을 채택하고 있다. 기존 기술에 대한 투자뿐만 아니라 미래 경쟁력을 갖게 되는 신기술 개발 투자에도 사활을 건다. 즉, 기존 사업을 유지하면서도 새로운 사업의 기회를 놓지 않는 이른바 쌍끌이 전략이다. 빠르게 변화하는 상황에서는 기존의 강점에 해당하는 역량 적극적 활용과 약점일 수 있는 새로운 성장 동력의 탐색 간 균형을 이루는 전략이 필요한 것이다. 경쟁이 심화되는 경영 환경하에서는 시장 점유율 유지라는 어리석은 레드오션 전략에서 탈피하여 경쟁우위를 효과적으로 활용, 혁신 과정을 통해 미래 먹거리를 선점하는 블루오션에 뛰어들어야 한다.

이 뿐만 아니다. 불경기 시에는 긴축 경영을 하면서도 장래 경기 팽창에 대비하여 일정 수준의 선투자를 강행한다. 시장의 포트폴리오도 이 논리로 풀이가 가능하다. 수출 시장의 경우 중국, 미국 의존도를 줄이면서 시장 다변화를 해나가야 한다. 해외투자 진출 지역은 중국을 줄이고 동남아 혹은 인도로 분산하여 위험도를 줄여야 한다. 소위 말하는 차이나+1, 아메리카+1이다. 뉴 차이나와 포스트 차이나, 미국발 보호무역 등 급변하고 있는 통상 환경 속에서 피해는 줄이면서 파이는 키우는 것도 양손잡이 전략의 일환이다. 한손으로는 기존의 사업이나 시장을 지키면서 다른 한손으로는 스타트업처럼 혁신적인 전략으로 무장하여 신시장을 만들어가야 한다.

DNA적으로 한국 기업에게는 양손잡이의 피가 흐른다. 특히 우리 대기업의 성공 신화에 연결되어 있는 키워드가 바로 이 양손잡이다. 그리고 그 원동력은 과감하고 신속한 의사결정에서 비롯되었다. 과거의 쾌거가 아니고 지금 당장 필요한 전략이 바로 이것이다. 다수의 글로벌 혁신기업들도 공통적으로 성공의 비결이 양손잡이 전략에 있었음을 토로하고 있다. 기존 사업과 미래 사업의 균형, 포트폴리오와 관련한 적정 접점을 찾아내는 것이 중요하다. 비단 기업에 국한된 것은 아니고 국가나 개인에게도 이 전략은 필연적이다. 국가는 전통 주력산업과 신산업에 대한 균형적 접근이 필요하다. 개인도 디지털 이성과 아날로그적 감성을 겸비하는 디지로그Digilog적 사고와 행동이 요구된다. 경쟁자보다 한발 앞서 현실적 균형 감각을 가지는 것만이 경쟁에서 이기는 지름길이다.

미·중에 거부 반응 보이는
약자를 품어라

우리 주변을 둘러보면 온통 강자들로 즐비하다. 혼돈의 시기에는 대부분의 국가들이 철권통치형의 스트롱맨을 선호하는 경향이 뚜렷하다. 신중국판 시황제 등극이라든지 네 번째 집권에 성공한 러시아의 푸틴이 대표적 사례다. 미국 트럼프 대통령의 출현, 일본 아베나 독일 메르켈 정권의 장기 집권도 이와 유사한 맥락에서 이해해야 한다. 프랑스 마크롱 대통령, 인도 모디 총리, 사우디 빈 살만 왕세자, 이스라엘 네타냐후 총리 등도 강대국의 강성 기조에 맞불을 놓기 위해 등장하고 있는 세력들이라고 할 수 있다. 앞서 언급했듯이 스트롱맨들은 안보와 통상을 사이에 두고 동맹과 적의 경계선을 넘나들면서 편 가르기를 일삼는 것이 특징이다. 이해관계가 수시로 충돌하면서 상호 협력과 경쟁의 경계를 넘나드는 본격적인 글로벌 프래너미 시대에 진입하고 있음을 예고한다. 이는 원래 비즈니스 콘셉트에서 출발하였다. 삼성전자와 구글이 애플의 아이폰에 대응하기 위해 같은 편이 되었지만, 이후 안드로이드 점유율이 크게 오르자 다시 갈라지면서 경쟁 구도에 들어가게 된다. 기업 간 협력과 경쟁 관계가 국가 간의 관계로까지 발전하고 있는 셈이다.

그러나 지구상에는 강한 국가만 있는 것이 아니고 상대적으로 덜 강한 국가, 약한 국가들의 수가 더 많다. 보편적으로 약자들은 강자들의 이런 편짜기에 민감한 거부 반응을 보인다. 강자들은 외형적으로 서로 으르렁거리면서도 물밑에서는 협상을 통해 이익을 공유할 정도로 영악하다. 최근 미·중 간 충돌에서 보듯이 이들의 이해관계는 항상 첨예하면서 대조적이다. 시진핑 체제 출범 이후 노골화되고 있는 중국의 미국에 대한 패권 도전이 일차적인 원인 제공을 하고 있다. 즉, 중국몽이라는 중국의 거대한 야심에 대한 기존 서방 국가의 불만이 점차 분노로 옮겨가고 있는 양상이다. 중국제조 2025는 2025년 중국이 첨단기술을 가진 제조업 강국으로 거듭나겠다는 것이며, 이를 기반으로 2030년 전후에는 실질 경제력에서도 미국을 추월하여 패권 기반을 구축하겠다는 꿈을 그려 나간다. 수년 전부터 미국, 일본 등 서방 선진국들은 승승장구하는 중국 경제가 심각한 경착륙의 시련을 경험할 것이라고 예상했지만 중국은 여전히 건재하다. 심지어 일본에서는 한 때 '중국, 제2의 일본'이라는 중국 붕괴론까지 대두되기도 했다. 잠재적 위험성이 상존하고 있지만 이들을 비웃기라도 하듯 성장 동력이 계속 생겨나면서 기우로 만들어버렸다. 이에 따른 선진국의 초조함이 마침내 중국 위협론으로 바뀌면서 중국에 대한 통상 내지 기술 압력 공세를 강화해 나가고 있다. 막강한 중국의 경제력은 글로벌 시장에 대한 중국의 영향력이 확대되고, 중국식 일방적 사회주의 경제의 입김이 거세질 것임을 예고한다. 이런 점에서 중국의 사드 보복과 같은 행위가 향후 빙산의 일각에 불과할 것이라는 지적이 설득력을 얻는다.

동남아 국가 중에 빠르게 산업화를 서두르면서 우리와의 관계가 급속도로 가까워지고 있는 베트남이라는 국가의 처세를 보면 참으로 배울 점이 많다는 것을 실감한다. 1960년부터 1975년까지 베트남은 미국을 적으로 처절한 베트남 전쟁을 경험했다. 전쟁에서는 승리하였지만 최대 300만 명이 숨진 혈전이었다. 한국은 1964년부터 미국 다음으로 30만 명이 넘는 전투 병력을 전쟁에 파견하여 서로 적이 되기도 했다. 하지만 베트남의 미국과 한국에 대한 처세는 우리가 감히 이해할 수 없을 정도로 우호적이다. 2018년 3월 5일, 종전 후 53년 만에 미국의 항공모함인 칼 빈슨호가 다낭 항구에 도착하자 수천 명의 인파가 이들을 열렬히 환영했다. 베트남에게 미국은 더 이상 적이 아니고 마치 동맹같이 보인다. 남중국해에서 세력 확대를 꾀하는 중국에 맞서 미국과 베트남이 급속도로 가까워지고 있다. 한국과도 마찬가지다. 과거 앙금은 간 데 없고 경제협력의 가치를 우선으로 내걸면서 내면을 결코 드러내지 않는다. 과거사에 결코 연연하지 않겠다는 것이다. 1986년 베트남이 내건 '도이모이' 쇄신도 이런 관점에서 이해해야 한다. 과거를 닫고 미래를 열자는 것이다. 그렇다고 그들이 역사를 잊은 것은 결코 아니다. 호찌민 시내에 자리하고 있는 전쟁 증적證跡 박물관에는 베트남 전쟁의 참상이 낱낱이 기록되어 있다. 베트남 사람들은 물론이고 외국 관광객들도 이 박물관에서 눈시울을 적신다. 그들은 절대 과거를 잊은 민족이 아니다. 그래서 더 무섭다. 미국과의 전쟁에서도 이긴 베트남인 개개인의 숨겨진 오기와 근성은 세간에 익히 잘 알려져 있기도 하다.

감정적으로 대응하면 또 다른 부메랑이 되어 돌아온다

나치의 학살로 엄청난 피해와 희생을 당한 유럽 국가들에서도 유사한 사례가 발견된다. 물론 독일이 과거사에 대해 확실한 사죄를 하기도 했지만 대부분의 국가에서 당시 참혹상을 박물관을 통해 후세에게 상세히 전달하고 있다. 나치가 저지른 범행은 물론이고 나치에 협조한 자기 조상들의 면면도 소상히 밝히고 있다. 단죄하기 위한 목적이라기보다는 후손들이 이를 통해 교훈을 얻게 하기 위함이다. 종군위안부 할머니들의 애환을 기리기 위해 소녀상을 군데군데 설치하고 있는 우리와 생각이 너무나 다르다. 일본의 과오를 단죄해야 한다는 대의명분엔 공감이 가는 측면도 있지만 한번 반추해볼 일이다. 일본을 극복하려면 보다 의연하면서도 유연한 자세가 필요하다. 무엇이 진정으로 이기는 것인지에 대해 냉정해져야 한다. 과거에만 연연하여 지나치게 감성적이다 보면 소탐대실할 수도 있다. 글로벌화를 통해 더 많은 기회를 만들어가고 있는 우리가 처한 환경을 감안하여 보다 현명한 판단을 해야 한다. 이들을 포용하면서 실력을 기르고, 과거의 설움과 아픔을 치유할 수 있는 내공을 길러야 할 것이다. 감정을 숨기고 냉정한 이성을 견지해야 한다.

이것이 바로 글로벌 코드에 가까이 가는 첩경이다. 상대와 융합하고 감정을 조율하는 지혜가 필요하다. 이런 측면에서 일본과도 전략적으로 더 가까워져야 한다. 단순 굴종이 아니고 전략적 선택이라면 구태여 망설일 이유가 없다. 중국이 점점 대국화되어가면서 주변국에 대한 주권 침해 사례가 갈수록 더 기승을 부릴 것이라는 점이 여기저기서 감지된다. 우리를 향한 사드 보복은 그 시작이지 결코 끝이 아니다. 미국은 당분간 자국우선이라는 전략적 고립주의 노선을 수정하지 않을 것으로 보인다. 일본 힘이 과거와 같지 않고 점진적으로 미들파워Middle Power의 중견 국가로 변화하고 있는 것은 어쩔 수 없는 현상이다. 구태여 따진다면 우리도 큰 틀에서 중견국가의 범주에 속한다고 할 수 있을 것이다. 아시아 지역에서 패권 국가로 급부상하고 있는 중국을 견제하기 위해서라고 일본은 물론이고 호주, 인도, 동남아 국가들과의 연합전선에 적극적으로 합류해야 한다. 과거를 잊지 말아야 하지만 과거사 문제에 발목이 묶여 협력의 끈을 놓는다면 우리만 손해다. 힘을 기르지 않고, 주변국으로부터 따돌림까지 받는다면 우리의 설 자리는 더욱 좁아진다. 이 지역에서 우리의 존재감과 위치를 확고히 굳히려면 보다 대승적으로 변해야 한다. 중국에게만 강한 러브콜을 보내고, 일본을 애써 외면하려고 하는 것은 국익에 절대 도움이 되지 않는다. 4차 산업혁명의 도래와 미래 신산업 글로벌 경쟁 시대에 중국보다는 일본과 협력할 것들이 훨씬 많다. 그래야 중국의 위협을 줄일 수 있다는 목소리가 점점 힘을 받고 있기도 하다. 중국과 일본은 서로 내심을 숨기면서 2010년 이후 중단된 고위급 경제대화를 7년 만에 재개한다. 중국은 미국의 보호무역에 대응하여 일본을 한편으로 끌어들이면서 미·일 간 중국 봉쇄 연합전선의 틈을 좀 벌려 놓겠다는 의도다. 일본도 중국의 이런 행동이 그리 싫지 않다는 반응이다. 한 쪽으로 지나치게 치우지지 말고 균형 잡힌 글로벌 코드로 명분도 살리고 이익을 키워나가는 차가운 판단이 요구된다.

블루 오션,
한 곳에만 머무르지 않고 계속 바뀐다

블루오션Blue Ocean의 원래 뜻은 고기가 많이 잡힐 수 있는 넓고 깊은 푸른 바다를 일컫는다. 반대 의미인 레드오션red Ocean은 피로 물든 붉은 바다다. 경제학에서는 전자를 현재 존재하지 않거나 알려지지 않아 경쟁자가 없는 유망한 시장을 말한다. 반대로 후자는 지나친 경쟁으로 피만 흘리는 출혈경쟁 시장이다. 모든 기업들의 숙원은 블루오션에서 마음껏 우월적 지위를 유지하고 이익을 극대화하는 것이다. 그러나 현실은 시장에 없는 상품을 만들어내어도 유사 상품이 출현하기까지 그리 오랜 시간이 걸리지 않는다. 단순히 원가 절감과 차별화에만 함몰되어 시장에 부응하는 새로운 가치 창출을 만들어내지 못하면 결국 패퇴할 수밖에 없다. 과거에는 우리가 일본이라는 선도자를 보고 빠른 추격자 전략을 구사하면서 어느 정도의 블루오션을 확보하기도 했다.

그러나 최근에는 후발주자인 중국이 가세함으로 인해 시장 구조가 복잡 미묘해지고 있다.

1980년대까지만 해도 모노즈쿠리를 내세운 일본 상품이 세계 시장을 호령하였다. 서구 기술을 모방하였지만 특유의 장인정신이 일구어낸 신화다. 이후 한국이 일본을 모방하여 가전, 조선, IT, 자동차 등에 이르기까지 전통 주력산업 부문에서 추월하거나 위협적인 존재로 등장함으로써 시장 교란의 빌미를 제공했다. 2000년대 이후에는 중국이 이 대열에 본격 합류, 블루오션이 레드오션으로 변하는 속도가 훨씬 더 빨라지고 있다. 경쟁 구조가 바뀌면서 과거 일본이나 한국이 향유하였던 블루오션의 면적이 갈수록 좁아지고 있는 것이다. 이에 따라 수출 주력시장 혹은 주력상품에 대한 과거의 패러다임에서 벗어나야 한다는 목소리가 더욱 힘을 받는다. 경쟁이 없는 시장을 만들어내는 것이 점점 더 어려워지고 있다. 그래서 정부, 기업, 개인 등 모든 경제 주체들이 혁신의 대상자이면서 주도자이기도 한 것이다. 시장의 빠른 변화에 맞추어 끊임없는 발상 전환과 유연한 전략적 사고를 유지하는 것이 중요해진다.

지나온 과거를 추적해 보면 우리 경제주체들의 블루오션 전략이 상당 부분 주효하였던 것도 사실이다. 세계 11위 경제규모, 6위 수출실적, 5위 제조업 강국이라는 위업을 달성한 것은 충분히 높이 평가할 만하다. 그러나 지금부터가 문제다. 혹자는 중국의 비상과 일본의 부활로 한국이 신샌드위치 신세로 전락하고 있다고 푸념한다. 당장이라도 추락할 것 같다는 위기감이 팽배하다. 전후좌우를 따지고 보면 틀린 이야기가 결코 아니다. 경쟁 구도를 극복할 수 없다는 자신감 상실

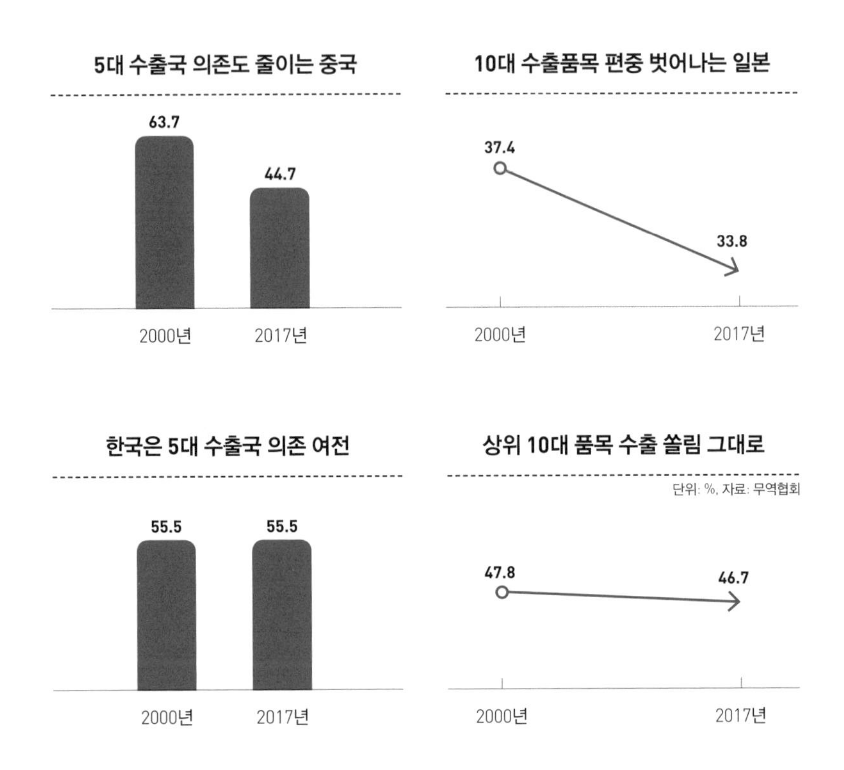

에서 나오는 진단으로 보인다. 그러나 위기는 또 다른 기회를 만들어 낸다. 과감한 발상의 전환으로 껍질을 깨는 아픔을 거쳐야 한다. 시장과 상품에 대한 혁신적 패러다임 시프트를 통해 새로운 블루오션을 창출해낼 수 있다면 불가능한 일이 아니다. 중국, 일본과 처절한 경쟁을 할 필요도 없다. 손자병법에서도 최고의 승리는 싸우지 않고 이기는 것이라고 하지 않았던가.

출발은 좋았으나 좀 더 냉정하게 평가해보면 지난 20년 동안 한국 경제가 레드오션의 틀에 갇혀 있음이 발견된다. 새로운 시장 내지 상품을 창출해내지 못하고 있다. 단순히 원가절감과 차별화라는 고착화된 경쟁의 틀로는 기존의 패러다임에서 벗어나기 어렵다. 2000년 우리의 5대 수출국에 대한 수출 비중 55%가 2017년에도 똑같이 나타났다. 수출 상위 10대 품목 비중 역시 47.8%와 46.7%로 거의 변동이 없다. 반면 경쟁국인 중국의 5대 수출국 수출 의존도는 63.7%에서 44.7%로 낮아지는 추세다. 일본의 10대 수출품목 편중 정도는 37.4%에서 33.8%로 줄어들고 있다. 이러한 비교를 보면 우리가 여전히 레드오션의 위치에서 전혀 이탈하지 못하고 있음을 보여준다. 시장을 다변화해야 하고, 미래 먹거리와 관련한 신상품 개발을 서두르지 않으면 블루오션에 진입하지 못하고 레드오션에 머무름으로써 궁극에는 패자로 전락할 수도 있다.

기존 블루오션에 대한 집착에서 탈피해야 한다

블루오션 창출과 관련하여 삼성전자가 소니의 글로벌 시장점유율을 따라잡은 사례가 많이 인용된다. 삼성전자는 1978년 TV시장에 진출한 후 소니 등 일본 메이커들의 그늘에 가려 영원한 후발주자에 머무를 수 있는 위기에 봉착하고 있었다. 소니를 잡지 못하면 시장에서 살아남을 수 없다는 비장함이 이기는 전략을 만들어 내었다. 전략의 모티브는 바로 비非고객이었다. 즉, 우리 고객이 아닌 고객을 어떻게 고객으로 끌어들일 수 있을 것인가에 골몰한 것이 성공 비결이 되었다. 당시는 브라운관 TV가 시장을 주도하던 시기였다. 당시 삼성전자 태스크포스 팀이 몇 가지 세부 전략을 준비했다. 하나는 소니와 기술적 경쟁을 해서는 절대로 이길 수 없다, 둘은 팔려는 TV가 아닌 고객이 사고 싶은 TV를 만들자, 셋은 브라운관이 아닌 TV로 새로운 블루오션을 만들어내겠다는 것이었다. 삼성이 갖고 있는 반도체를 중심으로 한 디지털 기술의 강점과 디자인을 핵심 경쟁요소로 해서 나온 제품이 바로 LCD TV다. 마침내 2006년 출시된 야심작이 삼성의 보르도 TV(붉은색 와인을 바닥에 머금은 와인 잔을 연상시키는 TV)다. 세상에 없는 TV를 선보이면서 TV의 개념을 다시 정리한 것이다. 출시와 동시에 1,000만 대가 팔리면서 삼성전자가 소니를 제치고 단숨에 세계 1등이 되는 쾌거가 만들어졌다. 이후 고급 가구 같은 느낌의 셰리프 TV, 액자를 담은 프레임 TV 등을 연이어 출시하면서 소니를 여유 있게 제치고 12년 동안 글로벌 1등자리를 굳건히 유지해 나오고 있다.

과거의 블루오션이 지금도 블루오션이라는 생각을 빨리 버려야 한다. 가치의 개념과 확장에 대한 일대혁신이 필요한 것이다. 일례로 대부분의 쇼핑몰, 소비재 유통, 프랜차이즈 해외 시장 진출과 관련해 전통적으로 우리가 인지하고 있는 블루오션은 중국, 동남아 등의 시장이다. 한류 인지도가 있거나 우리보다 소득수준이 낮은 국가일수록 한국적 가치가 잘 먹혀들어갈 수 있다는 판단에서 기인한다. 신세계가 그 대표적 사례의 기업이다. 신세계의 이마트 매장이 중국에 진출하였으나, 처절하게 백기를 들고 철수하였다. 결과적으로 중국 시장을 블루오션이 아니고 레드오션이라는 것을 뒤늦게 깨달은 것이다. 착각이 불러온 엄청난 시행착오다. 중국과 동남아에서 벗어나 진입이 상대적으로 용이한 미국을 필두로 호주, 유럽 등의 시장으로 기수를 돌리고 있다. 그로서란트Grocerant(식료품점 + 레스토랑) 유형의 매장으로 주류시장인 백인 중산층을 공략하겠다는 획기적 발상의 전환이다. 그로서란트는 요즘 글로벌하게 가장 각광을 받고 있는 매장 형태로 국내에서는 스타필드의 푸드마켓인 PK마켓이 대표적 사례다. 아마존 물류센터를 벤치마킹하면서 온라인 쇼핑몰에도 승부수를 던져 세계적인 유통업체로의 변신을 시도하고 있다.

블루오션의 창시자인 김위찬 교수는 블루오션 시프트 개념이 과거에는 가치와 비용이 충돌하는 경쟁과 파괴적 혁신이었지만 지금은 창조와 비파괴적 혁신임을 강조한다. 경쟁자가 우글거리는 레드오션에서 승부를 걸지 말고 경쟁이 없는 새로운 수요가 창출되는 곳이 블루오션이라는 것이다. 화이자의 비아그라가 대표적 사례에 해당한다. 세서미 스트리트는 기존의 유아교육 시장을 전혀 건드리지 않고 에듀테인먼트Edutainment(교육과 놀이를 접목) 시장을 만들어냈다. 닌텐도도 고화질에다 복잡하고 어려운 게임 마니아층을 공략했던 마이로소프트의 엑스박스나 소니의 플레이스테이션과 다르게 누구나 즐길 수 있는 가족용 게임기 위wii를 개발하여 성공 궤도에 다시 진입했다. 새로운 시장 조건과 환경에 맞는 신상품을 시장에 선 보이는 것이 블루오션을 창출하는 핵심 포인트다. 경쟁에 뛰어들기보다 경쟁자보다 빠르게 시장의 수요에 맞추어 새로운 기술과 상품으로 시장을 창출해 나가는 전략이 요구되는 것이다. 근자에 공기청정기, 의류관리기, 방진防塵 재킷, 미세먼지 패션 마스크, 안구세정제, 미세먼지 제거용 클렌저 등의 특허출원이 봇물을 이룬다. 미세먼지로 커지는 시장을 블루오션으로 만들겠다는 발상이다. 한국에서 성공하면 거대시장 중국에서도 공략이 가능하다는 희망을 깔고 있다. 수요가 블루오션을 창출해내고 있는 케이스다. 희망 없는 산업이 없고, 사양산업이 레드오션 산업이라는 공식은 더 이상 유효하지 않다. 디지털 경제 시대일수록 아날로그적 사고가 의외의 블루오션을 만들어낼 가능성이 더 클 수 있다는 지적을 겸허하게 수용해야 한다. 한동안 승승장구하던 테슬라 주가가 요즘 계속 떨어지고 있는 이유도 여기에 있다.

4차 산업혁명 시대 시선을 해외로 돌려라

일반적으로 중국인은 도道, 일본인은 의義, 그리고 한국인은 정情을 중시한다. 현대에 와서는 중국인은 상술上述, 일본인은 신용信用, 한국인은 신속迅速이라는 가치로 시장에서 승부를 건다. 그런데 실망스럽게도 우리가 장점으로 내세우고 있는 속도가 갈수록 퇴보하고 있어 걱정이다. 흔히들 일본을 축소(미니멀리즘) 혹은 폐쇄 지향적 국가라고 평가한다. 맞는 것처럼 보이지만 자세히 들여다보면 전혀 그렇지 않다. 일본이나 영국과 같은 섬나라 국가들은 역사적으로 늘 대륙으로 진출하여 그들의 영역을 넓히려는 야심을 숨기지 않았다. 강력한 해양국가의 꿈은 지금도 진행 중이다. 한편 중국은 대국이고 과거나 현재도 다른 나라를 괴롭히는 일에 관심이 없다고 공공연히 내뱉는다. 과연 그들의 속내가 그럴까? 현실을 보면 전혀 그렇지 않다는 것이 여러 군데서 발견된다. 남중국해에 대한 실효적 지배를 통해 대륙과 해양을 연결하면서 명실상부한 패권국가로의 도약을 노린다. 영향력이 다소 줄어들긴 했지만 러시아도 비슷한 이유로 유럽과 아시아를 들락날락하면서 호시탐탐 막강했던 과거로의 회귀를 꿈꾼다. 미국은 이들의 의도를 제압하면서 일극 패권의 끈을 놓지 않으려고 발버둥을 친다. 이처럼 우리 주변을 둘러보면 한시도 조용할 날이 없다.

반면 우리는 남·북이 분단되어 있어 잠재력 발휘가 절반에 그치고 있는 실정이다. 좁은 국내에서의 도토리 키재기 식 경쟁에 신물이 나곤 한다. 자연스럽게 상당수 우리 주변 인물들이 국내를 탈피하여 해외지향적인 사고를 가지게 되고 이를 실행에 옮겨왔다. 따지고 보면 이러한 전략이 주효했고, 지금도 이에 대해 이견이 거의 없다. 반도국가의 특성상 대륙과 해양에 쉽게 접근할 수 있는 지리적 이점도 이를 지지하는 배경이 되고 있다. 경제적으로 보더라도 수출, 기업과 인재의 해외 진출 등이 성장의 바로미터로 간주되고 있기도 하다. 최근 글로벌 경기 회복으로 우리의 수출 증가율이 세계 1위로 올라서고 있지만 수출의 경제에 대한 기여도가 과거보다 못한 것은 아쉬움으로 남는다. 갈수록 해외 시장의 경쟁이 치열해지고 보호무역의 기류가 거칠어지면서 해외에서 더 많은 파이를 건지려는 우리에게 불리해지고 있는 현실이다. 이에 따라 해외지향적인 경제 구조에 대한 회의감과 더불어 내수를 키워야 한다는 목소리가 미력하나마 힘을 얻기도 한다. 지극히 당연한 현상이다. 그렇다고 현재의 구조를 일시에 뜯어고칠 수도 없는 노릇이고, 또 그것이 바람직한 방향인가에 대해서는 논쟁의 여지가 많다. 이런 논쟁에 대해서는 합리적이면서 균형적인 접근이 필요하다.

수출과 내수의 비율을 점진적으로 조정해 나가되 제로섬이 게임이 아닌 파이의 확대를 통해서 이루어지도록 하는 것이 바람직하다.

수출을 키우든 아니면 내수를 키우든 간에 우리 경제 주체, 즉 국가·기업·개인이 글로벌 DNA를 가지는 것은 결코 포기할 수 없는 우리의 선택지다. 내수를 키우더라도 우리 독자적으로는 한계가 있고 해외와 연계해야만 성공할 가능성이 높아진다. 주어진 여건을 보면 글로벌 DNA를 지향하도록 하고 있지만 과연 이런 DNA를 가지고 있느냐 하는 것은 별개의 이슈다. 지난 산업화와 민주화의 과정을 통해 역량이 많이 축적되어 오고 있지만 글로벌 평균 수준에서 보면 솔직하게 후한 점수를 주기에는 아쉬움이 많다. 인색하다고 할지 몰라도 어쩔 수 없는 불편한 진실이다. 역사적으로도 이웃 중국이나 일본에 비해서도 외국에 대한 우리의 문호 개방이 훨씬 뒤졌으며, 그 결과가 후세들에게 많은 피와 땀을 흘리게 만들었다. 사회주의 국가의 이념을 채택한 중국이 한동안 주춤하기도 했지만 기본적으로 그들의 DNA는 매우 사교적이고 외부 세력에 대한 거부감이 상대적으로 적다. 무려 2000년 전부터 시작된 중국 화교의 역사는 지난 14기부터 본격적으로 동남아를 중심으로 정주하게 된다. 화교 발생 배경은 이들의 철저한 상인 기질에서 비롯되고 있으며, 21세기에도 이들의 상도는 면면히 이어지고 있다. 심지어 동남아 국가들의 민족들도 우리보다 훨씬 이질적인 문화에 친밀하고 객관적인 수용도가 높다. 경제적 성취도가 우리보다 후순위에 있다고 하지만 그들의 문화적 코드나 글로벌화에 대한 평균적 마인드가 우리보다 뒤지지 않는다.

해외지향 DNA가 성공확률을 높인다

해외지향적인 DNA는 글로벌 문화에 대한 이해와 언어적 감각이 필연적이다. 부수적으로 유연한 매너와 논리적 사고가 요구된다. 우리 젊은 세대들이 이 부문에서 구세대들보다 앞서가고 있기는 하지만 부족한 점이 많다. 한국인들이 다른 나라 사람들에 비해 가장 부족한 것이 융합과 소통 능력이다. 좁은 국토에서 작은 파이를 두고 많은 인구가 부딪히다 보니 남과 같이 하기보다는 가능하면 혼자서 하는 것을 선호한다. 부모형제, 친척, 친구와도 동업은 절대 하지 말라는 말이 예로부터 미덕으로 여겨지고 있기도 하다. 그러나 중국은 물론이고 미국 등 비교적 시장 파이가 큰 국가에 사는 사람들은 보편적으로 함께 하는 것에 익숙하며, 실패에 대한 부담도 줄이는 순기능적 요소가 강조된다. 요즘과 같은 4차 산업혁명 시대에는 콜라보레이션이 중요한 덕목으로 대두되고 있다.

실제로 많은 젊은이들이 해외에서의 취업, 창업에 관심이 부쩍 높아지고 있는 추세다. 더 많은 파이가 해외에서 만들어질 수 있다면 우리가 바뀌는 것이 지극히 당연하다. 남유럽의 프랑스, 이탈리아, 스페인 등은 라틴계 국가들이지만 각각의 고유한 언어를 갖고 있다. 하지만 그들 대부분 상호 언어 소통에 큰 장애가 없으며 기질적으로도 흡사한 면이 많다. 우리 주변엔 중국과 일본이 있다. 문화적으로 유사성이 많으며, 언어 구조도 크게 다르지 않다. 이들은 우리보다 큰 내수시장을 갖고 있으며, 경제적 파이를 창출함에 있어서도 상대적으로 유리한 위치에 있다. 이러한 시장들에 대해 효율적으로 접근하려면 이들과 부담 없이 어울리고 부대끼는 처세술이 필요해진다. 영어는 기본이고 중국어·일본어를 구사할 수 있다면 훨씬 당당한 입장에서 더 큰 파이에 접근할 수 있다.

다행스러운 것은 우리 DNA가 꽉 막힌 것이 아니고 글로벌하게 열려 있다는 것이 확인되고 있는 점이다. 한류로 대표되는 우리의 문화와 이에서 파생하고 있는 K콘텐츠 시리즈가 지구촌에서 각광을 받고 있기 때문이다. 또 많은 스포츠 스타들이 우리의 우수하고도 글로벌 지향적인 DNA를 과시하고 있다. 미국여자프로골프협회LPGA 투어에서는 한국 사람이 발군의 기량을 발휘한다.

얼마 전 끝난 동계올림픽에서도 쇼트트랙과 스피드스케이팅에서 우리의 실력을 가감 없이 보여주었다. 양궁은 압도적인 우위를 보이고 있으며, 축구·배구·야구·테니스 등에서 국내보다 오히려 해외에서 더 인기를 끄는 선수들이 부지기수다. 이들을 통해 얻는 메시지는 국내 지향적이기보다는 해외지향적일수록 성공 가능성이 높다는 점이다. 이들 종목을 은퇴한 선수들이 해외에서 코치 생활을 하면서 해당 국가의 국위 선양과 더불어 현지인들이 한국에 대해 친근감을 갖게 하는 부수적인 효과도 많다. 거꾸로 우리 실력이 부족한 종목은 탁월한 해외 코치를 초빙하여 글로벌 수준으로 역량을 높이는 결과를 가져오기도 한다.

기업들도 마찬가지다. 국내에는 잘 알려져 있지 않지만 해외의 고객이나 경쟁사로부터 찬사를 받는 기업들이 수두룩하다. 이러한 기업이나 스포츠 스타들에게 공통적으로 발견되고 있는 특징은 처음부터 목표를 낮게 잡기보다 글로벌 1등에 맞추고 숨겨진 DNA가 최대한 발휘될 수 있도록 한 것이다. 왜 우리가 해외지향적인 DNA를 가져야 하며, 그리고 만들어가야 하는지는 더 이상 설명이 필요 없다. 체화된 일상적인 삶의 방식이 되어야 한다.

04

新스틸러가 되기 위한 9가지 산업 전략

기술 유출을 뛰어넘는 새로운 스틸러

한국 기술을 노리는 가장 위협적인 스틸러는 지척에 있는 중국이다. 그들은 집요하게 우리의 약점을 파고든다. 이로 인해 간간히 발생하던 기술 유출 사건이 근자에는 거의 일상화되고 있다. 매년 50% 이상 급증하고 있는 추세에다 갈수록 고급 기술 유출이 증가하고 있다는 점에서 우려된다. 최근엔 휘어지는 디스플레이를 만드는 은나노에 이어 제조, OLED 증착 등의 국가 핵심기술이 중국에 거의 다 넘어갈 찰나에 적발된 사례가 있었다. 최근 5년간 기술 유출 피해를 입은 기업의 81.4%가 퇴직자, 평사원, 임원 등 내부자들의 소행인 것으로 밝혀지고 있다. 기술 유출이 증가하고 있다는 것은 그만큼 한국 제조업이 위험하다는 것을 간접적으로 말해준다. 한국에 투자한 중국 기업에게까지 의심의 눈초리를 보이는 것은 일면 충분한 타당성이 있다. 최근 중국 국영 타이어업체 더블스타가 금호타이어 인수 과정에서도 부정적인 기류가 형성되기도 했다. 기술 먹튀와 관련된 이슈다. 어렵게 개발한 기술이 경쟁국에게 쉽게 넘어간다는 것은 지극히 황당한 경우다. 무역업계의 추정에 따르면 중국의 짝퉁으로 인해 우리가 보는 피해액이 연간 8조 원이나 된다고 한다. 출시도 되지 않은 갤노트8이 중국 인터넷에 버젓이 올라와 있을 정도로 기가 찰 노릇이다. IT기기·식품·화장품·방송·게임·상표권까지 중국 스틸러들이 시시각각으로 우리를 노린다. 제조업 강국이 되기 위해 선정한 10대 핵심 산업 육성을 위한 무모한 중국의 선진 기술사냥이 미국이나 여타 선진국들로부터 눈총을 받고 있는 것은 지극히 당연하며 자업자득이다. 미국과 EU는 전 세계 교역량의 5~7%가 위조품에 해당하며, 그중 86%가 중국산이라고 지목하고 있다.

최근 미국 무역대표부가 공개한 중국의 지식재산권 침해 사례를 보면 매우 구체적이면서 설득력도 있어 보인다. 내용을 요약하면 중국은 국가가 주도하여 미국 기술을 도둑질하고 있다는 것이다. 중국에 진출한 우리 기업들이 알게 모르게 당한 사례들도 적시되어 있다. 미국이 중국을 기술 도둑으로 몰고 가고 있는 이유는 중국의 첨단 기술 굴기에 대한 조바심에서 비롯되고 있다는 것이 정설이다. 중국의 혁신 속도와 야심을 더 이상 묵과하지 않겠다는 저의가 깔려 있다. 중국 정부는 국가 전략 산업에 대해서 100% 외국인투자를 허용하지 않고 외국인과 자국인의 50:50 비율의 투자만 허용한다. 이를 통해 자국 기업이 실질적인 경영 통제를 할 수 있도록 한다. 우리 자동차 업체들도 이러한 조건으로 중국에서 생산 활동을 하고 있다. 이는 합작 상대 로컬 기

'중국제조 2025' 10대 산업 발전계획

	분야	계획
1	신에너지 자동차	전기차, 연료전지차 및 배터리 등 부품개발
2	첨단 선박 장비	심해탐사, 해저정거장, 크루즈선 등 개발
3	신재생에너지 장비	신재생에너지 설비 등 개발
4	산업용 로봇	고정밀 고속 고효율 수치제어 기계 개발, 산업용 로봇, 헬스케어 교육, 오락용 로봇 개발
5	첨단의료기기	원격진료시스템 등 장비 개발
6	농업 기계·장비	대형 트랙터와 수확기 등 개발
7	반도체 칩 (차세대 정보기술)	반도체 핵심칩 국산화, 제조설비공급, 5G기술, 첨단 메모리 개발, 사물인터넷, 빅데이터 처리 앱 개발
8	항공우주장비	무인기, 첨단 터보엔진 등 개발, 차세대 로켓, 중형 우주발사체 개발
9	선진 궤도 교통설비	초고속 대용량 궤도 교통설비 구축
10	신소재	나노 그래핀 초전도체 등 첨단복합소재 개발

자료: 독일 메르카토르인스티튜트 중국학연구소

'중국제조 2025' 계획으로 위협받는 국가

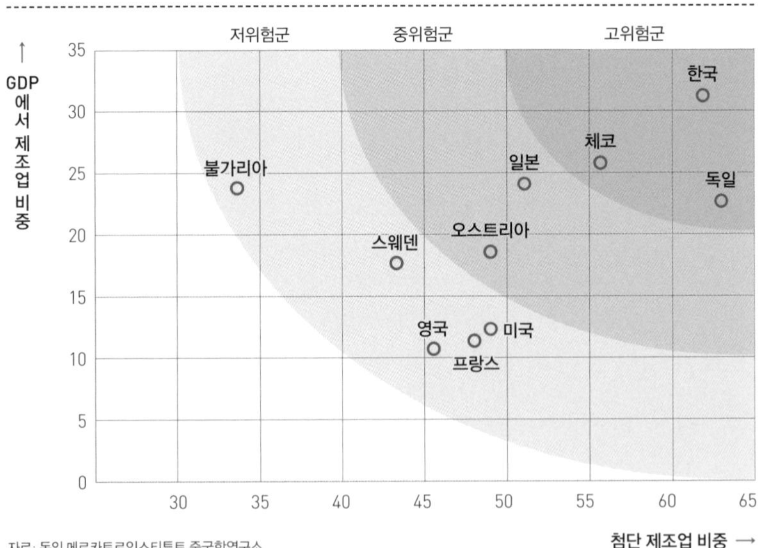

자료: 독일 메르카토르인스티튜트 중국학연구소

업이 선진 기술을 습득하는 수단으로 활용되기도 한다. 또한 중국 내의 각종 인허가 권한을 이용하여 해외 기업에 대해 중국으로의 기술 이전을 강요하는 수법까지 쓴다. 미국의 강한 압박에 굴복하여 최근 중국 정부가 친환경차는 즉시, 승용차는 2022년까지 외국 완성차 기업에게 100% 지분을 허용하기로 했다. 더 이상 이런 앙탈이 통하지 않는 환경이 만들어지고 있는 것이다. 또한 국가 주도의 해외 선진 기업 인수·합병으로 기술을 탈취하고, 해킹을 통한 정보 수집 행위를 서슴지 않는다. 오랜 기간 선진국들이 인내하면서 이를 묵과해 왔지만 이제는 더 이상 용인할 수 없을 정도로 중국의 첨단 기술 탈취 수법이 비범해졌다. 기술을 빼앗으려는 자와 뺏기지 않으려는 자 간의 전쟁이 마침내 수면 위로 올라온 것이다. 우리도 한 때 스틸러의 입장이었지만 이제는 이들을 경계하는 위치에 더 가까이 있기도 하다. 하지만 우리도 여전히 새로운 기술에 목이 말라 있으며, 때로는 스틸러로의 과감한 변신이 필요하다.

1루를 밟아야 스틸이 가능하다

미래 핵심 먹거리의 하나로 지목되는 전기차 배터리 시장 선점 경쟁이 뜨겁다. 2017년 기준 글로벌 순위 1위 업체는 16.7%를 확보하고 있는 파나소닉이지만 10위 내에는 중국 업체가 5개나 포진하고 있다. 중국과 일본이 앞서가고 있지만 한국 업체들의 추격이 가세하면서 시장 판도가 크게 요동치고 있는 모양새다. 우리 업체로는 만형격인 LG화학을 필두로 삼성SDI, SK이노베이션이 합류하고 있다. 2017년 글로벌 시장 증가율이 37% 이었지만 우리 세 업체 출하량은 무려 120%나 늘어났다. 이에 따라 시장 점유율도 4.8%나 증가한 12.6%로 뛰어 올랐다. 특히 LG화학은 전 세계 전기차 배터리 메이커 중 유일하게 화학 기반 업체로 소재 내재화를 통해 가장 기술경쟁력이 우수한 기업으로 평가를 받고 있기도 하다. 삼성SDI는 배터리 급속 충전 기술에 더하여 확장형 모듈 채택으로 경쟁력을 보완하고 있다. 1차 격전지는 완성차 브랜드가 즐비한 유럽 시장이 될 것으로 예상된다. LG화학은 폴란드에, 삼성SDI와 SK이노베이션은 헝가리에 각각 생산 공장을 마련함으로써 본격적으로 유럽 시장에 들어갈 수 있는 채비를 갖추었다. 한편 포스코도 전기차 배터리의 주소재인 수산화리튬 생산을 시작함으로써 리튬이차전지 관련 국내 산업 인프라가 속속 확충되고 있다. 문제는 아직도 우리 배터리 업체들이 적자를 면치 못하고 있다는 점이다. 핵심 원자재인 코발트 가격이 최근 2년 새 3배나 폭등하는 등 원료 가격이 너무 비싸서 채산성을 맞추기 쉽지 않다. 중국 업체와의 기술 선점 경쟁도 갈수록 치열해지고 있어 전기차 배터리 분야에서 한·중·일 3국 기업 간 불꽃 튀는 전쟁이 이미 점입가경으로 치닫고 있다.

글로벌 기술 패권 전쟁에서 우리도 적극적으로 얼굴을 내밀어야 한다. 미국이나 중국과 같이 마찰 굉음을 내지 말고 소리 없이 승자가 되는 효율적 전략을 구사해야 한다. 이를 위해서는 경쟁의 핵심이 되고 있는 기술에 새로운 경각심을 가져야 할 필요가 있다. 국가나 기업이 미래 전략의 중심에 기술을 올려놓아야 한다. 기술 이해가 엮여 있는 국가들과의 유연한 관계를 가져야 하며, 불필요한 보복 행위에 휘말리는 것은 절대 금물이다. 우리가 갖고 있는 1등 기술은 최대한 보호해야 하고, 갖지 않은 기술에 대해서는 적극적으로 보완해 나가야 한다. 우리 기업의 지식재산권을 보호하는 것이 산업경쟁력 유지의 최대 비결이다. 유능한 인재 육성을 통한 자체적인 개발 노력을 경주함과 동시에 기술을 가진 기업의 인수·합병, 전략적 제휴를 통한 공동연구·개발 등 다양한 기술 포획 전략을 구축해야 할 것이다. 중국의 기술 탈취에 대해서 최대한 경계를 하고, 미국을 중심으로 한 기술 보호 연합 전선에는 적극 합류해야 한다. 야구 경기에서도 2루로 도루하려면 1루를 밟아야만 자격이 부여된다. 미래 기술 선점을 위한 글로벌 경쟁에서 도태되지 않으려면 가능한 한 많은 기술 부문에서 1루를 선점하는 노력이 필요하다. 그래야 2루 스틸 자격이 부여되며, 3루 스틸 더 나아가 홈 스틸까지 노릴 수 있는 기회까지 주어진다. 경우에 따라서는 홈런을 통해 일거에 절대 강자로 부상하는 완벽한 스틸러, 즉 게임체인저로 부상할 수도 있음을 절대 간과하지 말아야 한다. 중국 기업들은 후자에 더 집착한다. 하지만 우리는 이 두 개의 전략을 병행해야 한다. 너무 조바심 낼 필요가 없다.

한반도 비핵화를 두고도 이해당사국들이 모두 야누스적 스틸러가 되고 있는 판세다. 미국은 중국의 패권 야욕을 꺾으려고 이를 지렛대로 활용한다. 중국을 협박하는 데 있어 비핵화로 상징되는 한반도처럼 좋은 먹잇감은 없다. 무차별적 통상 압력을 비롯해 중국을 정치·경제적으로 위축시키는 카드로 충분히 활용하려고 한다. 오는 11월 중간선거 승리뿐만 아니라 2020년 트럼프의 재선 가도까지 연결시키려는 의도다. 중국도 이 게임이 향방을 잘 간파하고 있는 것으로 보인다. 미국의 행동이 아시아·태평양 지역 패권 유지보다는 트럼프의 정치 행보에 더 맞추어져 있다는 것을 인지하고 있는 것이다. 통상 압박에 대해서는 딜을 통해 주고받기를 시도하면서 미국의 위신을 살려주는 시늉을 계속할 것이다. 한편으로는 미국·한국·북한에 비핵화를 위해서는 중국의 협력이 불가피하다는 점을 강조하고 있다. 비핵화 이후 북한에서 생겨날 수 있는 경제적 이익을 충분히 염두에 두고 있는 행보다. 북한의 의존도가 한국보다 자국으로 기울어지도록 유도함으로써 더 많은 실리를 챙기려 하고 있다. 중국이 원하는 가장 이상적인 시나리오가 남·북한이 분단된 상태에서 평화적인 현상이 유지되는 것이다. 이들의 의도를 충분히 읽으면서 우리도 경제·안보 차원에서 본격적인 스틸러 기질을 발휘해야 할 시기다.

메모리 반도체 산업 비메모리 장악이 답이다

반도체 산업은 다른 산업에 비해 기술 장벽이 유난히 높다. 후발주자가 선발주자를 따라잡기 위해서는 그만큼 많은 투자가 필요하고, 기술을 완전히 따라잡기 위해서는 상당한 시간이 소요된다는 것을 의미하기도 한다. 메모리 반도체의 경우는 글로벌 시장에서 한국이 선두주자이고 미국이 그다음 주자다. 그러나 우리가 가장 두려워하는 것은 미국이 아니라 아직은 찻잔 속의 태풍인 중국의 추격이다. 중국 정부의 적극적인 지원과 대규모 투자에 힘입은 반도체 굴기의 속도에 탄력이 붙고 있기 때문이다. 중국의 추격을 따돌리는 것이 급선무다. 이에 따라 차세대 메모리 반도체 개발과 양산시기를 앞당겨 중국의 추격에 찬물을 끼얹겠다는 전략을 구사할 예정이다. 우선 10나노D램 등 선단공정 제품을 조기 양산에 들어감과 동시에 3세대 D램과 6세대 낸드플래시 등 차세대 제품을 적기에 개발하여 글로벌 시장의 주도권을 지속적으로 유지해 나간다는 전략이다.

1988년 당시만 해도 일본 기업의 메모리 반도체 시장점유율이 51%에 달할 정도로 종주국의 위치에 있었다. 그러나 현실에 안주하면서 변화를 거부하고 투자를 게을리 했기 때문에 시장점유율이 급락하면서 결국 한국과 미국에 1~2위 자리를 헌납했다. 시장 규모만 보면 2017년 기준 메모리 부문이 36%라면 비메모리 부문은 64%에 달할 정도로 차이가 크다. D램·낸드플래시 메모리 반도체에서는 삼성과 하이닉스가 압도적인 우위를 보이고 있지만 비메모리 쪽은 아직 초기 단계에 머물러 있다. 우리 기업의 비메모리 부문 글로벌 시장점유율은 고작 4%에 불과하다. 향후 시장도 메모리보다 비메모리 부문의 시장이 더 커질 것으로 전망되고 있어 우리 쪽에 장밋빛만 있는 것이 아니다. 미국의 경우 인텔·퀄컴·브로드컴·텍사스 인스트루먼트·AMD 등을 앞세워 비메모리 분야에서 70%의 시장을 독점하여 아성을 굳히고 있다. 이어 유럽(9%), 대만(8%), 일본(6%), 중국·한국(4%) 순이다. 후발주자인 중국이 특별히 노리고 있는 분야가 바로 비메모리 반도체 부문이다.

향후 눈여겨 보아야 할 시장이 시스템 반도체 부문의 일종인 AI 반도체와 전력(파워)반도체다. AI 반도체는 이미지·음성 인식과 동영상 분석 등 다양한 작업을 한꺼번에 처리할 수 있는 반도체로 알려졌다. 가시적인 것은 글로벌 IT 기업들이 이 부문에 적극적인 도전장을 내밀고 있는 점이다. 미국의 페이스북·구글·아마존·애플 등이 자사가 개발하고 있는 AI에 최적화된 반도체를 개발하겠다는 의지를 불태운다.

미·중 통상 분쟁으로 미국의 첨단 기술 확보가 어려워지자 중국 정부의 지원을 등에 업고 알리바바도 이 시장에 출사표를 던졌다. 인터넷·전자상거래·소셜미디어 등 다양한 분야의 IT 거대 기업들에게 이는 당연한 수순으로 여겨진다. AI 기능과 서비스 구현을 위해서는 방대한 양의 데이터를 빠르게 읽고, 일시에 처리할 수 있어야 하기 때문이다. 문제는 이들 IT 업체들이 반도체 제조시설을 직접 갖기보다는 위탁생산 기업인 파운드리 업체들과의 제휴가 불가피할 것으로 예상된다. 파운드리 부문 세계 1위 업체는 대만의 TSMC이지만 미국의 글로벌 파운드리와 한국의 삼성전자·SK 하이닉스 등에 새로운 기회로 다가올 수도 있다. 2016년 기준 AI 반도체 시장은 60억 달러에 불과했지만 2021년에는 350억 달러로 확대될 것으로 보인다. 전력 반도체는 우리 업체들이 가장 잘할 수 있는 분야로 4차 산업혁명의 마중물이 될 것이라는 평가까지 나온다. 드론 업체들도 우리 전력 반도체가 없으면 날지 못할 정도다. AI·로봇·사물인터넷·스마트 팩토리와 자동차 전장화·친환경차 비중 확대를 비롯해 태양광·풍력발전·송전·전력 소비 등에 이르기까지 전력부품의 수요 증가가 전력 반도체 시장의 폭발적 성장을 견인한다. 단번에 4차 산업혁명 시대의 핵심 부품으로 떠오르고 있다. 2020년의 전력 반도체 세계 시장규모는 231억 달러, 2025년에는 339억 달러로 확대될 전망이다. 특히 2020년부터는 차세대 소재로 주목받는 SiC(탄화규소)·GaN(질화갈륨) 소재의 전력 반도체 시장 수요가 대세를 이룰 것으로 보인다. 글로벌 선두주자들은 차량용 반도체 개발 쪽으로도 빠르게 방향을 틀고 있다. 이 부문에 기술 축적이 뒤져 있는 우리 기업들도 더 이상 간격이 벌어지면 추격의 실마리를 놓치게 된다. 먹거리는 계속 생겨나고 있지만 모든 것을 다 챙겨 먹는 것이 쉽지만은 않다.

항간에 중국과 우리 반도체 산업 간의 기술적 간격이 3년 혹은 5년으로 턱밑까지 추격해 오고 있다는 평가가 회자된다. 하지만 지나친 엄살이자 중국의 실력을 과대평가한 측면이 없지 않다. 반도체는 제조장치 산업이자 사업 규모나 제품 라인업 차원에서 다른 산업과는 달리 단기간에 승부가 갈리지 않는다. 이 점이 바로 중국의 딜레마다. 설상가상으로 반도체 산업을 기술 패권과 연계하여 미국 등 선진국이 중국으로의 기술 이전에 대해 상당히 견제하고 있어 중국도 타임 테이블 조정이 불가피한 실정이다. 이에 따라 중국이 한국 반도체와 대등한 위치에 서려면 최소한 10년이 소요될 것이며, 시장 지배력까지 감안하면 20년이 걸릴 수도 있을 것이라는 예상도 나온다. 반도체나 디스플레이에 대한 중국의 대규모 투자를 위기로만 인식하지 말고 기회로 역이용하는 전술이 필요하다. 중국의 반도체 혹은 OLED 장비 수요를 수출로 연결시키면서 우리에 대한 의존도를 높여가야 한다. 그리고 미래 시장 수요에 맞는 한발 앞선 기술 개발로 중국과의 갭을 더 벌릴 수 있는 전략적 사고를 가져야 한다. 대기업뿐만 아니라 벤처 기술 기업과의 상생을 통해 기술혁신이 지속적으로 일어날 수 있는 생태계를 만드는 것이 중국의 추격을 따돌리는 유일한 선택이다.

중국의 맹추격에 삼성전자 등 우리 반도체 업계의 글로벌 1등 수성守成에 비상등이 켜진 것은 부인할 수 없다. 우선 15조 원을 투자, 공장 풀가동으로 시장에서의 영향력을 지속적으로 높여나가겠다는 전략을 선택하고 있다. 4차 산업혁명 붐으로 시장이 본격적으로 활황 추

한국 메모리반도체 및 시스템반도체 세계시장 점유율

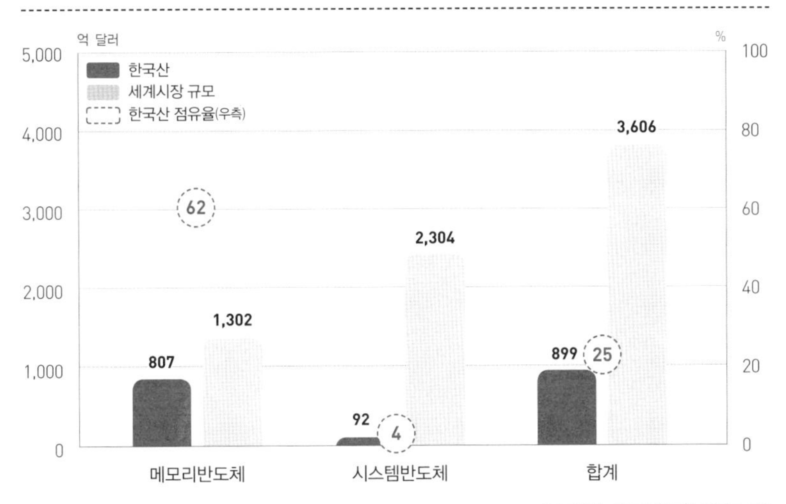

자료: 산업부·현대경제연구원, 2017년 기준
* 메모리반도체는 DRAM 및 NAND

세를 보임에 따라 D램 생산으로 대폭 늘리겠다는 것이다. 한편으로는 대만 업체에 비해 상대적 열세인 파운드리(반도체 위탁생산)를 새로운 성장 동력으로 채택하면서 기술력으로 극복하겠다는 계산이다. TV·생활가전·스마트폰에서 중국 업체의 추격을 허용한 삼성이 반도체만큼은 최후까지 주도권을 놓지 않겠다는 의지를 보이고 있다. 기술 격차가 있을 때 생산량 대폭 확대를 통해 시장 지배력을 확실히 높여 놓음으로써 중국의 추격에 찬물을 끼얹겠다는 것이다. 글로벌 공급 확대로 인한 가격인하는 특유의 공정기술 혁신으로 수익성을 충분히 발휘할 수 있다는 계산도 깔고 있다. SK하이닉스는 15조 원을 투자하여 반도체 D램 편중에서 탈피하여 3차원 낸드플래시 전용 공장을 청주에 짓는다. 미래 수요에 대비하고, 주도권을 놓지 않겠다는 몸부림이다. 메모리 부문에 대한 주도권을 놓지 않되 상대적으로 열악한 AI 반도체 등 비메모리 반도체 부문에서 영향력을 확보해 나갈 수 있을 것인가가 관건이다. 반도체·자동차 이후의 새로운 먹거리를 만들어내야 한다는 목소리가 틀린 것은 아니지만 그렇다고 지금 1등 자리를 쉽게 포기하는 것은 절대 용납할 수 없다. 반도체 산업은 끝까지 지켜야 할 우리 제조업의 자존심이다.

혁신 프리미엄이 필요한 가전·스마트폰 시장

미래 소비자 가전 시장은 한국과 중국 양강 구도를 중심으로 유럽 메이커의 틈새시장 공략, 그리고 일본·미국 메이커들이 과거의 영광을 되찾기 위해 안간힘을 쓰는 구조가 될 것으로 예측된다. AI나 사물인터넷 등 4차 산업혁명에 가속도가 붙으면서 가전 시장이 한층 더 프리미엄화되고 경쟁도 더 격렬해질 것이 분명하다. 시장 선발주자들이 중국 업체들의 저가 파상 공세를 어떻게 따돌리느냐 하는 것이 최대 승부처가 될 것으로 보인다. 단순 가격 혹은 성능에만 그치지 않고 고부가가치화와 프리미엄 경쟁으로 치달을 것으로 예상된다. 글로벌 가전 시장의 대반전이 막 시작되고 있다. 새로운 기능과 디자인이 접목되면서 고가 프리미엄 제품이 확산되고, 빌트인Built-in 중심의 스마트홈 시장이 대세를 이룰 것이다. 냉장고, 세탁기, 에어컨 3대 가전은 오

75인치 이상 세계 TV 시장 점유율

단위: %, 자료: Gfk, 2017년 기준

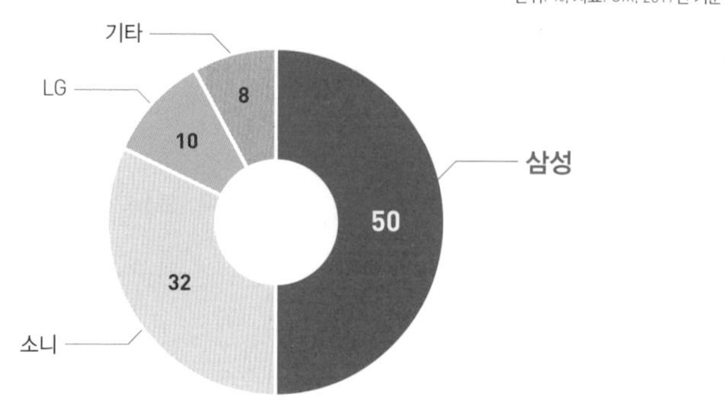

랜 기간 침체기를 겪었지만 최근 프리미엄 제품의 개발이 속도를 내면서 단숨에 효자 상품으로 바뀌고 있다. TV도 75인치 이상의 신형 QLED TV와 8K 해상도 초고화질과 기존의 OLED에 더하여 거실 벽을 TV로 바꾸는 마이크로미터(100만 분의 1m) LED 기술을 적용한 모듈형 TV 등 프리미엄 시장에서의 우위를 유지하기 위한 선점 경쟁이 예고되고 있다. 삼성은 3억 원짜리 초특급 프리미엄인 초대형 TV 더 월The Wall 라인을 베트남에 구축하여 시장 판도를 리드해 나간다는 구상이다. 2017년부터는 프리미엄 TV 시장에서 소니도 다시 부활하고 있다. 20년 만에 최대의 영업 이익을 내면서 한국 업체의 독주에 제동을 걸겠다고 벼른다. 삼성은 2018년에 17개 모델을 출시하여 75인치 QLED TV 시장에서 경쟁사와 2배 이상의 격차를 내겠다는 야심을 내비쳤다. 이를 위해 신제품 가격도 평균 20% 내렸다.

미국 생활가전 시장에서는 삼성과 LG 제품이 현지 소비자들로부터 압도적인 선택을 받고 있다. 2017년 기준 양사의 미국 시장 점유율이 35.2%를 차지할 정도다. 미국이나 일본 제품은 거의 찾아보기 힘들다. 미국 브랜드의 경우 연구개발에 등한시 한 나머지 제품 경쟁력에서 크게 뒤진다. 일본 가전업체의 상황은 더 심각하다. 1990년대까지만 해도 압도적 기술력을 자랑했지만 중국 기업에 대거 인수되면서 자리를 양보하고 현재는 브랜드 지명도만 겨우 유지하고 있는 실정이다. 산요는 하이얼에, 도시바의 백색가전 부문은 메이디美的에 각각 인수되었다. 일본 기술을 채택한 중국 브랜드들이 글로벌 시장에서 우리 가전업계를 맹추격하고 있는 양상이다. 중국 TV 메이커들의 전략은 매우 선명하다. 일단 중국 국내 시장에서의 성공을 바탕으로 해외 시장에 진출하겠다는 포석이다. 실제로 중국 내수 시장에서는 로컬 제품이 70% 이상을 장악하고 있다. 50인치 이하 중·소형 TV의 경우는 성능에서 우리 메이커와 거의 차이가 나지 않는다. TCL과 라이센스는 글로벌 시장점유율에서 일본의 샤프와 소니를 5~6위로 밀어내고 3~4위로 치고 올라왔다. 향후 북미·유럽 시장을 주고 삼성·LG와의 치열한 시장 쟁탈전을 예고하고 있다. 일본 가전 업체의 후퇴는 과거 성공방식에 너무 집착하여 변화에 대응하지 못한 것과 기존 시장 점유율에 안주하면서 디지털 시대에 맞춰 적극적인 변신을 하지 못했기 때문이다. 대유그룹이 인수한 대우전자는 일본 시장에서 복고풍 미니 가전으로 기염을 토하고 있다. 글로벌 가전업체의 무덤이라고 하는 일본 가전 시장, 특히 아키하바라에 매장을 1년 새 두 배로 늘렸다. 삼성·LG도 두 손 든 난공불락의 시장에서 올리고 있어 높이 평가할 만

하다. 15년 여 동안 공들이면서 현지화와 틈새시장을 노린 것이 이러한 결과로 나타나고 있는 것이다. 바람탈수 세탁기, 소형 냉장고 등이 인기를 끌고 있는 상품이다. 대우전자는 이 외에도 멕시코 전자레인지 시장 1위·중국 소형 세탁기 시장 1위·영국 캠핑용 전자레인지 시장 1위·호주 캠핑용 세탁기 시장 1위를 하고 있을 정도로 해외 시장 개척 DNA가 현재까지 이어져 내려오고 있다는 점을 높이 사야할 것 같다.

프리미엄 가전 분야에서는 유럽 메이커들도 결코 무시할 수 없는 강자다. 한국 소비자들은 우리 브랜드에만 익숙해져 있어 유럽의 유명 브랜드에 대해서는 비교적 생소하다. 독일에서는 가전 업계의 다임러벤츠라고 불리는 밀레Miele가 있다. 세탁기와 진공청소기 강자이며, 의료기기를 생산한다. 근자에는 대화하는(다이얼로그) 오븐을 개발하여 화제를 불러일으키기도 했다. 이탈리아의 스메그SMEG는 장인적 패션 감각을 접목한 세련된 디자인의 가전 브랜드로 유명하다. 특히 냉장고나 주방용 가전 부문에 강점을 가지고 있다. 가전 업계의 애플이라고 불리기도 하는 영국의 다이슨은 날개 없는 선풍기·먼지봉투 없는 진공청소기·수퍼소닉 헤어드라이어 등 다양한 히트작을 내놓고 있는 메이커다. 이들 3대 유럽 메이커들은 한국 시장에도 속속 진출하고 있다. 정통 유럽의 복고풍 감성 디자인에다 차별화된 기술력을 앞세워 고가 프리미엄 가전 시장에서 빠르게 약진한다. 한국 가전 업계의 매출이 상대적으로 유럽 시장에서 부진한 것은 로컬 강자들이 현지 시장에서 배수진을 치고 있기 때문이기도 하다. 약 4년 전의 일이다. 대륙의 실수라 불리면서 혜성처럼 등장한 샤오미라는 회사로 화제가 만발하였다. 샤오미는 성능 좋고 디자인이 예쁜 스마트폰 보조배터리를 시장에 내놓았다. 시장에서는 애플 짝퉁, 대륙의 실수로 훌륭한 제품을 만들었다고 비아냥거리면서 '메이드 인 차이나'에 대한 불신을 여과 없이 드러냈다. 그러나 이제는 모두 과거사가 되었으며, 샤오미는 디자인·품질 등에서 호평을 받는 대륙의 실력으로 변신했다. 대륙의 선발주자인 메이디, 하이얼, 거리GREE전자 등에 전혀 밀리지 않는 강자로 어깨를 나란히 한다. 공기청정기·전동 킥보드·웨어러블 기기·Mi 밴드·체중계 등은 한국 시장에서도 판매되고 있다. 중국 내에서도 TV·노트북·셋톱박스 등 전기제품은 만들지 않는 것이 없을 정도로 출시 제품이 다양하다. 일반적으로 중국의 가전 기업은 철저하게 기술 모방에서 출발하지만 요즘에는 선진 기업을 인수함으로써 기술력을 일시에 끌어올리고 있다. 메이디는 도시바 외에 이탈리아 에어컨 제조업체 클리베Clivet, 독일 주방가전 브랜드 아에게AEG와 산업용 로봇 제조업체 쿠가KUKA 등을 인수하였다. 한국의 청호나이스와도 제휴하고 있다. 하이얼은 파나소닉으로부터 산요를 인수한데 이어 GE의 가전 부문을 인수하여 GE 브랜드로 판매를 하고 있기도 하다. 중국 가전 업계의 한국 추격은 여전히 불을 뿜고 있으며, 글로벌 시장에서 이들과의 충돌은 갈수록 점입가경에 달할 것이다.

한국 가전의 또 다른 불쏘시개는 중소 가전 업체다. 이들은 독창적인 아이디어에 기초한 혁신적인 기술로 글로벌 시장을 호령한다. 전기밥솥, 김치냉장고, 제습기, 원액기(착즙기) 등이 그것들이다. 쿠쿠밥솥은 1978년 LG전자의 하도급업체로 시작하였으나 1998년 자체 브랜드를 출시한 후 승승장구하고 있다. 당시까지 우리에겐 코끼리 브랜드로 잘 알려진 일본의 조지루시를 제치고 절대강자로 부상했다. 대유위니아의 김치냉장고는 삼성과 LG를 제칠 정도의 명가로 자리를 잡았다. 마찬가지로 제습기 국내 시장점유율 40~50%로 석권한 위닉스도 탄탄대로를 걷고 있다. 85개국에 수출하면서 원액기 글로벌 1위 기업으로 도약한 휴롬의 신화는 계속 진행 중이다. 수년 전 중국 시장에서 돌풍을 일으키기도 하였지만 짝퉁의 출현으로 시장점유율이 하락하는 쓴맛을 보기도 했다. 미국·유럽·동남아 등 세계 시장에서 건강음료 열풍을 선도하고 있다. 이 기업들의 공통적인 특징은 매출액의 상당 부분을 R&D에 투자하면서 지속적인 기술 우위 유지에 공을 들이고 있다는 점이다. 그것이 글로벌 틈새시장에서 1등이 되는 비결인 셈이다.

AI의 출현은 미래 가전 시장의 판도를 획기적으로 바꿀 것으로 예상된다. AI와 사물인터넷이 제어하는 스마트홈은 가전 시장의 규모를 대폭 확대시킬 것이다. 요리 추천하는 냉장고, 날씨 알아채는 세탁기 등과 같은 AI 가전 신상품이 미래 승부수가 될 것으로 보인다. TV 시장도 OLED패널이 채택됨으로써 고화질 제품이 시장을 견인할 것이다. 글로벌 스마트홈 시장의 규모는 2017년 기준 275억 달러에서 오는 2022년에는 534억 달러(57조 원)로 2배 정도 커질 것으로 전망된다. 시장의 방향은 프리미엄으로 옮겨가겠지만 그렇다고 가격 경쟁이 사라지는 것은 아니다. 누가 더 소비자에게 어필할 수 있는 제품을 출시하느냐가 관건이다. 워라밸 열풍에다 요리하는 남자가 늘면서 주방이 가족 소통의 공간으로 변신하고 있다. 유럽이 선도하고 있지만 한국을 비롯한 글로벌 시장도 프리미엄 빌트인 가전 전성시대가 예고되는 판세다. 아날로그적 감성을 디지털 기술로 연결하는 제품 기획력이 승부를 가를 것이다. 한국 가전 업계가 기술력에서 한발 앞서 있다고는 하지만 중국의 샤오미가 시장에서 잘 팔릴 수 있는 제품을 싸게 만들어서 공급하는 능력만큼은 인정해야 한다. 또 하나 간과하지 말아야 할 것은 가전제품에 AI가 접목되면서 시장의 플레이어들이 훨씬 더 다변화될 것이라는 점이다. SKT · KT · 소프트뱅크 등 통신업체, 애플 · 구글같은 IT 업체, 아마존 같은 전자상거래 업체들도 가전 시장 진입 채비를 서두르고 있다.

스마트폰 시장에서 중국을 따돌릴 수 있을까

스마트폰 시장의 폭발적 성장은 지난 2007년으로 거슬러 올라간다. 애플의 아이폰 출시가 도화선이 되었다. 정전식 터치스크린과 전면 디스플레이를 갖춘 바Bar 타입 스마트폰이 그 효시다. 이후 10년 넘게 스마트폰은 꾸준히 진화하면서 글로벌 먹거리의 대표 상품으로 자리를 굳혔다. 빠른 프로세스, 디스플레이, 고화질 카메라 등 기능이 뛰어난 하드웨어를 장착하여 사용자의 만족도를 지속적으로 높여왔지만 이제 한계에 봉착하고 있다는 지적이 힘을 받고 있다. 기술의 상향 표준화와 후발주자인 중국 메이커의 시장 진입이 가속화되기 시작했으며, 이에 따라 삼성전자와 애플의 승자독식 체제에 금이 가기 시작하고 있기도 하다. 소비자의 욕구를 끌어당길만한 획기적인 신제품이 거의 나오지 못하고 있는 것이 현실이다. 이에 따라 2013년 이후 글로벌 스마트폰 출하량의 증가 폭이 줄어들고 있으며, 소비자들의 스마트폰 교체

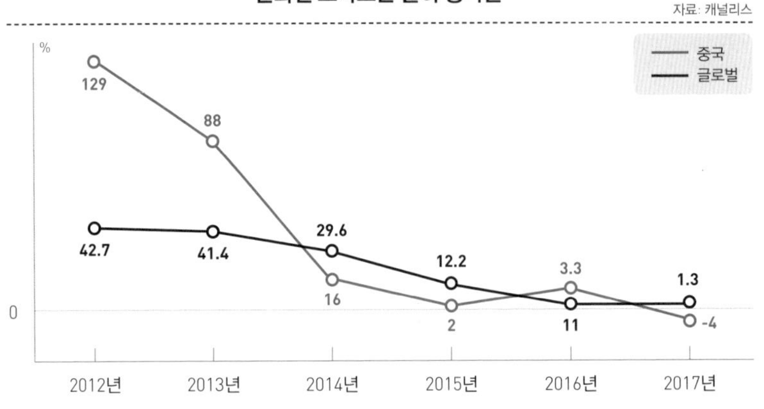

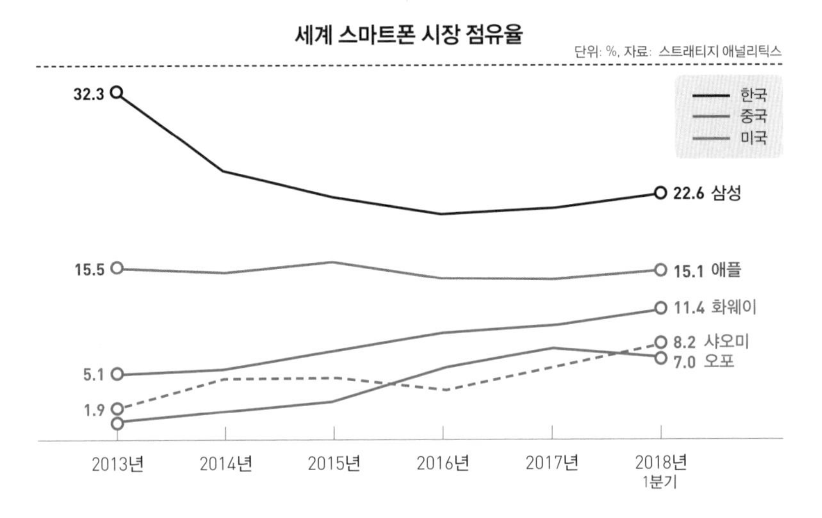

주기도 점점 늘어나고 있는 추세로 바뀌고 있다. AI, 카메라 등의 기술로 소비자들을 유혹하지만 약발이 그리 먹혀들고 있지 않는 분위기다. 삼성과 애플이 중국 후발업체들의 추격을 따돌리기 위해 AR 기술을 접목해 자신만의 캐릭터를 만들 수 있는 AR이모지와 애니모지를 플래

그십Flagship(최상·최고급 기종 지칭) 제품에 적용하기도 했지만 반응은 기대 이하다. 궁여지책으로 화면을 접을 수 있는 폴더블 스마트폰 개발로 탈출구를 모색한다. 삼성·애플·화웨이가 특허를 내고 제품 개발에 박차를 가하고 있는 중이다. 또 하나 희망의 불씨는 5G폰이다. 2021년 5G폰 수요 1억 대를 목표로 하고 있지만 이는 글로벌 스마트폰 출하량의 6%에 불과한 수치다. 폴더블폰과 5G폰이 어느 정도의 수요를 끌어올릴 수 있겠지만 과연 구세주가 될지는 미지수다.

시장에서도 지각변동이 일어나고 있다. 세계 1~2위 스마트폰 시장인 중국, 인도에서 삼성의 퇴조는 글로벌 시장에서 중국 메이커의 약진과 직접 연결되는 분위기다. 삼성은 한 때 중국 시장에서 1위로 등극하기도 했으나 계속 추락하여 2018년 1분기 기준 1%대 점유율에 그치고 있는 실정이다. 이 정도면 존재감이 거의 상실되고 있다고 봐도 무방하다. 인도 시장에서도 6년 만에 중국 샤오미에게 1위 자리를 양보하기도 하였으며, 현재도 양사가 선두를 놓고 치열한 공방전을 벌이고 있다. 신흥국 시장에서 끝없는 추락을 하고 있는 셈이다. 가성비를 앞세운 중국 업체의 공세에 속수무책으로 당하고 있는 것이다. 프리미엄 시장에서의 삼성이나 애플의 지위도 크게 흔들릴 수 있을 것이라는 적신호가 이미 켜져 있는 상태다. 1~2위를 다투고 있지만 중국 메이커와의 격차가 줄어들고 있고, 향후 판세가 더 악화될 수 있다는 우려가 현실화되고 있다. 2018년 1분기에 마침내 중국 연합군 브랜드의 합산 세계시장 점유율이 30%를 넘어섰다. 중국이 스마트폰 최강국으로 되고 있는 셈이다. 미국 정부의 제재로 중국산의 미국 시장 판매가 금지되고 있는 상태에서 나온 점유율이라는 점에서 불안감은 더 커진다. 중국 브랜드에게 1위 자리를 내주는 것도 시간문제가 아닌가 싶다. 제품 라이프사이클을 단축하는 등 준비된 라인업으로 판세 역전에 노력하고 있기는 하지만 힘에 부치는 모습이다. 반도체·가전과 더불어 또 하나의 먹거리인 스마트폰 시장에서 고전이 노골적으로 드러나고 있는 양상이다. 화웨이를 선봉장으로 한 샤오미·비보·오포 등 중국 연합군의 총공세가 거침이 없다. 자체 내수시장과 인도 등 거대 신흥국 시장을 확실히 선점한 이후에 삼성이나 애플이 주도하고 있는 선진국 프리미엄 시장으로 진입하겠다는 로드맵이 현실화되고 있다. 스마트폰 기능이 상향 표준화되면서 종전과 같이 신제품이나 마케팅 전략만으로 판매를 늘리는 데 한계가 있음이 입증되고 있는 것이다.

특히 글로벌 판매 3위로 부상한 화웨이의 약진이 눈부시다. 선두 주자와 비교해도 제품 기술력 측면에서 손색이 없다. 삼성이나 애플 제품에 없는 트리플 카메라와 디스플레이에 화면 지문인식 기술을 적용하는 기술까지 선보이고 있다. 픽셀 수가 가장 많은 고화질 사진을 찍을 수 있고, 삼성이나 소니가 차별화 포인트로 내세운 슈퍼 슬로모션 기능도 갖췄다. 샤오미는 AI를 활용해 잠금 해제와 무선 충전 기능을 갖춘 미믹스 2S를 출시하였다. 비보와 오포도 AI를 접목한 최신 기능폰을 계속 내놓고 있어 시장 상황은 점입가경으로 치닫고 있다. 삼성이 다양한 제품군으로 중국·인도 시장의 탈환을 노리고 있지만 그리 녹록치가 않다. 화웨이는 내친 김에 유럽 시장에서도 삼성에 강력한 도전장을 내밀었다. 제품 기능 업그레이드와 동시에 기존 현지 유통망을 통한 마케팅 활동을 강화해 나가고 있다. 삼성과 애플의 독주 시대는 이미 물 건너 간 이야기다. 자칫 1~2년 내에 중국 연합군이 글로벌 시장을 주도할 수 있는 상황이 의외로 빨리 성큼 다가오고 있는 것이다. 조만간 화웨이가 애플의 점유율을 추월할 것으로 예상된다. 급기야 화웨이는 타도 삼성전자를 외치면서 늦어도 2021년에는 글로벌 1위 업체로 오를 것이라고 호언장담한다. 도달 시기가 앞당겨질 수도 있는 분위기다.

시장의 기울기는 중국 연합군으로 급속하게 옮겨가

최근 미국 소비자 전문 잡지인 〈컨슈머리포트〉가 발표한 미국 소비자 평가에서 갤럭시 S9 플러스와 S8 등 갤럭시 시리즈가 1~5위·9위를 각각 차지하고 있다. 아이폰은 6~8위, 화웨이의 메이트 10 프로가 10위에 각각 랭크되어 미국 시장에서 그나마 선전하고 있는 것이 다소 위안이 되기는 한다. 중국 스마트폰 업체들에게도 장밋빛만 있는 것은 아니다. 한국산 반도체에 대한 의존도가 절대적인 중국 스마트폰 업체들이 삼성전자와의 가격 협상력에서 전혀 힘을 쓰지 못하고 있기 때문이다. 이는 그들이 가격 인하를 자유자재로 할 수 없다는 것을 의미하기도 한다. 중국이 반도체 산업에 집착하고 있는 이유가 이 대목에서도 확인된다. 이래저래 스마트폰이 글로벌 먹거리로서 수명을 다하고 있다는 징조가 여러 군데서 발견된다. 세계 최대 시장인 중국에서 2017년 4분기, 2018년 1분기, 2분기 연속으로 판매가 감소했다. 2018년 1분기는 무려 26%나 급감했으며, 2017년은 연간 판매가 전년 대비 4%나 감소하여 처음으로 감소세로 돌아섰다. 인도 시장을 제외하고 북미·유럽 등 선진국 시장의 부진도 이어지고 있어 글로벌 수요 성장 둔화는 계속될 것으로 보인다. 글로벌 스마트폰 시장은 2개의 큰 도전에 직면하고 있으며, 이미 시장은 요동치고 있다. 최근 수요 감소가 혁신의 부재에 따른 기술 평준화에 있다고 본다면 획기적인 기술이 새롭게 나타날 수 있느냐 하는 점이 첫째 이슈다. 둘째 이슈는 삼성과 애플이 퍼스트 무버가 되겠다고 빠르게 치고 올라오고 있는 중국 메이커에게 언제 역전을 당하느냐다. 1998년부터 무려 13년간 세계 휴대폰 시장점유율 1위를 지킨 노키아의 휴대폰이 스마트폰에 의해 삽시간에 몰락하였다. 새로운 혁신 돌파구가 마련되지 않는다면 시장 규모는 늘어나지 않고, 공급업체만 증가하면서 삼성전자나 애플과 같은 선두주자의 부진이나 퇴각이 불가피할 것이라는 예감이 든다.

자동차 산업
현지 맞춤형 전략으로 승부를 던져라

한국 자동차 산업은 어디로 향하고 있는가? 한마디로 요약하면 갈수록 국내 산업의 기반이 약화되고 있는 반면 해외 생산 기반은 확장되고 있는 추세다. 이러한 변화에는 몇 가지 중요한 원인이 있다. 국내의 경우 고질적인 고임금·저효율 구조로 인해 더 이상 생산을 유지하는 것이 어려운 형편이다. 앞서 언급했듯 전혀 개선 기미를 보이지 않는 강성노조, 갈수록 강도가 높아지는 반기업 정서, 법인세 인상과 가파른 최저임금 상승 등이 자동차 기업을 해외로 내몰고 있다. 국외에서는 보호무역의 파고가 거세지면서 제조업의 'Back to the Market'이 대세다. 국내 생산으로는 시장에서 버틸 재간이 없어지고 있으며, 결국 현지 시장에 들어가서 생산할 수밖에 없는 구조가 더 고착화되고 있다. 사드 보복으로 2017년에는 중국 시장에서도 쓴 맛을 봤다. 주력

시장인 미국과 중국에서 고전하고 있는 것과 대조적으로 인도, 러시아 등 오히려 신흥시장에서 호조를 보이고 있는 것이 그나마 위로가 되고 있을 정도다. 국내 생산 기준으로 한국이 전통적으로 유지해 오던 자동차 산업 5위 강국도 이제 7위로 추락할 위기에 놓여 있다. 자동차 산업 강국이라는 한국의 위상이 크게 흔들리고 있는 것이다.

흔히 자동차 산업을 IT·전자와 더불어 우리의 핵심 주력산업으로 칭하는 데 주저하지 않는다. 그러나 한 꺼풀 벗고 들어가 냉정하게 평가해 보면 자동차 산업구조가 취약하기 그지없다. 국내 자동차 5사라고 하면 현대, 기아, GM, 쌍용, 르노삼성이다. 3개 사가 외국 브랜드로 이들이 마음만 먹으면 언제든지 철수 혹은 경영권 포기가 가능하다. 최근 불거진 한국GM의 감산 결정은 우리 자동차 산업이 얼마나 취약한가를 잘 설명해주는 일례다. 이들의 이기적인 경영 방식에 대한 원색적 비난과 막무가내의 몰아붙이기가 극성을 부린다. 이런 상황이 터지면 완성차 메이커보다 공급망(서플라이 체인)에 묶여 있는 부품 업체들이 더 전전긍긍한다. 우리 부품 기업의 생태계가 취약하다는 것을 잘 대변한다. 하지만 냉정하게 판단해 보면 글로벌 기업의 생리는 원래 그런 것이다. 진출한 국가에서 더 이상 경영 이익이 나지 않는다고 판단되면 지체 없이 퇴각한다. 현대, 기아 같은 우리 브랜드도 국내 생산을 줄이고 가급적 시장과 이익이 있는 곳에 들어가려고 발버둥을 치지 않은가. 그것이 시장의 원리이고, 기업의 생존 방식이다. 가솔린 차량에 들어가는 부품 수는 3만 개나 되지만 전기차에 들어가는 부품은 1/3 수준인 1만 개에 불과하다. 수시로 교체해야 할 부품 수도 전자는 2,000개나 되는 반면 후자는 18개에 그친다. 중소기업 중 가장 경쟁력을 갖췄다고 평가되면서 수출 효자품목인 자동차부품 제조 기업들이 미래가 불투명하다. 업종 전환 등 변신을 하지 않으면 거리에 나앉아야 할 판이다.

수년 전만 해도 현대차를 배워야한다고 엄살까지 부렸던 일본 완성차 메이커들이 이제 완벽한 역전과 수성에 성공하고 있다. 한국차가 주력시장에서 고전하고 있는 것과는 대조적으로 일본차는 중국·미국 시장에서 호조세를 이어가고 있다. 한국차의 판매부진이 상대적으로 일본차에 유리하게 작용한다. 최근 한국차와 일본차가 중국 시장을 포함한 글로벌 시장에서 상호 대체재의 관계로 정착되고 있음이 확인된다. 한국차가 선전하면 일본차는 고전하고, 일본차가 선전하면 한국차가 고전하는 현상이 비일비재하게 나타나고 있는 것이다. 중국 시장에서는 현지 토종 완성차 메이커들의 약진이 두드러진다. 고급 차종을 제외한 중저가 차종에서 중국 토종의 진출이 뚜렷하고, 특히 SUV 차종은 중국 브랜드가 선두주자로 부상하고 있기까지 하다. 한국차 벤치마킹에 성공한 이들이 이제 글로벌 시장에서 한국차의 대항마로까지 성장하고 있다. 미국 트럼프 행정부가 한미 양국 무역불균형의 대표 상품으로 자동차를 거론하는 등 이래저래 사면초가에 몰리고 있는 상황이다. 한국 자동차 산업이 큰 도전에 직면하고 있다고 봐야할 것 같다.

시장 따라 차별화된 마케팅 전략으로 승부수 던져야

한편 후발주자이자 갓 해외 시장에 얼굴을 내밀고 있는 중국 브랜드 차종의 공세가 만만치 않다. 선진국 시장은 아니지만 동남아·중동·아프리카·중남미는 물론이고 한국 시장에도 중국차의 수출 공급이 시작되고 있다. 중국의 굴기가 자동차 산업으로 확대되면서 지리자동차가 스웨덴의 볼보, 영국의 로터스에 이어 말레이시아 국민차 프로톤Proton까지 삼켰다. 급기야 미국의 Big3인 크라이슬러마저 눈독을 들이고 있을 정도다. 중국차의 한국차 점령이라는 중국 정부 시나리오가 이미 가시권에 들어오고 있는 것이다. 12년 전 중국차가 유럽 시장에 첫 선을 보였을 때만 하더라도 끔찍한 품질이라는 악평으로 초반에 시장에서 패퇴를 당했다. 그러나 유럽 완성차 업체 인수를 통해 기술력 향상과 고급 디자인으로 유럽 시장 재도전에 시동을 걸었다. 가격경쟁력에다 안전성도 높아져 충분히 통할 수 있다는 자신감을 보인다. 주력 차종은 SUV가 될 것이고, 결국 한국차 브랜드에 강력한 경쟁자가 될 것임을 예고한다.

해외 자동차 기업 인수합병도 활발

2017년 상반기 기준

세계 자동차 산업에 돈 쏟아붓는 중국

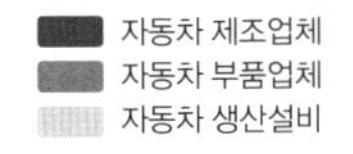

단위: 건, 자료: 미국기업연구소·딜로직·WSJ
1억 달러 이상 투자 기준

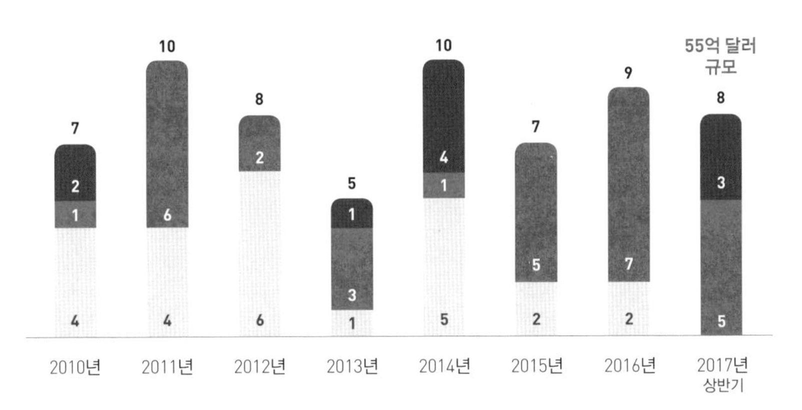

세계 자동차업체 판매량

단위: 만 대

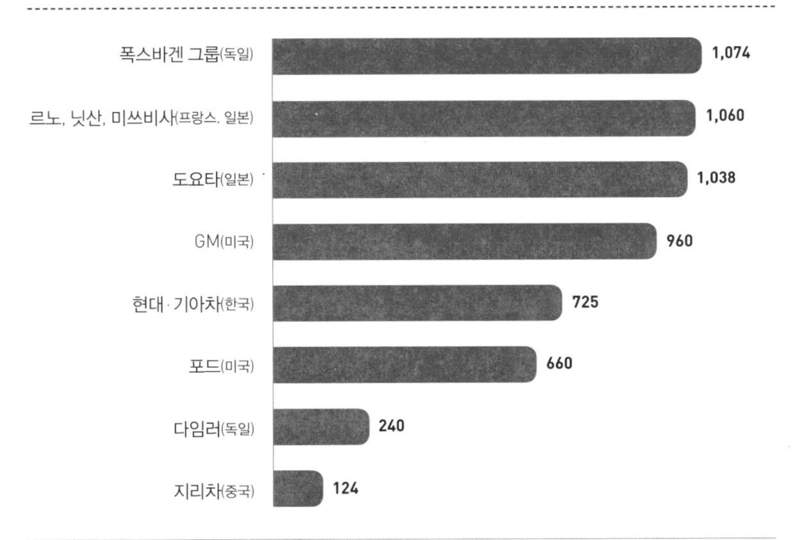

자료: 각 완성차 업체, 2017년 기준

아시아 역내 자동차 시장이 급물살을 타고 있다. 넥스트 차이나로 급부상하고 있는 이 지역의 절대강자는 일본 브랜드지만 중국 자동차 메이커들의 공세가 시작되면서 시장이 꿈틀거리고 있는 모습이다. 현대·기아차는 미국·중국 등 대형 시장에 올인하느라 신흥 유망시장인 동남아에 진출할 적절한 타이밍을 잡지 못하고 있다. 1970년대부터 동남아 시장에 진출한 일본 메이커들의 현지 시장점유율이 무려 70%를 웃돈다. 일본의 아성이라고 해도 과언이 아니다. 인도네시아 자동차 시장만 하더라도 일본차가 무려 99%의 시장점유율을 갖고 있는데 비해 우리는 고작 0.1%만 차지하고 있을 정도로 미미하다. 우리보다 후발주자인 중국은 인도네시아, 태국 등지에서 공장을 서둘러 짓고 있다. 때늦은 감이 없지 않지만 현대차도 동남아 진출 시동을 걸었다. 인도네시아에 현지 중견기업과 합작으로 반半조립 상용차 공장을 짓기로 한 것이다. 연간 2,000대 수준이다. 아직 갈 길이 멀다. 자칫 시기를 놓치면 이 거대한 시장의 흐름에서 낙오자가 될 수도 있음을 명심해야 한다. 시장은 기다리는 자의 몫이 아니고 먼저 치고 들어가 선점하는 자의 것이다. 전열을 재정비하여 이 시장 내에서 자리를 신속하게 잡아야 한다.

한국 자동차 산업이 위기에 처하고 있다는 것을 누구도 부인하지 않는다. 발에 불똥이 떨어졌다는 것을 실감하고 정신을 차려야 한다. 자동차 산업이 무너지면 완성차 업체만 무너지는 것이 아니고 일자리의 원천이자 경쟁력 있는 중소 자동차부품 업체들이 동시에 무너진다. 상상만 해도 끔찍하다. 위기가 곧 기회이긴 하지만 이를 놓치면 완벽한 패배자로 전락하고 만다. 경쟁자들에 비해 늦은 감이 없지 않지만 우리 메이커들의 미래차 개발 속도에도 탄력이 붙고 있다. 현대모비스가 자체 개발한 자율주행차 엠빌리를 미국, 독일 등 주력시장에서 시험 주행을 하고 있다. 2021년까지 독자센서를 갖춘 레벨3 자율주행 시스템 양산을 목표로 시동을 걸었다. 자율주행 센서에 대한 R&D에 집중하면서 이 부문의 인력도 15% 이상 증원한다. 사운드시스템 2억 달러 계약을 비롯해 헤드업 디스플레이 등 고부가가치 제품 수주 실적이 급증하면서 2018년도 매출이 전년보다 4배 증가한 10억 달러를 웃돌 것으로 예상된다. 한편 중국 시장 점유율 만회를 위해 현대·기아차가 현지 맞춤형 SUV 차량을 연이어 출시하고 있다. 사드 보복으로 잃어버렸던 중국 시장이 2018년 연초부터 다소나마 회복 모드로 접어들고 있는 것은 다행스럽다. 중국 토종 브랜드와의 차별화가 숙제이며, 2018년이 최대 시장인 중국 시장 재기의 큰 분수령이 될 것으로 예상된다. 중국 시장에서의 승부는 신형 SUV, 글로벌 시장에서는 친환경차로 승부의 초점이 맞추어지고 있다.

제2의 셀트리온을 만들어라

약 10년 전 일이다. 셀트리온이 코스닥에 상장한지 얼마 되지 않은 시기에 우연하게 이 회사를 방문한 적이 있다. 코스닥 등록 회사들의 평가와 수상업체 선정을 위한 심사위원 자격이었다. 소위 말하는 바이오 의약품 복제약이라는 바이오시밀러를 통해 글로벌 제약업계로 부상할 수 있을 것인가에 대한 논란이 있기도 했다. 하지만 당시 대부분의 평가위원들은 주저하지 않고 이 회사를 대상大賞 업체로 선정했던 기억이 남아있다. 다소의 우여곡절을 겪기는 하였지만 셀트리온은 바이오·의료 분야에서 글로벌 강자로 우뚝 서려고 한다. 그 도전은 여전히 진행 중이며, 끝이 어디까지 갈지는 예측이 불가능하다. 최근에는 자가면역질환 치료제 오리지널 의약품인 이 회사의 세계 1호 바이오시밀러인 램시마가 레미케이드를 제치고 유럽 시장점유율에서 상대적인 우위를 보이고 있다. 출시 4년 만에 52%의 점유율로 46%인 상대를 꺾었다. 보수적인 제약업계의 통념상 이는 거의 불가능에 가까운 일이다. 일반적으로 복제약은 살아있는 물질로 약을 만들기 때문에 안전성이나 효능에 대해 의문 제기를 받고 있으며, 이로 인해 시장에서 상품으로 인정받기가 상대적으로 어려운 것이 현실적 장벽이다. 2018년 들어서는 셀트리온 시가총액이 포스코를 건너 현대차까지 넘어서는 신화가 계속 진행 중이다.

셀트리온이 단기간에 비약적으로 성공한 비결은 창업 초기부터 해외 시장을 노린 것이 주효했다. 적기에 해외 시장에서 블루오션을 만들어낸 것이다. 황금 알을 낳는 거위라고 불리는 바이오·제약 분야에서 대박 신화를 꿈꾸는 기업들이 줄줄이 등장한다. 그러나 제2의 셀트리온 같은 기업을 만들어내기가 현실적으로 결코 쉬운 일이 아니다. 한미약품이 3년 전 독일의 베링거인겔하임과 폐암 치료제 올리타 기술 수출 계약으로 8,000억 원의 잭팟을 터뜨렸지만 상용화 실패로 무용지물이 되었다. 후발주자인 영국계 다국적 제약사인 아스트라제네카가 개발한 타그리소가 2017년 11월 미국 FDA 허가를 받아 한국을 포함한 전 세계 40여개 국가에 판매가 되면서 선수를 빼앗겼다. 신약 개발 경쟁은 2등이 없는 승자독식 구조다. 경쟁에서 패배한 이유야 많겠지만 하나로 요약하면 기술이 완벽하지 못했기 때문이다. 이로 인해 계약 해지와 부작용 논란 등으로 임상실험이 중단되거나 지연되었다. 최근 4~5년 사이에 한국 제약사들이 신약 개발에 부쩍 열을 올리고 있지만 세계적 수준과는 아직 거리가 멀다는 것이 객관적으로 입증된 셈이다. 과감한 규제완화와 정부의 적극적인 백업이 필요하다는 소리가 또 나온다.

한미약품과 유사한 사례가 국내에서도 비일비재하다. 우리의 바이오·제약 산업이 그만큼 취약하고, 글로벌 업체와 견주기엔 엄청난 역부족을 실감하고 있는 결과이기도 하다. 특허가 만료된 다국적 제약사의 오리지널 의약품 중 처방 실적 상위 20대 제품의 경우 국내에서 적게는 58%, 많게는 98% 시장점유율을 차지하고 있다. 국내 제약사들이 빠르게 복제약을 출시하면서 마케팅 총력을 기울이고 있지만 경쟁구도가 잘 만들어지지 않는다. 개발이 느리고 침투력이 약해 국산 약의 입지는 점점 더 좁아지고 있는 실정이다. 그리고 당뇨, 고지혈증, 고혈압 등 이미 경쟁이 치열한 시장에 뒤늦게 들어가기 때문에 시장에서 맥을 추지 못한다. 국산 신약이 시중에 판매되기 시작하여 R&D 비용을 회수하는 데에 걸리는 시간은 3년, 전체 투자비를 회수하는 데는 평균 10년 내외의 시간이 걸리고 있는 것으로 알려진다. 이런 사정에도 불구하고 국내 바이오 기업의 도전은 여전히 파죽지세다. 2018년 4월 기준 코스닥 시총 상위 10개 기업 가운데 무려 8개가 바이오 기업이다. 1위 셀트리온헬스케어에 이어 신라젠(2위), 메디톡스(3위), 바이로메드(4위), 에이치엘비(6위), 셀트리온제약(8위), 코오롱티슈진(9위), 휴젤(10위)이 그 뒤를 따른다. 제넥신(14위), 코미팜(16위), 네이처셀(20위) 등도 시총 20위 내에 자리하고 있는 기업이다. 소규모 기업 중에도 바이오 관련 주가 상승이 두드러진다. 독성 단백질로 근육 경련 등의 질병 치료가 가능한 보툴리눔 독소 개발·생산 업체인 메디톡스의 사례가 돋보인다. 국내시장은 이미 50%를 돌파하여 기반을 잡았고, 이제는 해외 시장 공략에 적극 나서고 있다. 글로벌 경쟁사보다 한발 빠른 출시

전략으로 중국 시장을 선점할 수 있는 기회도 만들었다. 한편으론 보툴리눔 독소 글로벌 시장의 75%를 장악하고 있는 미국 엘러간Allergan과의 제휴를 통해 이노톡스 신제품을 메디톡스가 공급하고 엘러간이 한국을 제외한 세계 시장의 판권을 갖는다.

바이오 기업, 글로벌 경쟁에서 이길 수 있는 풍토 만들어야

수많은 바이오 기업들이 신약 개발에 도전하고 있지만 성공하는 것이 하늘의 별 따기라 할 정도로 현실은 냉엄하다. 평균 10년 이상의 시간과 1조 원 정도의 비용이 투입된다. 당연히 혼자서는 엄두도 내지 못할 일이다. 따라서 대부분의 바이오 기업들이 창업투자사로부터 자금조달을 받으려고 한다. 투자자금에 대한 회수 가능성이 있어야 창업투자사들이 덤벼드는 것은 인지상정이다. 대부분 바이오 기업들은 실적이 전무하기 때문에 기술특례상장제도를 활용하여 자금을 조달한다. 하지만 오락가락하는 기술특례상장 심사 제도로 인해 어려움을 호소하는 바이오 기업들이 적지 않다. 이 제도를 통해 주식시장에 진입한 바이오 업체가 2014년 1개사에서 2015년에 10개사로 늘어났으나 2016년에는 9개사, 2017년에는 6개사로 오히려 줄어들고 있다. 심사의 전문성에 대한 비판이 제기되고 있기도 하다. 또한 유전자검사DTC, Direct to Consumer가 허용되고 있는 항목이 12개에 불과해 시장을 위축시키고, 결국 바이오 기업들을 해외로 쫓아내는 빌미가 되고 있다. 희귀난자병 치료, 종자 개량 등에 혁신을 몰고 올 것으로 기대되는 유전자

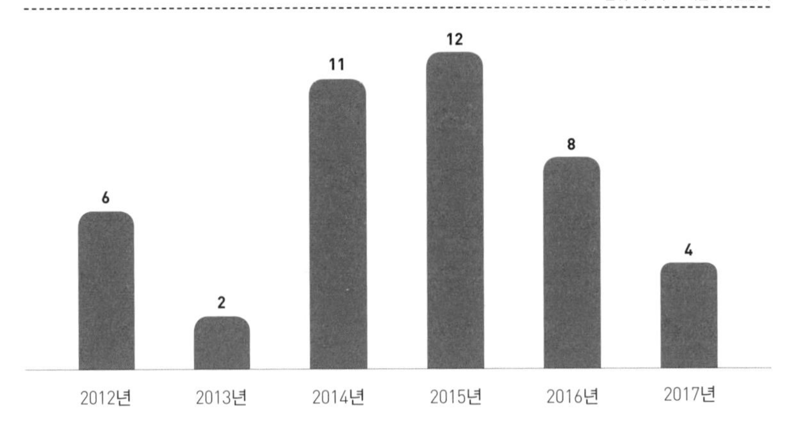

가위 기술도 국내에선 허용되지 않는다. 중국은 이 부문에서 가장 발 빠르게 움직이는 국가다. 글로벌하게 진행 중인 유전자가위 기술을 활용한 70여 건의 치료제 임상실험의 90%가 중국에서 이루어지고 있을 정도다. 국산 신약개발 독려를 위해 마련한 신속허가제도도 갈수록 깐깐해져서 지난 2년 동안 허가 건수가 1/3로 급감하고 있다. 이 판에 삼성바이오로직스와 금융감독원 간에 벌어진 분식 회계 분쟁이 눈살을 찌푸리게 한다. 결론이 어떻게 나든 간에 삼성이 미래 먹거리로 본격적으로 투자하고 있는 바이오 부문의 성장세가 꺾인다면 모두가 지는 꼴이 되고 만다. 기업을 죽이는 형태로 진행되는 것은 정말 곤란하다.

그래도 꿈은 꿈틀거린다. 보수적이던 국내 제약 업계도 해외 시장에 눈독을 들이면서 글로벌 경영 체제로 빠르게 옮겨가고 있는 추세다. 무게 추를 해외로 돌리고 있는 것이다. 글로벌 주자들과의 전략적 제휴와 해외 수요 발굴에 눈을 뜨고 있다는 반증이다. 이에 따라 아직 규모 면에서 보잘 것 없지만 의약품·기술 수출이 늘어나고 있는 것은 고무적이다. 하지만 해외 시장의 장벽도 갈수록 더 높아지고 있다. 베트남 등 동남아 신흥국가들도 자국 제약 산업을 보호하기 위해 수입 규제를 강화해 나가고 있는 추세다. 3~4개월이면 동남아 시장에 제품을 수출할 수 있었지만 최근 들어서는 수출 절차를 밟는 데만 1년 이상 걸린다. 수출 전선에 비상등이 켜지면서 의약품 무역수지가 더 악화될 가능성이 커지고 있다. R&D에 투입하는 비용을 보더라도 다국적 제약사에 크게 밀린다. 국내에서 가장 많이 투자한다는 셀트리온이 2017년에 2,270억 원을 썼다. 이에 비해 로슈는 12조 9,000억 원, 존슨앤드존슨이 10조 8,000억 원을 쏟아 붓고 있다. 이들의 2%에도 미치지 못하는 초라한 규모다. 국내 분위기가 다소 가라앉고 있는 것과는 대조적으로 신약 확보를 위한 글로벌 제약사들의 M&A 경쟁은 치열하다. 갈수록 신약 개발이 어려워지고 있는 여건이 글로벌 기업들의 인수전을 부추긴다. 글로벌 제약사의 기존 의약품 특허가 4~5년이면 만료되기 때문에 먹거리 확보와 생존 차원에서 이러한 움직임이 더 활발해질 것으로 예상된다. 국내의 바이오·제약 업계도 글로벌 추세에 편승하여 해외에 더 눈을 뜨고 글로벌 제약사와의 합종연횡에 적극성을 보여야 한다.

4차 산업의 흐름을 잘 타면 승산이 있다

스마트 팩토리와 로봇산업을 연계하라

4차 산업혁명 진원지인 독일의 Industry 4.0은 제조업 1등 강국의 면모를 지속적으로 유지하기 위함이다. 만성적인 인력 부족과 난민 수용에 대한 국민적 저항감이 제조업 강국인 독일에게 위기가 되면서 불가피한 선택이 되고 있다. 인구절벽이라는 거대한 장벽은 대부분의 선진국들이 공통적으로 직면하고 있는 문제이며, 심지어 인구 14억 대국인 중국마저도 제조업 현장의 일손 부족이 수년 전부터 가시화되고 있는 형편이다. 지난 2016년 중국 정부가 최저임금 인상률을 5%로 제한하기 이전까지는 매년 20% 내외로 임금이 가파르게 상승했다. 대도시 생활 물가의 상승으로 제조업 일자리를 지탱해주던 농공민들도 고향으로 유턴하는 현상까지 벌어지면서 구인난이 일상화되고 있다. 설상가상으로 빠르게 늙어가는 중국 제조업 현장을 벗어나기 위해 외국 공장들의 자국 회귀나 제3국으로 이전하는 현상이 이제 그리 별로 놀라운 일이 아니다. 중국 제조업에 있어서도 스마트 팩토리는 더 이상 미룰 수 없는 현실적 과제가 되고 있는 셈이다. 심지어는 물류 부문에서는 로봇슈트가 육체노동자 중심의 일상 업무에까지 파고드는 시대가 되고 있다.

심각한 고령화와 인구절벽에 시달리는 또 다른 제조업 강국 일본은 로봇을 통한 스마트 팩토리 실현에 가장 앞서가는 국가다. 물론 제조업에만 국한하지 않고 서비스 산업 등으로 광범위하게 적용하고 있으며, 심지어 애완용 로봇까지 등장하여 독거노인들의 인기를 끈다. 전 세계 로봇 수요의 52%를 일본이 공급하고 있을 정도로 명실상부한 최대 로봇 공급국이기도 하다. 교토 소재 세계 최대 로봇 생산업체인 화낙Fanuc은 이런 추세에 편승하여 요즘 일본에서 가장 큰 수혜를 보고 있는 기업이다. 4차 산업혁명과 미국, 일본 기업의 리쇼어링으로 인해 수요가 점증하고 있기 때문이다. 사물인터넷, AI 머신러닝, 컴퓨팅 기술을 접목한 이른바 FIELDFanuc Intelligence Edge Ling & Drive System로 기술 우위와 시장지배력을 높여가려고 한다. 최근에는 관절 없이 자유자재로 움직이는 '팔 로봇' 벤처를 인수하는 등 공급 포트폴리오를 확충하고 있는 것이 눈에 띈다. 로봇 청소기, 쇼핑몰에 사용되는 스마트 카트 등도 3년 내에 국내에서 상용화될 것으로 예상되는 등 로봇이 생활의 일부로 변모하고 있다.

노동자 1만 명당 보유로봇 대수를 칭하는 로봇밀도라는 용어가 있다. 놀랍게도 이 부문에서 지난 2010년부터 7년 연속 1위 자리를 고수하고 있는 나라가 한국이다. 2016년 로봇밀도가 613대로 2015년(513대) 대비 한 해 사이에 무려 19%나 늘었다. 팩토리의 스마드화라는 측면에서 긍정적이긴 하지만 일자리 부족으로 허덕거리는 현실을 감안하면 조금 씁쓸하다. 2위는 싱가포르 488대, 3위는 독일 309대, 4위는 일본 303대다. 스웨덴, 미국, 이탈리아, 벨기에, 대만 등이 뒤를 잇고 있다. 세계 평균 로봇밀도는 2016년 기준 74대로 우리의 1/8 수준에 불과하다. 중국은 2013년 25대에서 2016년 68대로 늘어났다. 2020년까지 150대로 늘려 로봇밀도 10대 강국에 진입하겠다는 목표를 설정하고 있기도 하다. 대부분 국가들의 로봇 수요가 늘어나고 있는 것과 대조적으로 일본은 2015년 309대를 피크로 줄어들기 시작하면서 해

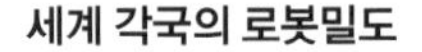

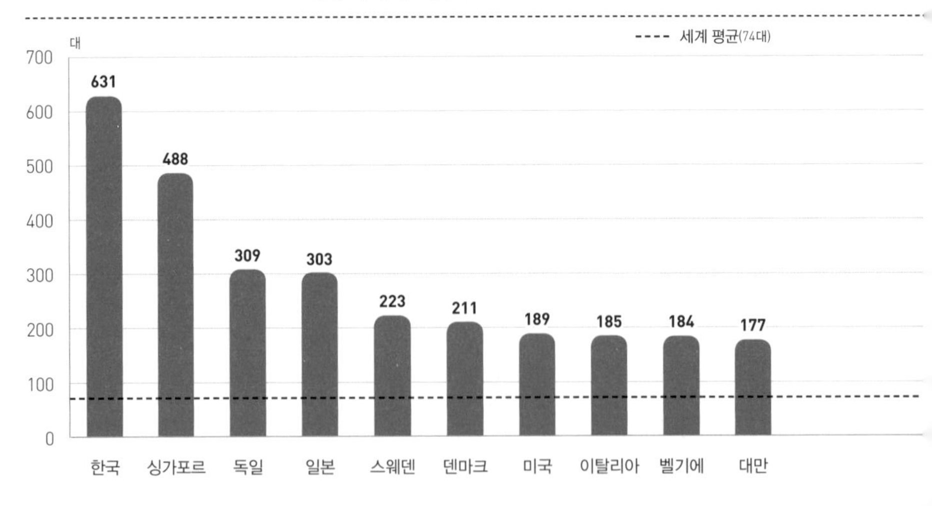

마다 감소한다. 로봇 강국답지 않은 특이한 현상을 보인다. 밀도가 지나치게 낮은 것도 문제지만 우리같이 지나치게 높은 것도 문제다. 독일, 일본, 중국의 사례에서 보듯이 필요가 공급을 창출하는 것이다. 생산시설 자동화를 통한 노동생산성의 향상이 제조업 강국으로 가기 위한 필수적인 조건이라는 방향성은 부인할 수 없다.

흔히 스마트 팩토리하면 로봇과 AI 등이 접목된 첨단 공장으로 인식이 통용되는 분위기다. 그래서인지 국내 서점에서도 한동안 로봇이 일자리를 위협하고, 미래 일자리가 사라진다는 충격적인 내용의 출판물이 즐비했다. 독자들도 부화뇌동되어 이러한 책들이 대세를 형성하기도 했다. 그러나 시간이 지나면서 지나친 과장과 기우라는 것을 깨닫고 있다. OECD는 로봇이나 인공지능으로 빼앗길 일자리가 최대

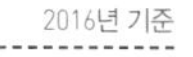

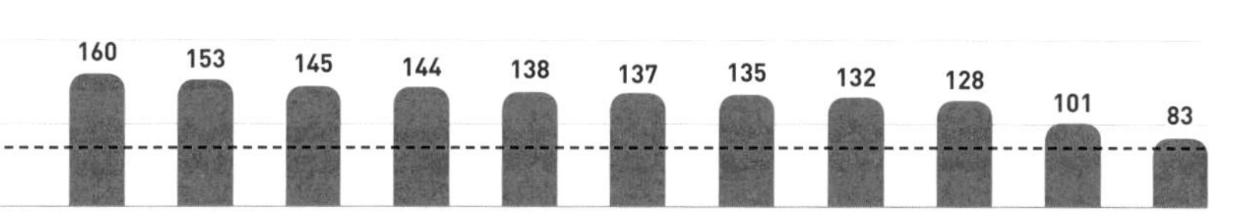

14%에 그칠 것이라는 연구 결과물을 내놓았다. 앞으로 이러한 유형의 보고서가 더 많이 나올 것이다. 물론 숙련도가 낮은 일자리는 상당수 없어지겠지만 숙련도가 높은 일자리를 비롯해 새롭게 생겨나는 일자리도 많다. 디지털 혁신의 선두주자로 평가를 받는 아마존이 지난 수년간 가장 많은 고용을 창출하고 있는 기업이 되고 있는 점을 봐도 그렇다. 공장의 자동화는 첨단 로봇 공장으로의 전환만을 의미하는 것이 아니다. 생산라인의 자동화를 통해 인건비를 줄이려는 중소형 공장의 수요가 더 크다는 것을 주지해야 한다. 선진국이나 대형 공장들은 일시에 로봇 팩토리로 갈 수 있겠지만 신흥국이나 중소형 공장들은 IT 소프트웨어 혹은 데이터를 접목한 '자동화 라인 팩토리'를 우선적으로 도입할 확률이 높다. 우리 설비 업체들이 갖고 있는 강점도 이 부문이다. 양쪽 시장을 모두 겨냥하는 것이 보다 스마트한 전략일 수 있다.

미래 먹거리 스마트시티 강국으로 변환이 필요하다

스마트시티는 말 그대로 똑똑한 도시다. 즉, 첨단 ICT 기술을 활용하여 만드는 미래형 첨단도시를 일컫는다. AI, 로봇이 통제하는 스마트시티가 현실화될 날이 멀지 않아 보인다. 현재까지는 주로 교통, 건물, 환경, 원격의료 등 공공부문에 초점이 맞추어져 있었다. 그러나 2018년 CES에서 스마트시티 개념과 어떻게 미래 기술로 발전해 나갈 것인지에 대한 구체적인 솔루션이 제공되고 있다. 미래 스마트시티는 사람을 중심으로 가전제품·집·도로·자동차 등 도시의 모든 요소가 결합하는 다원적 네트워크로 정리된다. 가전·자동차·IT 기업뿐만 아니라 사물인터넷·로봇·주방용품·헬스 케어·보안·환경 등 향후 이 분야에 뛰어들 업체들이 무궁무진할 것으로 예상된다. 구글이 앞서가고 있지만 삼성전자와 LG전자도 '원 삼성'과 'LG 씽큐'라는 모토로 시장 공략 채비를 서두르고 있다. 2020년까지 시장규모가 무려 1조 5,000억 달러에 이를 것이라는 전망마저 나온다. 선진국 도시는 물론이고 도시화에 열을 올리고 있는 신흥국 도시들까지 단계적으로 이 시장에 편입될 것으로 확실해 시장 규모가 기하급수적으로 커져 나갈 것이다.

이미 10여 년 전부터 스마트시티라는 상품이 시장에 나왔지만 글로벌 경기의 후퇴로 크게 붐을 타지 못했다. ICT 기술을 보유하고 있는 우리 기업들도 해외 시장에 과감히 나섰지만 소리만 요란했지 실속은 별로 없었다. 지난 2012년 중국 정부가 12.5 규획 기간(2011~2015) 중 대규모 스마트시티 건설 청사진을 발표한 적이 있다. 연간 240억 달러 규모의 큰 장이 설 것이라는 기대감으로 부풀었다. 사물인터넷, 교통 지능화, 스마트그리드, 빌딩 지능화, 원격의료 진료 등에 대한 가수요Imaginary Demand가 뜨기도 했다. 시장에서 성숙하기도 전에 모두 잿밥에만 신경을 썼다. 소문만 무성하고 실제로 진행되는 것은 거의 없었다. 그러나 최근 글로벌 경기의 회복 추세와 4차 산업혁명이라는 도화선이 AI와 로봇으로 장착되어 훨씬 업그레이드 된 스마트시티 시장을 현실화하고 있다. 새로운 도시 조성과 기존 도시의 업그레이드 수요가 폭발적으로 늘어나는 시기가 만들어지고 있는 것이다. 도시별로 기능 특화를 통한 다양한 스마트시티가 등장할 것으로 보이며, 이 시장을

스마트시티

자료: 국토교통부

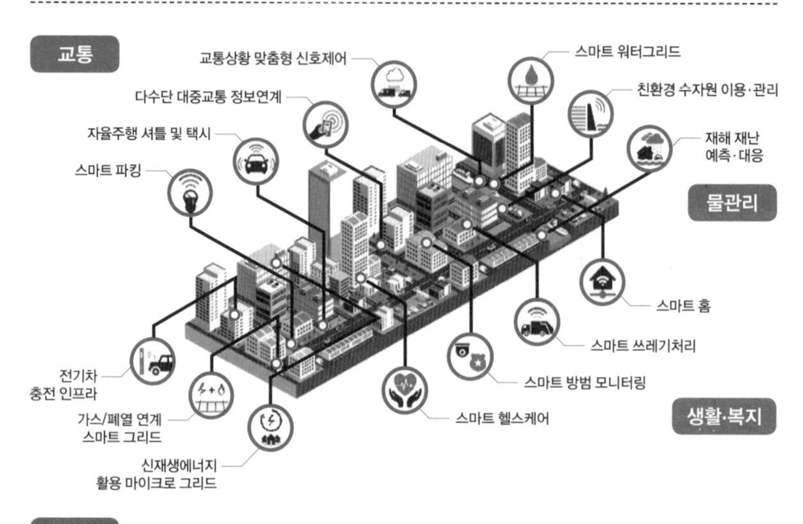

선점하기 위한 글로벌 기업들의 각축전이 본격화될 것으로 예상된다.

특히 선진국은 국가 백년대계의 형태로 접근한다. 단순히 하드웨어 재건만이 아닌 인프라와 혁신적인 소프트웨어의 변화를 추구하고 있는 것이 특징이다. 지방정부와 미쓰이부동산이 공동으로 추진 중인 일본 지바현의 '가시와노하'는 스마트시티 모범 사례로 알려지면서 세계 각국 지방자치단체, 공공기관들의 견학이 줄을 잇는다. 환경공생도시, 건강장수도시, 신산업창조도시 3개의 테마에다 복합상업시설을 추가하여 인구 2만 6,000명의 스마트시티로 재생 중이다. 이를 기반으로 해외로 수출까지 가능한 단계로 접어들고 있다. 도시재생에 스마트 인프라 기술을 접목하는 것은 도시 경쟁력과 직결될 뿐 아니라 사회안

전망 확보·생산성 제고 등에 기여할 수 있다는 믿음이 깔려있다. 또한 공공 부문만의 전유물이 아닌 민간의 효율성과 창의성이 접목되고, 수익성이 확보되어야만 추진력을 높일 수 있다. 이제 첫 삽을 뜬 우리에게 일본의 사례는 많은 시사점을 던져준다.

국내시장의 활성화, 이를 통한 경험과 확실한 증거물을 가지고 해외 시장으로 진출하는 것이 제대로 된 수순이다. 다행히 시범사업이라는 명목으로 국내에도 스마트시티 열풍이 지펴지고 있다. 단순 재개발·재건축 차원을 넘어선 도시 기능의 획기적 개선에 초점을 맞추는 글로벌 트렌드를 따라야 한다. 부산에서는 에코델타시티라는 물로 특화된 스마트시티 개발을 위해 첨단 기술을 모으고 있다. 5G와 지능형 CCTV 등을 접목하여 물 순환 선도도시로 도시재생 뉴딜을 선도하겠다는 발상이다. 세종시의 5-1생활권 구상은 3차원 정밀지도와 지능형 통신 시스템을 갖춘 자율주행차 특화도시로 조성할 계획인 것으로 알려졌다. 매년 추가로 4곳씩 지정한다고는 하지만 한국형 스마트시티에 대한 마스터플랜과 민관 협업 시스템이 구축되어야만 성공 가능성을 높일 수 있다. 스마트시티는 반도체, 스마폰 이후 한국을 먹여 살리는 먹거리로 키워 나가야 한다. 우리 잠재력을 볼 때 그 가능성이 충분하고 해외 시장에서도 그 진가를 발휘할 수 있을 것으로 기대된다.

3D 프린팅 기술, 제조업 혁신 차원에서 접근하라

메이커 스페이스Maker Space란 3D 모델 파일과 다양한 재료들로 소비자가 원하는 사물을 즉석에서 만들어낼 수 있는 작업 공간을 일컫는다. 이는 전통 제조업의 과정을 넘어 굴뚝 없는 비트Bit 제조업으로 도약하는 가상 세계의 객체를 현실화하는 방법이다. 제조업 자체의 패러다임을 전환시켜 일반 개인도 최종 완제품을 생산해내는 1인 제조업의 부상을 예고하고 있다. 유래는 메이커 운동Maker Movement, 즉 오픈소스 제조업 운동으로 미국 최대 IT 출판사 오라일리 공동창업자였던 데일 도허티에서 비롯되었다. 그는 메이커 운동이 일어나는 모습을 보고 2005년 DIYDo It Yourself 잡지 〈MAKE〉를 펴냈다. 그는 메이커 운동이 스스로 필요한 것을 만드는 사람들, 즉 메이커Maker가 되는 방법을 공유하고 발전시키는 흐름을 통칭하는 말이라고 설명한다. 이는 기존의 DIY와는 근본적으로 차원이 다르다. 단순 개인적 취미에서 벗어나 산업 영역으로 확장된 개념이다. 유사한 의미로 코워킹 스페이스Coworking Space라는 것도 있다. 이는 독립적인 작업을 하는 다양한 분야의 사람들이 한 공간에 모여 서로 아이디어를 공유하며 의견을 나누는 협업 공간 또는 커뮤니티를 말한다. 이를 통해 제조업의 문턱이 낮아지고, 협업이 용이해지고 있으며, 다품종 소량생산이 가능해진다. 제조업의 혁신을 뛰어넘는 일종의 혁명으로까지 발전할 수 있을지 그 귀추가 주목된다.

메이커 스페이스는 소규모 창업을 중심으로 글로벌하게 붐을 이루고 있다. 작게는 기술과 예술이 접목하는 창의적 배움의 공간으로, 크게는 제조업의 경쟁력 강화로 연결된다. 이 부문에서도 역시 외형적으로 가장 활성화되고 있는 지역이 중국의 선전이다. 아이디어만 갖고 있는 중국의 젊은 창업가들이 메이커 스페이스에 몰려들어 시제품을 만들고 상용화를 추구한다. 기술, 아이디어만 갖고 오라고 손짓한다. 시드 스튜디오Seed Studio, 잉단硬蛋, IngDan, 화창베이 국제 메이커스페이스와 사이거 인큐베이터, 3W 카페, 차이후오 스페이스 등이 선전의 대표적 메이커 스페이스다. 대부분이 촹커創客, 즉 IT 기술을 바탕으로 하는 혁신적 창업자들로 채워진다. 이들에게 아이디어를 시제품에 연결하도록 함과 동시에 크라우드 펀딩을 통한 자금 지원, 장비 공동 사용 혹은 판매 등 창업과 관련한 모든 지원을 포함한다. 혁신적인 아이디어는 BAT와 같은 거대 기업에 의해 채택되어 더 크게 발전하기도 한다.

그렇다면 메이커 스페이스의 본거지 미국의 상황은 어떤가? 동양인들과 달리 미국이나 유럽의 서양인들은 보편적으로 평소 DIY에 매우 익숙해져 있다. 이런 생활 관습은 차고車庫에서 시작되며, 자연스럽게 창의적인 기술에 대한 사고의 폭을 넓혀주는 공간으로 손색이 없다. 우리에겐 낯설지만 이들에겐 차고 문화가 오랜 전통이자 습관이다. 무슨 문제가 있으면 본인이 해결하지 않고 전문인에게 무조건적으로 의탁하는 우리와는 기본적으로 너무 다르다. 세계적 혁신기업인 미국 구글, 마이크로소프트, 아마존, 디즈니의 창업 아이디어가 모두 차고에서 시작됐다. 미국의 차고는 무엇이든 만들 수 있는 도구가 가득하고 어느 때나 자유롭게 일할 수 있는 작업실이자 생활의 일부다. 창의력과 사고력을 높이는 것은 학교의 메이커 교육에서 시작되고 있기도 하다. 메이커 교육은 디지털 기기와 다양한 도구를 사용해 아이디어를 실현하고 스스로 판단하며 프로젝트를 이끄는 교육 과정이다. 메이커 운동의 원조 격인 실리콘밸리의 창업보육센터를 벤치마킹한 몰입형의 실험 교실이 소위 메이커 스페이스라는 이름으로 미국 전역에 생겨나고 있는 추세다. 상대적으로 미국에서 창조적이고 모험적인 기업가가 많이 배출되고 있는 것은 교육과 현장을 연결하는 생태계가 촘촘히 엮어져 있기 때문이다. 그리고 형식적이지 않고 매우 실질적이라는 것이 다른 점이다.

이러한 메이커 스페이스 붐은 미국, 중국에 그치지 않고 우리를 비롯해 일본, 동남아, 인도 등 제조업 중심 국가들에게도 공통적으로 채택되고 있다. 글로벌 트렌드에 맞추어 각국이 이에 질세라 경쟁적으로 도입하고 있는 것이다. 그러나 면면을 보면 국가별로 내용과 액션에 있어 다소 차이가 발견된다. 중국이 창업 중심이라고 한다면 한국은 교육 중심에 머물러 있다는 점을 지적하지 않을 수 없다. 제조업과의 연결고리 측면에서도 미국에 비해 부자연스럽고 가식적이다. 한국형 메이커 스페이스가 필요하다는 이야기가 설득력을 얻고 있다. 창업 생태계의 핵심 거점으로 키워나가자는 주장이다. 한국형 메이커 운동 확산을 위해 정부도 적극 나서고 있다. 351개 지원 과제를 선정하여 36억 원의 예산을 지원한다고 한다. 지원 과제로 메이커 창작활동, 메이커 동아리, 메이커 행사, 메이커 복합프로젝트 4개 분야를 정했다. 그러나 여전히 전시 행정적 접근에 치우쳐 있다는 비난을 면키 어려울 것 같다. 과연 이 정도로 본격적인 4차 산업혁명 경쟁 시대에 게임체인저로 부상할 수 있을지 걱정이 된다. 혁신의 전면에 정부만 나설 것이 아니라 우리 사회 구성원 모두가 이에 대해 새로운 경각심을 가지고 분위기를 일신해 나가야만 가능하다.

3D 프린팅이 창업의 핵심 기술로 주목받고 있다. 제조 과정의 단순화가 핵심이다. 소규모 창업 혹은 교육용에만 그치는 것이 아니고 산업 전반에 걸쳐 획기적인 변화를 줄 수 있는 기술로 점차 확인되고 있는 것이다. 특히 기존 제조업의 비용구조를 개선함으로써 기업들이 해외 생산기지를 찾아 나서는 것을 중단시키고, 국내로 유턴하도록 만드는 결과를 가져올 수도 있다. 인건비와 운영비를 줄이면서 생산 효율의 극대화가 가능해진다. 4차 산업혁명의 본질이 제조업 혁신이라는 차원에서 3D 프린팅의 중요성이 더 탄력을 받는다. 3D 프린팅 기술이 로봇과 접목되고, 이것이 궁극적으로 스마트 팩토리가 된다. 하드웨어 혁명이라고 불리기도 하는 3D 프린팅이 가져올 파급효과는 이처럼 무궁무진하다. 게다가 제품 디자인·생산 품질 등을 높이는 소프트웨어 강화 측면에서도 3D 프린팅의 응용 기술이 확장된다. 또 다른 각도에서 보면 개인의 아이디어가 3D 프린팅으로 인류의 삶을 혁신적으로 바꾸는 원동력이 될 것으로도 보인다. 당장 4차 산업혁명의 유망 분야로 꼽히는 헬스케어·우주·자동차·패션·건축 등에 3D 프린팅이 광범위하게 적용될 것이라는 예상이 나온다. 하지만 전 세계 제조업에서 3D 프린팅이 활용되는 비율은 아직도 0.0001%에도 미치지 못한다. 개인 용도에 그치고 있고 산업용에는 거의 적용되지 않고 있는 것이다. 역설적으로는 미래 시장 가능성이 무한하다는 것을 의미하기도 한다. 3D 프린팅 기술은 이미 뜨겁게 달아오르고 있다. 미국과 독일·중국·일본이 3D 프린팅 강국으로 분류되고 있으며 한국은 후발

3D 프린팅 세계 시장 전망

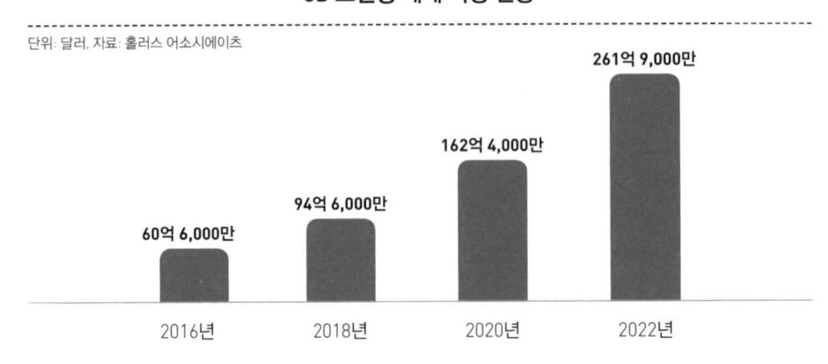

자료: Marker&markets, 2017년 기준

주자로 분류되어 선발주자들과의 격차가 꽤 크다. 본격적인 3D 프린팅 기술 선점과 관련한 글로벌 전면전의 예고편에 불과하며, 우리하기에 따라 언제든지 역전도 가능한 범주 내에 있다. 외연적 시장의 확대는 필연적이며, 2022년에 262억 달러로 커질 것으로 전망된다. 단순히 시장으로서가 아니라 제조업 혁신 기술 선점 차원에서 접근하는 것이 보다 현명하다. 한국 제조업의 미래가 3D 프린팅에 걸려 있다고 해도 과언이 아닐 정도로 이 분야에 대한 기술개발과 표준 규격 제정이 시급하다.

블록체인 기술의 리더가 되라

2017년에 일어난 가상화폐 붐이 일시적인 해프닝으로 끝나긴 했지만 블록체인 기술에 대한 인식을 새롭게 해주었다는 점에서 큰 의미가 있다. 시장에는 긍정론자와 부정론자의 주장이 확연하게 엇갈린다. 긍정론자들은 인터넷 이후 최대의 발명품으로 블록체인을 올려놓는데 주저하지 않는다. 가상화폐를 블록체인 기술이 낳은 대표적인 산업으로까지 간주한다. 규제 일변도로 흐르면 자칫 금융 후진국이 될 수 있다는 경고까지 내놓는다. 한술 더 떠 자동차와 비교, 블록체인이 자동차라면 가상화폐는 엔진과 같다는 비유까지 한다. 가상화폐의 문제점에만 너무 몰입된 나머지 블록체인 스타트업의 탄생을 저해하는 것은 더 큰 우를 범하는 결과가 될 수 있다는 주장마저 나온다. 부정론자는 대체적으로 무한한 가능성을 지닌 기술이긴 하지만 아직은 시기상조라는 점을 든다. 블록체인 기술 자체는 유망하지만 드러나고 있는 모든 문제점에 대한 합의가 만들어지기까지는 상당한 시간이 필요하다는 입장을 견지한다. 기술에 비해 시장이 너무 과열되었다는 목소리도 나온다. 따라서 산업으로 인정을 받기까지는 향후 10년 정도의 시간이 더 걸릴 것으로 전망된다.

비트코인은 지폐나 동전과 달리 물리적인 형태가 없는 온라인 암호화폐다. 디지털 단위인 비트bit와 동전coin을 합친 용어다. 나카모토 사토시라는 가명의 프로그래머가 빠르게 진전되는 온라인 추세에 맞춰갈수록 기능이 떨어지는 달러화·엔화·원화 등과 같은 기존의 법화法貨를 대신할 새로운 화폐를 만들겠다는 발상에서 2009년 개발했다. 비트코인을 만드는 과정은 광산업에 빗대어 Mining이라고 한다. 이러한 방식으로 비트코인을 만드는 사람을 마이너Miner, 즉 광부라고 부른다. 컴퓨터 프로그램으로 수학문제를 풀어 직접 비트코인을 채굴하거나 채굴된 비트코인을 거래하는 시장에서 구입할 수 있다. 비트코인은 완전한 익명으로 거래되며, 컴퓨터와 인터넷만 되면 누구나 계좌를 개설할 수 있다. 이 때문에 범죄, 탈세 등에 악용되기도 한다. 통화 공급량이 엄격히 제한돼 총 발행량은 2,100만 개로 정해져 있다. 유통량이 일정 기준을 넘으면 한 번에 채굴할 수 있는 양이 줄어들고 문제도 어려워져 희소성이 높아지는 것이 특징이다. 비트코인에 대한 부정적인 시각은 암호화폐 거래소 해킹에 따른 고객 자사 손실, 채굴 사업 사기, 가상화폐공개ICO, Initial Coin Offering 다단계 사기 등에서 비롯된다. 대부분 부정적인 시각이 투기성과 신뢰성 부족에서 기인하며, 가상화폐가 진짜 화폐가 아니라는 인식에서도 연유하고 있는 것으로 보인다. 이에 따라 비트코인을 더 이상 가상화폐라고 부르지 말고 암호화폐 혹은 디지털화폐라고 부르는 것이 타당하다는 지적이 호응을 얻고 있다.

블록체인의 정의를 보면 거래 기록(빅데이터)을 입력한 블록Block을 시계열로 체인Chain처럼 연결해 관리하는 시스템이다. 기본적으로 거래 기록을 속일 수 없기 때문에 부정거래가 원천적으로 방지된다. 관련 업무가 중복되지 않도록 효율을 높여주며, 철저한 분산화와 암호화로 시스템 장애가 거의 발생하지 않는다. 비트코인의 핵심 기술이 바로 수많은 컴퓨터에 데이터를 분산해 저장하는 블록체인이다. 중개기관이 필요 없고 생산자와 소비자를 바로 연결하는 P2P 방식의 비즈니스 모델이다. 국내에서도 은행이 아닌 핀테크 업체가 개인 대출자와 투자자를 연결하는 P2P 대출이 2년 만에 15배로 뛰어 오르고 있다. 이자가 20%에서 무려 11%로 뚝 떨어진 것이 인기의 비결이다. 가상화폐가 엄청난 물의를 일으키고 있음에도 불구하고 각국 정부가 거래소 중단 혹은 폐쇄와 같은 강경책을 꺼내지 못하고 있는 이유가 바로 양면성 때문이기도 하다. 투기 광풍이라는 어두운 그림자가 있는 반면 블록체인이라는 핵심 기술이 도사리고 있다는 점에서 그렇다. 4차 산업혁명 시대에 기폭제가 될 수 있는 핵심 기술로 이미 높은 평가를 받고 있다. 금융이나 상거래 측면에서 혁신을 가져올 수 있는 요소들이 많이 내재되어 있다는 것이 큰 장점이다. 경제뿐만 아니라 사회 혹은 생활 전반에 걸쳐 엄청난 변화를 만들어낼 수 있는 폭발력도 가지고 있다. 블록체인 기술이 접목이 되면 경제성·편리성은 물론이고 진실성·투명성이 보장되며, 파괴적 혁신과 탈중앙화·분권화라는 거대한 변화가 수반된다. 영국·캐나다·싱가포르 등 일부 국가에서는 '사적 디지털화폐'가 아닌 '공적(중앙은행) 디지털화폐' 발행을 구사하고 있을 정도다. 디지털 화폐를 국내총생산의 30% 규모로 발행하면 거래비용 감소로 3% 정도 GDP 증가도 가능하다고 역설한다.

가상화폐에 대한 찬반 논쟁은 여전히 진행 중이다. 두 얼굴의 어느

면을 보느냐에 따라 시각이 정반대로 달라진다. 중국·러시아·베트남 등 권위주의 국가들은 대체적으로 부정적이다. 반면 대다수 선진국은 가상화폐에 대해 법적 인정은 보류하고 있지만 규제에 대해서는 소극적이다. 특히 미국과 중국은 가상화폐에 대한 개념을 명확히 하면서 규제는 확실하게 하되 산업 자체는 집중적으로 육성하려는 분위기다. 전문가들 사이에서도 의견이 분분하긴 하다. 워렌 버핏·제이미 다이먼(JP모건 CEO)은 가치 있는 자산이 아니라고 부정적이지만 크리스틴 라가르드(IMF 총재)·빌게이츠 등은 피라미드식 사기가 아니고 달러보다 낫다는 후한 평가를 내리고 있기도 하다. '탈국가의 꿈'에 도전하는 가상화폐와 중앙은행이 발행하는 정식 화폐 간에 대한 논쟁, 즉 화폐 통제권에 대한 시장과 정부의 줄다리기가 계속되면서 타협의 실마리를 찾아갈 것으로 예상된다. 아무튼 금융·물류·의료 등 대형 컴퓨터에 데이터를 저장하는 업종에서는 해커들의 공격을 저지하거나 오류를 방지하기 위해서 블록체인 기술에 관심이 높아지고 있는 추세다. 거래비용도 줄일 수 있고, 시간을 단축할 수 있는 등 장점이 무궁무진하기 때문이다. 바클레이스·JP모건·크레디트스위스 등 글로벌 금융회사부터 유통의 월마트, 해운의 머스크에 이르기까지 블록체인 기술을 상용화하려는 움직임이 가시적으로 확대되고 있다.

국내에서도 논쟁이 뜨겁다. 규제를 해야 한다는 쪽과 풀어야 한다는 쪽의 주장이 팽팽하다. 전자는 대형사고로 공공의 이익을 해칠 수 있다는 점을 강조하고, 후자는 지나치게 부작용에만 초점을 맞춘 나머지 블록체인 글로벌 기술 경쟁에서 낙오자가 될 수 있음을 경고한다. 다수의 선진 국가들이 규제보다 제도화에 주력하고 있다는 점에서 블록체인 기술의 양성화와 스타트업 육성에 더 이상 주저할 필요가 없다. 가상화폐 기능의 역작용에 대한 충분한 대책을 강구해 나가면서 블록체인 기술이 양성화될 수 있도록 여건을 조성해야 한다. 때마침 블록체인 펀드도 국내에서 태동하고 있다. 블록체인 산업 관련 종목에 투자하는 상품으로 가상화폐 테마주는 편입하지 않고 플랫폼 기업 등에만 한정하고 있는 것이 특징이다. 다양한 분야의 글로벌 블록체인 기업들이 참가한 ICO 설명회가 서울에서 개최되기도 한다. 블록체인 기업에 전문적으로 투자하는 미국의 '루시드 크립토인베스트먼트'도 본격적으로 한국에서 활동을 시작했다. 암호화폐에 대한 규제가 가장 엄격한 중국에서도 1조 7,000억 원 규모의 블록체인 펀드가 출시되는 등 베일 속에서 움직이고 있다. 하지만 국내에선 정부조차 명확한 규정을 갖고 있지 않다. 분위기는 여전히 부정적이고 사기꾼으로 취급하기까지 한다. 이로 인해 네이버·카카오 등 기업은 국내를 떠나 일본에서 둥지 틀 채비를 한다. 글로벌 액센츄어는 2027년이 되면 전 세계에서 생산한 전체 정보의 10%가 블록체인 기술로 저장될 것이라 예상한다. 향후 5~10년이 블록체인 기술 성장의 전성기가 될 것이다. 현재는 블록체인 원천기술을 개발·보유한 소프트웨어·하드웨어 관련 기업들이 기업 가치를 높이는 중요한 시기다. 부정적인 면보다 긍정적인 면이 더 많다는 점에서 블록체인 기술의 가능성을 활짝 열어야 한다.

문화적 틈새를 파고들어라

한류 열풍을 글로벌 문화 코드로 연결시켜라

K콘텐츠, 즉 한류 열풍을 타고 해외 시장에서 한국 상품 판매 대박이 난 사례를 찾아보면 꽤 많다. 락앤락 밀폐용기, 쿠쿠 전자밥솥, 휴롬 녹즙기 등은 집밥 문화를 접목한 대표적 주방 용기·기구다. 2010년을 전후하여 락앤락 제품은 중국에서 선풍적인 인기를 끌었다. 2014년 기준 전체 매출의 45%가 중국 시장이었을 정도다. 이 업체가 기존 글로벌 시장 강자를 제친 비결은 의외로 간단하다. 뚜껑에 홈을 만들어 눌러 담은 실Seal 형태 용기에 실리콘 패킹을 덧대어 4면에 잠금장치를 적용한 것이 적중했기 때문이다. 하지만 2014년 시진핑 정부의 부정부패 척결에 따른 단속 강화로 현지 주요 판매채널이던 특판(기업 선물용

구매)이 대폭 위축되었다. 시장에는 짝퉁도 대거 등장했다. 이제는 중국 시장의 성공을 발판으로 탈출 시도 중이다. 중국 매출을 줄이고(2017년 기준 41%) 동남아로의 시장 다변화 추진과 함께 미국, 유럽 등 선진국으로 향하고 있다. 한편으로 밀폐용기에서 보온병 등 상품 다각화를 서두른다. 소위 말하는 제2 도약의 장정에 들어간 것이다. 외식문화가 대세인 중국, 동남아 등 국가에서 집밥 문화를 유도하는 선도적 역할을 하고 있다. 48조 원의 블루오션 시장으로 부상하고 있는 아세안ASEAN은 신한류 기지가 되어간다. 현지 TV를 들면 한국 드라마가 나올 정도로 K채널이 일상 속으로 파고 들어가고 있는 양상이다.

다음으로 화장품의 사례를 들어보자. 우리 화장품이 글로벌 시장에서 인기를 끌게 된 것은 불과 10여 년이다. 이들 화장품업계가 비약적으로 성장한 것은 내수에 의존하지 않고 적극적으로 해외 시장을 개척했기 때문이다. 때마침 한류 붐을 타면서 중국, 베트남 등 시장에서 인기몰이를 했다. 매력적인 품질, 디자인에다 합리적인 가격으로 이들의 구매 취향에 맞는 화장품을 적기에 공급하였던 것이 성공의 원인이다. 특히 중국 시장에서의 성공은 이들을 글로벌 화장품 기업과 경쟁할 수 있는 규모와 잠재력과 경험을 확충해주기도 했다. 급기야 중국의 사드보복이 현지 시장 내지 중국 관광객 대상 매출 감소로 이어졌지만 결과적으로 독이 아니고 약이 되고 있는 측면이 더 강하다. 사드 보복으로 피해를 본 기업이 많지만 의외로 이익을 본 기업도 있어 양면적이기도 하다. 결과를 불문하고 이들이 더 이상 중국만 쳐다보지 않고 시장의 포트폴리오를 중시해야 한다고 인식하게 된 것은 장래에 소중한 자산이 될 것이다. 미국이나 유럽 등 선진시장, 태국과 인도 등 동·서

남아, 러시아 등 신흥시장에 대한 공략을 서두르는 계기를 만들었다. K뷰티의 금맥이 특정 시장에 안주하지 않고 지구촌 전체로 진군하면서 우리 화장품 업계가 더 큰 글로벌 기업으로 성장할 수 있는 여건이 만들어지고 있는 것이다. 중이 제 머리를 못 깎는다는 그 말이 딱 맞다. 다행히 한류 열풍이 지역별로 다소의 차이가 있기는 하지만 여전히 확대 추세에 있다는 점이 큰 활력소가 되고 있다.

1990년대 말부터 중화권과 일본을 중심으로 시작된 한류가 이미 20년의 세월이 지났지만 그 열기가 좀처럼 식지 않고 있다. 중국과 일본에서는 다소 부침이 있기는 하지만 동남아·중동·중남미를 넘어 이제 문화적 자긍심이 높은 유럽·미국으로까지 치고 들어가고 있다. 한류가 왜 이토록 파급력이 큰 것일까? 한류의 본질에서 그 원인을 찾아보는 것이 현명한 접근이라 보인다. 19세기 말부터 20세기 초에 걸쳐서 나타난 제국주의, 1~2차 세계 대전, 미·소 냉전과 미국 독주시기를 거쳐 미·중 G2 시대에 이르기까지 세계는 강대국의 역사가 되고 있다고 해도 과언이 아니다. 그들은 정치나 이념, 경제, 심지어 문화에 이르기까지 편 가르기와 동조화를 강요한다. 그러나 지구상 많은 나라와 사람들은 이들의 패권 지향적 행태와 탐욕주의에 대해 원천적 거부감을 갖고 있다. 식상해하고 있다는 것이 보다 정확한 표현일 것이다. 무색무취하고 정치·종교적 이념이나 색깔이 없는 순수한 문화적 코드에 대해 동경을 한다. 한류가 글로벌하게 먹히고 있는 이유가 바로 이러한 지구촌의 보편적 정서에 잘 맞아떨어지고 있기 때문이다. 한류에 대해 민감한 반응을 보이고 있는 중국이나 일본에서도 사그라들만하면 다시 고개를 들고 살아난다. 기존의 한류 팬인 30~40대는 물론

10~20대에 이르기까지 정치와 한류는 별개라는 인식이 강하다. 사드 보복 철회를 하고 있는 중국에 우리 예능 수출이 다시 재개되고 있다. 일본에선 K팝의 인지도가 꾸준하고, 왕교자·비빔밥 등 간편식 K푸드도 인기몰이가 진행 중이다. 우리가 경험적으로 터득한 것은 한류의 지속적인 생명력이 순수성 유지와 정치색 배제에서 기인하고 있다는 점이다. 한류 활성화를 한답시고 해외에서 관제管制 행사를 주도하는 것은 지양해야 한다. 한류와 연계하여 한국 상품을 더 팔겠다고 어설프게 이벤트하면 오히려 화를 자초할 가능성이 높다. 민간 주도의 상품 개발과 해외 진출이 가능하도록 정부는 훼방하지 말고 뒤에서 분위기만 잡아주면 된다.

근래 들어 동북아 지역에서 나타나는 새로운 문화 트렌드가 생겨나고 있다. 과거에는 10~20년의 간격을 두고 하나의 트렌드가 일본에서 한국, 그리고 중국으로 옮겨갔다. 히트 상품·소비·해외여행·레저·오락·스포츠·화장품·보건·웰빙 등이 대체적으로 이런 단계를 거쳤다. 그러나 요즘에는 글로벌화와 인터넷 보급의 확대로 거의 실시간으로 생활 패턴이 일체화되는 경향을 보인다. 대표적인 사례로 '1코노미' 규모가 엄청난 속도로 확대되고 있는 점이다. 특징은 소위 말하는 욜로 문화의 확산이다. 1인 가구가 증가하면서 이와 관련한 상품이 폭발적으로 증가하고 있다. 이혼율이 증가하고 결혼은 자꾸 늦어지는 추세가 3국의 공통적 현상이다. 홀로 여행, 미니 가전, 모바일 음식 배달 앱, 헬스장, 가라오케 등의 시장이 새로운 블루오션으로 등장하고 있다. 2025년이 되면 중국의 20~39세 사이 독거청년空巢青年(빈 둥지 청년이라는 의미)의 수가 1억 명을 넘을 것으로 예상된다. 이들이 새로운 소비

문화를 창출할 것으로 보인다. 알리바바의 광군지에光棍节(솔로의 날)는 세계 최대의 온라인 쇼핑 이벤트로 2017년 하루 매상이 28조 원을 넘었다. 이러한 솔로 코드와 한류를 제대로 접목시키는 것이 지금 필요한 전략이다. 한류의 미래 방향성과 관련하여 발견되는 고무적인 점은 무국적화되고 있다는 점이다. 특히 문화 콘텐츠보다 제품, 서비스 분야에서 이런 경향이 강하게 나타난다. 의미 있는 큰 진전이다. 해외 시장에서 구태여 한국 기업 혹은 상품이라고 강조하지 않아도 되기 때문이다. 한류의 보편화, 글로벌 저변 확보는 틈새시장을 만들 수 있는 단초가 되고 있으며, 장래에 틈새에서 주류로 바꾸어 가는 하나의 과정이 될 것이다. 상황을 반전시키려는 공격적인 게임체인저보다 보통 사람들에게 자연스럽게 어필하면서 틈새를 파고드는 스틸러로서 한류를 지키고 키워나가야 한다.

새로운 문화와 스토리를 디자인하라

세계적인 명품은 하루아침에 이루어지는 것이 아니다. 오랜 세월 동안 지구촌의 고객들로부터 변함없이 사랑을 받는 이유가 분명히 있다. 고객에게 강하게 어필할 수 있는 완벽한 품질과 제품 보증은 물론이고 이에 더하여 감동을 줄 수 있는 스토리텔링이 명백하게 존재하기 때문이다. 고객을 자극할 수 있는 상큼한 무엇이 없으면 오랜 기간 명품으로 남아 있을 수 없다는 이야기다. 매년 3월 스위스의 바젤에서는 세계 최대 시계·주얼리 박람회인 바젤월드가 열린다. 세계적인 명품들이 대거 출전하여 시대의 트렌드에 맞는 스토리로 시장에 선 보이고 있다. 2018년에는 스토리를 다시 다듬으면서 화려한 색과 디자인의 시계들이 고객들을 유혹했다. 특히 젊은 층을 대상으로 명품 브랜드라는 콧대를 낮추면서 가성비가 좋은 시계를 대거 들고 나왔다. 브레게는 마린 컬렉션으로, 오메가는 2차 대전 당시 영국 공군에 제공했던 '씨마스터' 한정판으로, 세이코는 9S 기계식 무브먼트(동력장치) 등으로 관람객을 유혹했다. 이들이 선택한 차별화의 핵심이 바로 스토리텔링이다. 브랜드 히스토리를 시계 디자인에 녹여 베스트셀러의 재창조를 시도하고 나선 것이다. 기능과 디자인을 넘어 스토리 차별화 경쟁에 들어가고 있다.

이처럼 명품 공급업체도 시대 상황에 따라 전략을 수정한다. 그 전략의 중심은 스토리 재구성이다. 이는 도약을 위해 발버둥을 치는 우리 지역 산업에게 중요한 메시지를 던져준다. 일례로 대구의 안경 산업은 해방 후 시작되어 70년 이상 역사를 가지고 있는 지역 경제의 젖줄이다. 전국 대비 제조업체 수는 85%(547개사), 종사자 수는 79%, 수출액은 69% 수준인 1억 달러를 약간 밑돈다. IMF와 중국 저가 공세의 파고를 견디지 못하고 한동안 하락세를 면치 못했지만 2010년 이후 다시 재기의 길에 들어섰다. 연 7% 성장세가 이어지면서 안경 산업의 재도약에 대한 기대감에 부풀고 있다. 그러나 여전히 브랜드 개발 부재와 더불어 대구 안경 산업만의 독특한 스토리텔링을 만들어내지 못하고 있는 현실이다. 일본 안경 산업의 80%를 생산(세계 3위)하고 있는 후쿠이 현은 갖은 어려움에도 불구하고 세계 최초 티타늄·형상기억합금 신소재 안경테 개발 등의 차별화로 경쟁력을 유지해 오고 있다. 일본에서 행복도지수가 가장 높은 지역으로 선정되기도 했다. 사양산업이 어떻게 명맥을 유지하고 시장을 리드해 나가는가의 해답을 제시한 대표적 사례다. 진주의 실크, 전주의 한지 등이 글로벌 강자로 우뚝 서기 위해서는 지역 특성을 살린 차별화된 스토리텔링과 브랜드 개발이 필수적이다.

밝은 소식도 들린다. 동대문 패션으로 신화를 쓴 '난다' 회사다. 13년 전에 여성 캐주얼 의류 쇼핑몰인 스타일난다로 시작하여 색조화장품 등으로 상품 라인을 확대하여 매년 승승장구했다. 이 회사의 성공 비결에는 한국적인 색과 열정이라는 스토리가 존재한다. 상품이 아니라 스타일을 판다는 철학과 집념이 시장에 잘 먹혀들어간 것이다. 최근 프랑스 명품 화장품 그룹인 로레알에게 이 회사의 지분 100%(6,000억 원 상당)를 인수하기로 발표하여 화제를 모았다. 글로벌 브랜드와의 제휴를 통해 지구촌 소비자들에게 더 가까이 다가갈 수 있게 된 것이다. 한국적 패션 문화와 디자인이 세계 시장에서도 잘 통할 수 있다는 것을 보여준 대표적 사례다. 로레알 입장에서도 색조 전문 한국 화장품 브랜드의 필요성을 절감해 온 터라 궁합이 딱 들어맞은 것이다. 동대문의 작은 업체가 일구어낸 대박 신화는 우리 젊은 패션 스타트업들에게 좋은 귀감이다. 한 때 사양산업으로 내몰렸던 패션 분야가 4차 산업혁명 시대에 유망 산업이 될 수 있다는 용기를 북돋워 주고 있다. 향후 이런 대박 기업이 더 나올 가능성을 배제할 수 없다.

뿌까, 라이언 등 캐릭터 산업도 조연에서 주연으로 부상할 채비를 하고 있다. TV애니메이션은 물론 영화, 뮤지컬, 게임에 더하여 패션, 뷰티, 식음료에 이르기까지 다양한 분야에 활용된다. 뿌까는 지난 10년

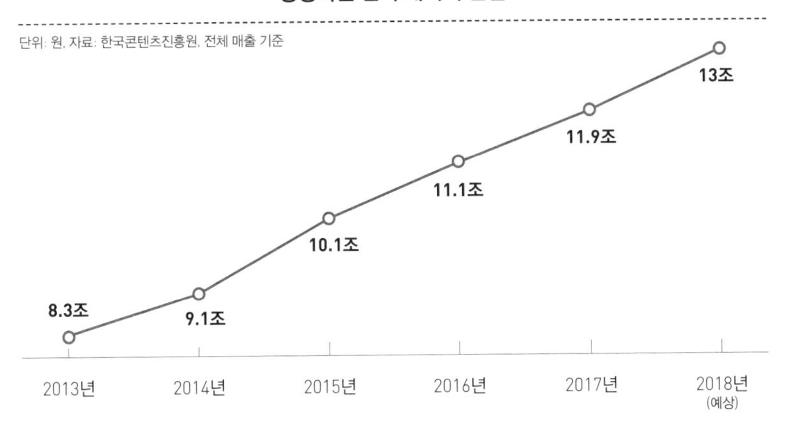

간 저작권료 수입으로 9,000만 달러를 벌어들였다. 일본 캐릭터 업체들이 가장 잘하고 있는 분야가 바로 이것이다. 캐릭터를 상품에 접목하는 기술이 월등하다. 우리에게도 가능성이 보인다는 점에서 한층 기대되는 영역이다. 또 하나 희소식은 한국 웹툰이 미국, 일본 등 시장에서 선풍적 인기를 끌고 있다는 점이다. 일본에서는 종이 출판 만화를 몰아내고 웹툰이 자리를 잡는 데 한국 웹툰 플랫폼 사업 모델이 결정적인 역할을 했다. 이제 일본의 지하철에서 만화책을 볼 수 없을 정도로 모두 스마트폰으로 만화를 즐긴다. 만화 왕국 일본에서 웹툰 플랫폼 1·2·4위가 한국 기업이다. 출판 만화를 고집한 일본 만화 업계를 웹툰 플랫폼으로 초토화시켜 버린 것이다. 미국에서도 마찬가지로 한국 웹툰 플랫폼이 현지 팬덤을 늘려가면서 시장을 장악해 나가고 있다. 중국은 물론이고 동남아·중남미 시장도 꿈틀거리고 있어 한국 웹툰 플랫폼의 글로벌 시장이 더 넓어지고 있는 추세다. 선발주자로서 자만하지 말고 후발주자와의 협력 네트워크를 구축하면서 언어 협력 등 상생의 길을 찾아야 할 것이다. 특히 웹툰이 영화·드라마 등으로 연결되고 있다는 점에서 부가가치를 높여나갈 수 있는 가능성이 크다. 해외에는 없는 한국식 비즈니스 모델로 세계 시장을 호령해 나가고 있는 사례다. 시장 규모도 2017년 4.6억 달러에서 2018년에는 10억 달러로 커지고 있다. 글로벌 만화 시장에서 웹툰이 차지하는 비중도 2012년 6.1%에서 2021년에는 18.1%로 10년 만에 3배 정도 확대될 것이라는 점도 웹툰 업체들의 의욕을 불태운다. 종이 만화 시대의 종말은 이미 예고되어 있으며, 웹툰이 대세가 되는 것은 결국 시간 문제다.

프랑스 업체들도 철수한 중국 베이커리 시장에서 파리바게뜨는 매년 승승장구하고 있다. 2005년 미국 LA 1호점 오픈을 시작으로 미국, 중국에 이어 베트남, 싱가포르, 프랑스에 이르기까지 전 세계 320여개 점포를 운영하고 있다. 중국에만 13개 도시에 직영점 107개, 가맹점 128개로 235개 매장이 성황리에 영업 중이다. 파리바게뜨로 고수익을 낼 수 있다는 공식이 인정되어 가맹점 문의가 문전성시를 이룬다. 대부분의 프랜차이즈 업체들이 현지 파트너와 합작하는 가맹점 형태로 진출하였지만 이 회사는 직영점으로 시작해 성공한 대표적 케이스다. 프랑스 정통 프리미엄 브랜드로 포지셔닝을 하면서 중국 현지 업체에 비해 고급 제품에 집중한 것이 주효했다. 현지 소비자들이 좋아할만한 신제품을 계속 개발하는 현지화 전략도 톡톡히 한 몫하였다. 경쟁사인 뚜레쥬르는 2004년 미국 진출을 시작으로 중국, 동남아 등에서 200호점 이상의 프랜차이즈 매장을 운영하면서 대박 신화를 써가고 있는 또 하나의 프리미엄 베이커리다. 브랜드 명만 봐서는 한국 베이커리인지 모르는 모호한 전략이 오히려 해외 시장에서 먹혀들어간 경우다. 중국에서의 성공을 기반으로 2006년 베트남에 진출한 오리온 초코파이는 현지 제사상에 오를 정도로 인기가 급상승하고 있다. 현지어로 정情이라는 단어와 유사한 'Thin Cam(띤깜)'이라는 것에 착안하여 '초코파이=Thin' 콘셉트를 만들어낸 것이 현지인의 호기심을 자극했다. 문화와 스토리를 결합한 것이다. 반면 CJ의 한식 프랜차이즈 비비고는 동남아 시장에서 완전히 손을 떼고 철수했다. 현지인의 입맛에 맞추기 못했기 때문이다. 한국 입맛을 그대로 현지에 적용하려던 것이 통하지 않았던 케이스다.

지구촌에서 한국은 어떤 나라로 평가를 받고 있나? 지구상에 남아 있는 유일한 분단 나라, 급속한 경제발전과 기술적 변화를 경험한 나라, 한류라는 매력적인 문화를 발산하고 있는 나라, 과거와 미래가 공존하는 나라 등으로 다양하다. 남북 관계의 긴장 수위에 따라 코리아 프리미엄이나 코리아 디스카운트 경계를 넘나들기도 한다. 하지만 우리가 우리를 평가하는 것보다 해외에서의 평가가 더 높다는 사실이 좀 아이러니하기도 하다. 최근 성공적인 평창 동계올림픽 개최와 더불어 하계올림픽, 월드컵, 세계육상선수권 등 그랜드슬램 세계 스포츠대회 4개를 모두 유치한 다섯 번째 국가가 바로 한국이라는 나라다. 하지만 아직도 한국보다는 북한을 더 많이 알고 있다든지, 의도적이든 그렇지 않든 한국에 대해 왜곡하는 사례도 자주 목격된다. 잇따른 핵실험으로 북한이 해외 미디어에 더 많이 노출되고 있기 때문이기도 하다. 평창 동계올림픽 기간 중에는 미국 NBC 방송과 영국 〈타임즈The Times〉가 우리에 대한 부정적인 보도로 공분을 사기도 했다.

한국 시장, 글로벌 혁신기업·미래 상품의 테스트 베드

상품에도 생명, 즉 라이프사이클이 있다. 일반적으로 '도입기 → 발전기 → 성숙기 → 포화기 → 쇠퇴기' 과정을 거친다. 표준상품 대량생산 과정을 포함하여 6단계로 설명하는 경우도 있지만 이는 시장에서 성공하는 상품의 일대기를 포함할 경우에 해당한다. 대부분의 상품은 도입기에서 시장에 나오자마자 소멸하는 경우가 허다하다. 그만큼 완벽한 준비가 필요하고, 처음 출시하였을 때 성공 궤도로 갈 수 있느냐로 판가름된다. 이와 관련하여 테스트 베드Test Bed 또는 테스트 마켓Test Market이라는 개념이 있다. 둘은 유사한 용어다. 전자는 새로운 기술·제품·서비스의 성능과 효과를 시험할 수 있는 환경, 시스템, 설비를 의미한다. 후자는 본격적인 신상품 발매를 앞두고 소비자들의 반응을 알아보기 위해 시험적으로 선정되는 소규모의 시장을 일컫는다. 제품의 수요 정도·판매방법·가격·선전광고 등 다방면에 걸쳐 테스트하는 것이 목적이다. 테스트 마켓에서의 성공 여부가 출시되는 상품의 첫 단추인 셈이다. 따라서 신규로 출시되는 상품에 있어 시범적 시장으로 선정되는 테스트 마켓의 중요성은 아무리 강조해도 지나치지 않는다.

실제로 시장에서 성공하는 많은 기업들의 경우 테스트 베드, 테스트 마켓 선정에 상당한 고심을 한다. 1980년대 말부터 우리 가전업체들이 당시 세계 최고의 가전제품 생산국이자 가장 까다로운 소비자를 보유한 일본 시장을 집요하게 노크했다. 하지만 매번 실패했다. 상품은 일본 전자상가의 가장자리에 겨우 놓였지만 소비자들로부터 철저하게 외면당했다. 일본 시장에서 통해야만 글로벌 시장에서 일본 가전상품과 어깨를 나란히 할 수 있다는 신념으로 일관한 것이다. 자동차도 마찬가지다. 선진국 시장에서 한국차는 기껏해야 '세컨드카Second Car(한 가정에 두 대의 차가 있을 때 주로 대학생이나 자녀가 운전하는 차)' 정도로 인식되는 것이 고작이다. 가전보다 자동차는 훨씬 글로벌 시장의 진입 장벽이 높다. 그만큼 경쟁자가 많다는 이야기다. 2008년도에 미국 시장에서 현대차가 세컨드카 이미지를 탈피하기 위해 제네시스를 출시하였다. 10년이 지난 지금에도 여전히 높은 벽을 실감하면서 그 도전은 계속되고 있다. 화장품은 다소 특이한 경우다. 한류에 힘입어 중국 혹은 동남아 등 신흥국 시장에서의 성공을 배경으로 급기야 본고장인 프랑스와 최대 시장인 미국으로 진군하고 있다. 내구재와 일반 소비재의 차이가 소비자 구매 의사결정에 영향을 미치고 있는 것으로 해석된다.

그러나 1990년대 들어 본격적인 인터넷 시대에 접어들면서 IT 강국이라는 이미지를 얻고 한국 시장이 새로운 테스트 마켓으로 부상했다. 한국 소비자들이 까다롭고 가장 유행에 민감하다는 평을 듣기 시작했다. 이에 따라 글로벌 제조업체들이 상품을 출시하여 해외 시장에 진출하려고 시도할 때 한국 소비자들을 대상으로 테스트하는 사례가 늘어나고 있는 추세다. 특히 신생 중국 스타트업은 한국 시장을 테스트 베드로 삼아 다른 해외 시장으로 진출하려는 경향을 노골적으로 보이고 있다. 막대한 자본을 업고 인구 대국 중국 시장에서 단기간에 성공한 것을 배경으로 한국 시장을 적극 노크한다. 대부분 앱으로 돈을 버는 회사로 수십 개다. 중국 공유자전거의 쌍두마차인 오포와 모바이크가 이러한 목적으로 이미 한국 시장에 들어왔다. 까다로운 한국 시장에서 성공적 적응을 통해 글로벌 시장에서의 시행착오를 보완하는 계기로 활용하겠다는 포석이 깔려 있는 것으로 보인다. 부산에서 100대를 시범 운영하고 있는 오포는 2014년 베이징에서 시작하여 세계 250여 도시에서 1,000만여 대의 공유자전거 비즈니스를 시행하고 있기도 하다. 최근에는 알리바바, 디디추싱 등에서 7억 달러의 초대형 투자를 유치하였다. 2015년 상하이에서 출발한 모바이크는 1년여 만에 세계 200여 도시에 진출할 정도로 현지화 속도가 빠르다. 에스바이크, 지바이크 등 우리 토종 스타트업들도 이에 자극을 받아 기민하게 움직인다. 이 외에도 인공지능 기반의 뉴스 앱인 터우탸오, 동영상 서비스 업체인 콰이쇼 등도 한국에 들어왔다. 세계 최대 상업용 드론 메이커인 DJI가 해외에서는 유일하게 서울 홍대 인근에 플래그십 스토어를 설치해 한국 소비자들을 유혹한다. A/S 시장 테스트 베드로 한국을 선택한 것이다.

중국 업체뿐만 아니다. 세계적인 명품 브랜드인 샤넬은 홍대 앞에 오락실 형태의 코코 게임센터를 3월부터 4월까지 운영했었다. 일본 도쿄 하라주쿠에 이어 해외에서는 두 번째로 문을 연 것이다. 20대 초반의 젊은 고객에게 게임을 제공하고 샤넬의 신제품인 루즈 코코를 홍보한 것이다. 오락실 형태지만 신제품을 써볼 수 있는 코너, 사진을 찍는 포토 코너, 판매 코너 등을 마련했었다. 대표적 글로벌 SPA 브랜드인 스페인의 자라는 한국을 아시아 시장 진출의 전초기지로 활용하고 있다. 아시아 시장에서 성공할 수 있는 트렌드를 한국에서 만들어내고 있는 것이다. 덴마크 최대 홈퍼니싱(집 단장) 업체인 아이디디자인도 동아시아에서 처음으로 한국에 매장을 열었다. 스칸디나비아풍 현대적 디자인의 가구로 한국 소비자들의 반응을 보고 일본·중국 등으로 영역을 넓혀 나가겠다는 포석이다. 세계 1위 가방 메이커 쌤소나이트, 글로벌 생활용품 브랜드 유니레버, 코카콜라 칼로리제로, 네슬레 데이스터스 초이스 웰빙 커피, 돌dole 프리미엄 스위티오 오렌지, P&G 아기기저귀 큐티, 스타벅스 그린티라떼 등도 한국인의 취향에 맞춘 후 글로벌·아시아 시장으로 진출한 케이스다. IT 등 디지털 제품을 시작으로 의류, 자동차, 골프클럽 등에 이르기까지 한국 시장을 테스트 베드로 활용하는 글로벌 브랜드, 상품이 점점 더 많아지는 경향을 보인다. 이에 대해 무조건 거부 반응만 보일 것이 아니라 경쟁을 통한 선순환 구조를 만들어내는 것이 중요하다. 보다 많은 외국 기업이 한국 시장을 테스트 베드로 삼도록 하여 새로운 일자리를 유도해야 할 것이다. 또한 이를 벤치마킹하여 경쟁력 있는 자체 상품도 발굴해내야 한다.

스타트업 혁신 메카로 거듭나야 한다

규제와 지원이라는 모순, 어떻게 극복해야 하나

얼마 전 끝난 평창 동계올림픽 개·폐회식의 백미는 공중에서 드론으로 연출한 오륜기와 마스코트 수호랑의 모습이었다. 드론이 연출한 화려한 조명쇼는 4K UHD(초고화질의 4배 선명도) TV로 전 세계에 중계되기도 했다. 모두가 감탄사를 연발하였지만 안타깝게도 이는 우리 기술이 아닌 5G로 연결된 인텔의 기술로 밝혀져 실망감을 안겨주었다. 우리 자체 기술이 지난 2013년에 이미 개발되어 있었음에도 불구하고 상용화되지 못해 미국 기술을 도입하였다는 점에서 씁쓸하다. 미래 먹거리의 핵심으로 부상하고 있는 글로벌 상업용 드론 시장에서 우리는 아직 명함도 내밀지 못하고 있는 형편이다. 주원인은 난마처럼 얽혀있는 각종 규제 때문이다. 비행은 국토부, 촬영은 국방부의 허가와 승인을 각각 받아야 한다. 중국에서는 휴대폰 앱으로 승인이 끝난다. 미국과 일본도 신산업 분야는 한시적으로 규제가 없다. 뒤늦게 우리도 규제를 푼다고 법석을 떨고 있지만 이미 앞선 주자들은 멀리 도망가고 있다. 드론 상업화와 관련한 게임은 이미 끝났다는 푸념이 사방에서 들린다. 국내 1,200개 드론 업체 중 수익을 내는 곳은 고작 30개사에 불과하다. 기술은 세계 최고 수준의 60%에도 못 미친다. 글로벌 기업들은 초창기의 단순 레저용에서 벗어나 교통·건설·택배·농업·군사 등 다양한 분야로 수요를 늘리고 있는 추세다. 외국엔 드론·로봇 택배가 보편화되고 있으나, 우리는 30kg이 넘는 부피의 '똥짐' 신세에서 벗어나지 못하고 있다. 떡칠 규제로 굴뚝 시대의 사고에서 미동도 하지 않고 있는 현실이다.

규제와 더불어 혁신을 가로막는 또 하나의 커다란 성역이 있다. 기득권 세력들의 집단이기주의 벽은 마치 철옹성과 같다. 산업의 혁신을 저해하고, 갈수록 국가의 경쟁력을 약화시키는 고질적인 문제로 굳어져 벼랑 끝으로 내몰고 있는 지경이다. 일례로 의료 부문을 보자. 고령화 추세의 글로벌화로 인해 의료 부문은 4차 산업혁명에서도 주목받고 있는 핵심 영역에 속한다. 특히 간호사는 가장 선호 받는 직업군에 편입되어 있을 정도로 그 수요가 계속 늘어나고 있는 추세다. 하지만 의사, 약사 단체들이 자기 밥그릇을 놓치지 않기 위해 개방의 발목을 잡으면서 혁신을 내팽개치고 있다. 로스쿨 도입으로 철밥통이 깨진 변호사들의 전철을 밟지 않겠다는 것이다. 가정용 유전자검사가 되지 않아 해외로 떠나는 바이오 기업들이 속출하고 있다. 원격의료가 허용되지 않고 있어 디지털 헬스케어는 엄두도 내지 못하는 실정이다. 약사들은 상비약 편의점 판매를 극렬하게 반대하고 있고, 2020년이 되면 간호사의 수가 11만 명이나 부족한데 처우 개선만 주장하고 확충은 동네 불구경 하듯 손을 내려놓고 있다. 한편 세계 최초 의료기기가 국내에서도 속속 개발되고 있지만 이를 인정받지 못하는 경우가 허다하다. 인·허가를 받으려면 허가에 80일, 신의료기술 평가에 270일, 요양급여에 150일 등 장장 1년 6개월이나 소요된다. 안전성과 유효성을 평가할 수 있는 정확한 기준이 없음으로 인해 인증을 받지 못하고 피해를 보는 기업도 속출한다. 이에 따라 국내 판매를 포기하거나 해외로의 기술 이전을 검토한다. 결국 세계 1등 기업을 배출하지 못하는 결과로 연결된다. 일회용 의료 핸드피스 분만유도기·의약용 주입펌프·그물형 깁스 등이 그러한 것들이다. 잘못된 의료 정책이 의료기기 벤처기업들의 성장을 족쇄 채우는 꼴이다.

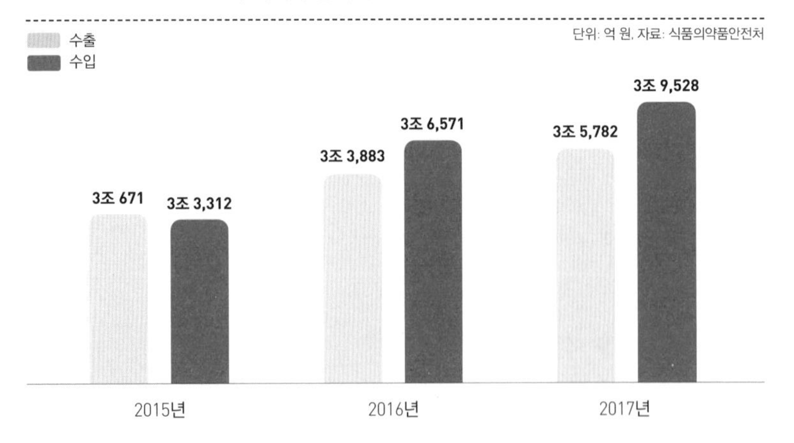

규제와 지원이라는 양날의 끝에서 기업들은 아슬아슬하게 곡예를 타기 일쑤다. 그 와중에 지금 우리가 누리고 있는 글로벌 지위마저 흔들리는 적신호가 도처에 켜진다. 스마트폰은 3년, 반도체도 5년 혹은 10년을 넘기 어렵다는 푸념마저 들린다. 말만 혁신이라며 시끄럽지 근본적인 변화는 어디에서도 발견하기 어렵다. 이런 상황이 수년간 지속되면 미래 경쟁에서 우리 설 자리가 갈수록 좁아질 것이다. 혁신의 기관차인 대기업은 소외당하고, 스타트업을 포함한 중소 벤처기업은 해외만 쳐다본다. 대기업에 대한 불필요한 알레르기 증세에서 하루 빨리 벗어나야 실마리가 나온다. 국내에서는 기업 활동이 눈치를 봐야 하고, 마치 비도덕적 행위를 하는 집단으로 취급을 당하는 것이 다반사다. 경쟁국들은 뿌리째 혁신을 하고 있지만 우리의 경우 흉내만 내고 일부 집단의 몫인 양 치부하면서 겉돌기만 한다. 최근 정부가 내놓은 규제 샌드박스 법안을 보더라도 실망스럽기 그지 없다. 무늬만 그렸지 여전히 독소조항이 많다는 지적이 많다. 기업에게 과다한 책임을 요구하면서 행정절차는 더 까다롭다. 글로벌 혁신 기업의 상징인 구글이 규제로 인해 한국 내에서 하기 어려운 사업이나 투자가 무려 17가지가 되는 것으로 밝혀지고 있다. 대·중소기업 상생을 위한 규제가 통상 분쟁의 불씨가 되고 있기도 하다. 미국의 AH(에이스하드웨어)라는 업체가 국내에 공구 마트를 내려고 하는데 제동이 걸렸다. 이와 관련해 미국은 WTO 제소를 검토하고 있는 중이다. 이처럼 규제는 정부의 갑질 행위로 재벌 갑질에 못지않은 적폐다. 정부가 규제에 대한 인식을 새롭게 하지 않으면 국가 경쟁력은 더 후퇴한다.

정부의 어설픈 정책이 벤처기업의 성장판을 닫는다. 2018년 7월부터 직원 300명 이상 기업을 우선으로 주당 근로시간을 68시간에서 52시간으로 줄이고 있다. 사원 수가 그 미만인 경우는 2020~2022년 기간 중에 점진적으로 확대해 나갈 예정이다. 이에 대한 찬반이 분분하다. 삶의 질이 좋아질 것이라는 여론과 결국 줄어드는 시간만큼 노동자에게 불이익이 돌아갈 것이라는 의견도 많다. 일이 집중적으로 몰리는 기간이 자주 있는 중소기업이나 스타트업 등 벤처기업들은 난감하다고 호소한다. 유럽이나 중국과 같이 최대 1년까지 탄력근로제를 허용해 줄 것을 호소한다. 특히 창업 초반에는 밤을 새워 일하고, 일단 성공 궤도에 들어가면 여유를 찾는 벤처 성공 방정식이 주 52시간이라는 틀에 갇히지 않을까 하는 우려의 목소리가 높다. 미국 실리콘밸리나 중국 중관촌中關村 등 스타트업이 활개를 치는 외국에는 근무시간의 제한이 없다. 주 35시간 일하는 프랑스도 스타트업·중소기업엔 주 60시간 근무를 허용한다. 일률적인 근로시간 단축이 한국 경제의 또 다른 미래인 스타트업의 싹을 자르지나 않을지 걱정이다. 승차공유와 같은 공유경제가 대세가 되고 있음에도 불구하고 규제의 덫에 걸려 시장이 아예 작동하지 않고 있다. 우버의 국내 진입은 원천 봉쇄되고, 승차 거부 혹은 승객 골라 태우기는 여전히 진행 중이다. 택시 노조의 반발과 정부의 뒷짐 자세로 논의 자체가 불가능하다. 기업이 국내에서 규제로 발목이 잡히면 해외에서도 맥을 추지 못한다는 사실에 대해 규제를 만드는 사람들이 알기나 할까. 경제 정책의 기본은 기업이 움직이도록 하는 것이다.

게임은 우리 경제에 둘째가라면 서러울 정도의 효자 산업이다. 2017년 수출이 6조 원에 달한다. 조만간 한류의 대표 상품인 화장품 수출액을 넘을 것으로도 예측된다. K게임이 수출 주력부대에 동승하고 있지만 국내에서는 사회악으로 간주되어 마지못해 해외에서 승부를 걸어야 하는 형편이다. 게임 산업은 대표적 엔터테인먼트 산업이면서 일자리 창출에 있어서도 1등 공신이다. 사행성은 도려내고, 건전하게 발전할 수 있는 토대를 만들어 적극적으로 백업해주어야 한다. 변신을 하려면 막연하게 하지 말고 혁신적으로 접근해야 할 것이다. 왜 국내 스타트업들이 많이 생겨나지 않고 있는지, 있는 스타트업들마저 해외로만 나가려 하는지에 대한 진지한 고민이 있어야 한다. 4차 산업혁명에 대한 구호는 요란하고, 공부를 한다고 떼를 지어 몰려다니지만 실속은 제로다. 형식 논리만 난무하고 경쟁국에 비해 제대로 굴러가고 있는 것이 거의 없다. 우선 기술과 시장성에 대한 평가를 제대로 할 수 있는 전문가들을 대거 발굴해야 한다. 정부 자본이 아닌 민간 자본이 생태계에 더 많이 들어와야 한다. 연구실에 있는 기술들을 밖으로 끄집어내고, 인재와 기술이 자본과 결합되는 시스템의 구축이 긴요하다. 신기술에 대한 족쇄와 규제를 풀고 미래에 대한 장을 활짝 열어야 한다. 시행착오는 있기 마련이며, 이에 대한 관용과 인내는 필연이다. 글로벌 트렌드를 외면하고 경쟁국의 움직임에 둔감한 갈라파고스의 함정에서 빨리 탈피해야 한다.

청·장년 스타트업이 한국 경제의 미래다

최근 정부가 청소년들을 대상으로 장래 선호하는 직업 설문조사에서 제법 눈길이 가는 내용이 보였다. 여전히 교사가 1위 직업이고, 대부분 모험적이기보다는 안정적인 직업군에 대한 갈망이 높은 것으로 나타나긴 했다. 초·중·고 학생에 따라 다소간의 차이는 있지만 운동선수, 경찰, 의사, 군인, 간호사, 요리사, 기계공학기술자 등이 선호되는 직업군으로 분류되고 있다. 특징적인 것은 법조인, 의사 등에 대한 선호 비율이 점차 줄어드는 추세라는 점이다. 이들의 선택에 가장 크게 영향을 미치고 있는 매개체가 매스미디어와 부모라고 한다. 눈에 띄는 대목은 중학생의 47%, 고등학생의 48%가 창업을 해보고 싶거나 관심이 간다는 반응을 보였다는 것이다. 어떻게 설문을 유도했는지에 대한 정확한 정보는 없지만 결과만 놓고 보면 일단 고무적이다. 답변 그 자체를 보면 창업에 열정적이라기보다 소극적이긴 하지만 한번은 해볼 수도 있다는 작은 변화로 이해된다. 이러한 변화를 상시적이면서 지속적인 관심으로 유도해낼 수 있느냐 하는 것이 중요하다. 창업을 하고 유능한 기업가가 되는 것이 미덕이자 하나의 비전으로 승화될 수 있도록 교육을 비롯한 사회 전반의 패러다임 시프트가 요구된다. 우리 젊은이들이 보다 가치 지향적이자 글로벌 사회의 혁신 리더로서 성장할 수 있는 토양이 만들어져야 한다. 실패는 혁신으로 가는 과정이라는 이해와 혁신에 대한 기대치가 실패로 인한 손실보다 크다는 사회적 인내가 요구된다. 작은 아이디어가 혁신으로 촉진되는 시스템이 만들어져야 한다. 스타트업에서 스케일업Scaleup으로 옮겨가는 혁신 생태계의 조성이 필요하다. 무분별한 개별 창업 지원보다 원칙적 재도전을 허용하는 생태계 정책과 벤처와 대기업을 연결하는 인수·합병 구조가 구축되어야 한다. '혁신 → 성장 → 분배'라는 선순환 구조 정착과 시장경제 마인드 회복이 절실한 시점이다.

지금 세계는 스타트업·창업 경쟁으로 연일 뜨겁게 달구어지고 있다. 혁신의 메카로 거듭나기 위한 국가·도시 간 경쟁이 치열하다. 투자자들은 이런 기업과 도시들을 찾아 동분서주한다. 벤처기업과 자금들이 국경을 넘나들면서 새로운 사업 기회를 찾기 위해 혈안이다. 4차 산업혁명과 관련한 투자도 IT 분야에만 국한되어 있지 않다. 화장품, 식품, 석유화학 등 전 산업에 걸쳐 4차 산업혁명 관련 기술이 접목되고 있는 추세다. 이에 따라 국내에서 출발한 창업 10년 미만의 스타트업·벤처들이 본격적으로 해외 시장으로 눈을 돌리고 있다. 신사업의 파트너를 찾고 해외 자본과의 전략적 제휴를 통한 몸집 키우기에 착수하고 있는 것이다. 한국에서도 스타트업들이 자본 조달을 위한 IPO(기업공개)를 적극 추진함으로써 사업의 확대를 꾀한다. 비록 적자기업이라도 성장성이 있으면 상장 가능하도록 요건도 완화되는 추세다. 국내 대표 IT 대기업들도 스타트업에 대한 투자에 눈을 뜨고 있다. 하지만 공정거래법상 대기업 계열사로 편입되면 일감 몰아주기 등의 규제를 받는다. 이에 따라 인수는 포기하고 소수 지분만 투자하는 데 그치고 있는 실정이다. 스타트업 혁신 메카의 글로벌 경쟁에 뛰어들려면 현실적인 제도 보완이 시급하다. 미래 성장 동력 확보와 일자리 창출 측면에서 이보다 더 확실한 대안이 없다.

최근 국내에서도 성공한 일부 벤처들의 고용창출이 획기적으로 늘어나고 있어 우리 경제의 미래 방향을 정확히 제시해주고 있다. 고용의 축이 대기업에서 벤처로 움직이는 모습은 매우 희망적이다. 대기업의 이익은 55%나 늘었는데 정규직 기준 고용은 1%에 그친다. 신규 고용 3명 중 1명은 비정규직으로 고용의 질이 계속 떨어지고 있다. 이 때문에 '고용 없는 성장'에 대한 비판의 목소리가 크다. 노동시장 유연성 부족에 따른 노동자 해고 어려움, 최저임금 인상, 근로시간 단축 등 이들이 내세우고 있는 이유도 많다. 공장자동화나 여의치 않으면 해외로 나갈 수밖에 없는 구조라고 하소연한다. 반면 매년 수백 명의 직원을 고용하는 벤처기업 수가 빠르게 늘어나는 추세다. 배달 앱 업체인 배달의 민족은 4명의 직원에서 출발하여 2017년에는 700명, 2018년에는 1,100명으로 늘어날 예정이다. 게임 업체인 넷마블게임즈는 2018년 1,300명을 채용 예정으로 이는 SK하이닉스의 1,000명보다 더 많은 숫자다. 이 회사는 2016년과 2017년에도 각각 1,200명과 1,000명을 뽑았다. 벤처 업계 종사자 수만 76만 명에 달해 6대 대기업의 고용 숫자와 맞먹을 정도로 커졌다. 대기업의 경우 설비투자 확대로 신규 고용을 줄이는 추세지만 벤처기업은 인재 확보가 곧 미래에 대한 투자이기 때문에 경쟁적으로 고용을 늘린다. 또 하나 고무적인 것은 전통 재래시장에도 젊은 피가 수혈되어 시장이 빠르게 진화하고 있는 점이다. 대표적인 곳이 마장동의 우시장과 동대문의 원단시장이다. 서울시 2만여 봉제공장이 패션 스타트업과 연계하여 장인 공방으로 변신 중이다. 'Made in New York Fashion'을 서울시가 벤치마킹하여 시도하고 있다. 동대문 패션의 성공 비결이 상품, 속도, 가격이라는 측면에서 보면 4차 산업혁명 시대에 더 큰 발전이 기대된다. 이처럼 청년 스타트업과의 접목을 필요로 하고 있는 곳이 의외로 많다. 한국 경제의 고질적인 딜레마인 청년 일자리를 창출하기 위해서라도 스타트업·벤처기업의 육성을 국가 아젠다의 1순위에 올려야 한다. 한편으론 장년(40~60대) 창업에 대해서도 관심을 기울어야 한다. 축적된 기술과 경험을 활용하여 창업하는 것이 국내에서도 늘어나고 있다. 초고령 사회로 접어든 일본의 경우 정부 차원에서 이를 적극 권장한다. 청년과 장년을 어우르는 체계적인 창업 지원 정책이 요구되는 시점이다. '1억 명이 활약하는 사회'라는 캐치프레이즈로 움직이는 일본과 같이 최소한 '4,000만 명이 움직이는 사회'를 만들어가야 한다.

글로벌 기술·인재·자금이 몰리는 생태계를 구축하라

만시지탄이지만 국내에서도 스타트업과 유망 벤처에 대한 생태계 복원 작업이 진행되고 있다. 중국의 창업 열기에 잔뜩 긴장한 정부가 주도하겠다고 나서는데 민간이 협력하지 않으면 결국은 용두사미나 임기응변적 대응에 그칠 공산이 크다. 중국과 양적 규모 혹은 스피드 경쟁을 하는 것은 계란으로 바위를 치는 것이나 다름없다. 연간 12만 개의 스타트업 신규 육성 같은 거창한 구호를 내거는 것은 무의미하고 공염불이 될 확률이 높다. 이런 해법으로는 절대 성공이 보장될 수 없다. 우리 체형에 맞는 옷을 입어야 한다. 미우나 고우나 우리 경제가 갖고 있는 가장 큰 장점은 세계 시장에서 인정을 받고 있는 다수의 대기업 혹은 중견기업들을 보유하고 있다는 점이다. 실제로 상당수 벤처

기업들은 정부 지원보다는 대기업과의 실질적 연결고리를 더 희망한다. 대기업이 액셀러레이터가 되어 중소 스타트업 혹은 벤처기업의 시장, 자금, 테스트 베드를 제공하는 원천이 되어주기를 기대하고 있다. 스타트업의 본고장이라는 미국에서도 대기업이 스타트업 M&A에 적극적으로 나섬으로써 생태계 선순환을 유도하는 촉진제 역할을 한다.

중국이나 일본은 물론이고, 그 어느 나라에서도 대기업을 죄인처럼 대하는 경향을 찾아볼 수가 없다. 한국에서는 규제를 타파하면 그 수혜를 마치 대기업이 다 갖고 가는 것같이 호도한다. 재벌 기업 형태는 지양해야 하지만 대기업은 압축 고도성장의 결과로 만들어진 우리 경제의 큰 인프라다. 규제 혁신의 구호는 외치면서도 생태계의 큰 축을 형성할 대기업의 설 자리가 잘 보이지 않는다. 이렇다 보니 대기업이나 벤처기업이 해외 생태계만 기웃거린다. 대기업이 국내 벤처를 인수하면 문어발 확장이니 기술 탈취 등의 명목으로 손가락질한다. 생태계 복원은 갈수록 요원해지고, 더 무너질 수밖에 없는 구조다. 중국이나 이스라엘 등 생태계가 잘 조성되어 있는 나라에서 결코 볼 수 없는 광경이다. 기업 편 가르기를 할 것이 아니라 한 배에 태워야 한다. 대기업의 실체를 인정하지 않고서는 중소·중견기업의 더 큰 성장도 기대하기 어렵다. 융복합의 4차 산업혁명 시대에 이러한 그릇된 인식을 극복하지 않고서는 글로벌 경쟁에서 절대 이길 수 없다. IT, 문화콘텐츠, 패션, 한류 파생상품, 서비스 등은 물론이고 대기업이 보유한 글로벌 지명도는 경쟁자들이 갖고 있지 않은 우리만의 잠재력이다. 이런 것들을 함께 묶을 수 있는 틀이 시급히 만들어져야 한다.

실제로 우리 대기업 중에도 자체적으로 스타트업 육성 프로그램을 갖고 있는 데가 적지 않다. 일례로 삼성, 서울대, 카이스트가 AI 반도체 공동연구를 시작하고 있으며, 삼성이 3년간 연구비 90억 원을 지원하고 있다. 정부와 무관하게 독자적으로 움직이고 있는 것이 특징이다. 사내 벤처 프로그램을 운영, 자생력을 갖추게 되면 일정 조건하에 분사시키기까지 한다. 그러나 그 수나 규모가 경쟁국에 비해 너무 초라하다. 국내에 눈에 들어오는 스타트업이 많지 않기 때문에 해외에 투자를 하는 경우가 더 많은 것도 안타까운 일이다. SK는 동남아판 승차공유(차량 호출 서비스) 우버인 그랩에 중국의 디디추싱, 일본의 소프트뱅크와 더불어 20억 달러를 투자했다. 현대자동차는 그랩에 2,500만 달러(약 266억 원) 투자를 결정하고, 삼성전자도 전략적 MOU를 체결한

인공지능 전문가 보유 순위

자료: 링크트인, 2017년 기준

순위	국가	전문가 수(만 명)
1	미국	85
2	인도	15
3	영국	14
4	캐나다	8
5	호주	5
6	프랑스	5
7	중국	5
8	독일	3
9	네덜란드	3
10	이탈리아	3

* 그 외 1만 명 이상 국가는 브라질, 스페인, 싱가포르, 남아프리카공화국, 일본 이스라엘 등

것으로 알려진다. 동남아에서 그랩은 우버를 집어삼키고 시장을 지배하는 독점적 괴물로 변신하고 있다. KT는 공유자전거 글로벌 1위 업체인 오포와 손을 잡았다. 한국형 공유자전거 서비스 상용화를 동시에 전개하여 시장을 선점하겠다는 계산이다. 미래에셋은 중국판 우버인 디디추싱에 2,800억 원을 배팅한다. 디디추싱은 중국 승차공유시장 90%를 차지하고 있고, 하루 사용 건수가 2,500만 건에 달할 정도로 잘 나가는 기업이다. 소프트뱅크가 대주주이고, 텐센트·알리바바·애플 등이 주요 주주다.

창업 생태계에는 기술과 아이디어가 몰리고, 자금이 흘러야 하며, 시장과도 확실한 연계성을 가져야 한다. 우리 생태계를 들여다보면 하드웨어적으로 그런 리더십이 없고, 소프트웨어적으로도 효율성을 제고할 수 있는 추진력이 거의 보이지 않는다. 생태계가 복원되려면 더 큰 개방성이 확보되어야 하고, 시장과 자본을 연결할 수 있는 시스템이 작동되어야 한다. 해외 생태계와의 제휴에도 개방적일 필요가 있다. 우리 스타트업이 해외에 나가서 인큐베이팅을 해야 함과 동시에 해외 스타트업들도 우리 생태계에 들어올 수 있도록 문이 활짝 열려 있어야 한다. 중국 내 AI 인재의 40%가 미국인이다. 2016년 미국에서 유학한 중국 인재 43만 명이 국내로 귀환했다. 한국은 명문대에서 초빙해도 오지 않는다. 비집고 들어갈 공간도 좁고 연봉도 터무니없이 낮기 때문이다. 한국에서 박사 학위를 받은 인재라 하더라도 기껏 받을 수 있는 연봉이 고작 3,000만 원 정도에다 그나마 비정규직이다. 어렵게 들어온 인재들마저 국내의 좀비 연구개발 풍토에 진절머리를 내면서 사기가 꺾이고 있다. 해외에선 연구 천재라고 불리던 이들이 한국에 오

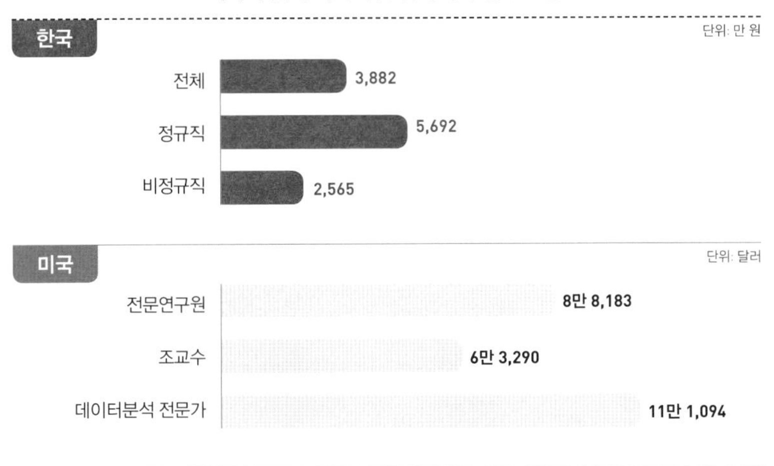
미국과 한국 박사학위 취득자의 평균 연봉
한국
단위: 만 원
전체
3,882
정규직
5,692
비정규직
2,565
미국
단위: 달러
전문연구원
8만 8,183
조교수
6만 3,290
데이터분석 전문가
11만 1,094
자료: 각 한국직업능력개발원·페이세일, 2017년 1분기 기준

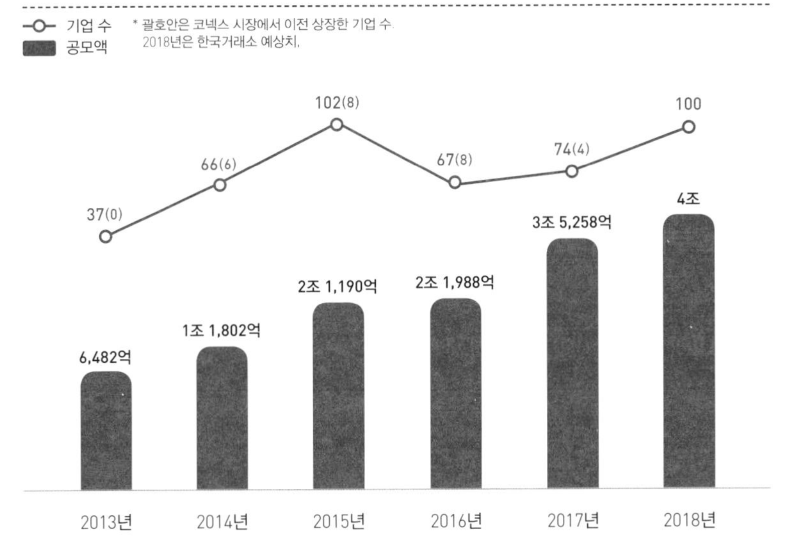
코스닥시장 신규 상장 기업
단위: 개, 원, 자료: 한국거래소
기업 수
공모액
* 괄호안은 코넥스 시장에서 이전 상장한 기업 수.
2018년은 한국거래소 예상치.
37(0)
66(6)
102(8)
67(8)
74(4)
100
6,482억
1조 1,802억
2조 1,190억
2조 1,988억
3조 5,258억
4조
2013년
2014년
2015년
2016년
2017년
2018년

면 시들해지면서 또 다른 좀비로 전락하는 것이 다반사다. 50대 후반이면 연구는 끝이고 모두 현장을 떠난다. 무섭게 인재 욕심을 보이는 중국, 벽을 허물고 외국 인재의 진입 허용을 시작하고 있는 일본과 비교하면 우리는 너무 안일하고 무지하다. 또한 대학의 생태계 참여 확대를 위해선 교수들의 창업이나 겸업이 허용되어야 한다. 문·이과계의 장벽을 허물고 커리큘럼이 양방향으로 자유롭게 흐를 수 있는 시스템 구축도 서둘러야 한다. 그래야 4차 산업혁명 시대에 부응하는 유능한 인재를 길러낼 수 있다. IPO야말로 우리 같은 토양에서 벤처기업이 자금을 조달할 수 있는 최적의 창구다. 스타트업이 대규모 자금조달을 통해 스케일업 할 수 있는 가장 중요한 수단인 것이다. 코스닥 IPO 시장의 건전한 성장과 활성화는 중소 벤처기업의 성공 보장과 일자리 창출에 매우 중요하다. 최근 중국을 비롯해 각국들이 상장 문턱을 대폭 낮추는 추세다. 스타트업들에게 IPO만큼 좋은 자금 조달 창구는 없다. 다시 강조하지만 인재·자본·시장이 외면하는 절름발이 생태계로는 글로벌 경쟁에서 이길 방도가 생겨나지 않는다.

처음부터 과감하게 해외 시장을 노려라

국내의 창업 기업들은 대체적으로 두 개의 방향성을 가진다. 하나는 국내 지향적 창업이고, 다른 하나는 해외 지향적 창업이다. 대다수 창업 기업들이 상대적으로 레드오션인 국내 시장을 목표로 하는 경향이 보편적이다. 해외 시장을 목표로 하지 않는 이유는 많다. 해외 시장은 경쟁이 치열하고 성공할 확률이 낮다는 막연한 강박관념이 지레 포기토록 강요한다. 또 다른 이유로는 해외 시장에 대해 무지하거나 이를 지탱해 나갈 만한 도전 정신이 결여되어 있기 때문이다. 이를 타파하기 위한 스타트업 혹은 벤처들이 블루오션인 해외 시장을 제대로 이해하고, 어떻게 접근해 나갈 것인가에 대한 인프라나 교육 프로그램이 매우 취약하다. 그리고 이질적 문화의 이해와 언어적 소양에 대한 확장성을 높여 글로벌 코드를 수용할 수 있는 오픈 마인드가 결여되어 있다.

다행스럽게도 최근 해외 시장 지향적인 청년 벤처들이 속속 생겨나고 있는 것은 안도감을 준다. 창업 초기부터 과감하게 해외 시장에 정면으로 도전장을 던지고 있는 것이다. 아이디어와 기술력을 갖고 있고, 도전 정신을 겸비하고 있다면 충분히 승산이 있는 게임이다. 우리 주변에서 소위 잘 나간다는 강소기업 혹은 중견기업을 보면 처음부터 해외 시장에 눈을 뜨고 이에 주력한 기업들이 훨씬 더 좋은 위치에 가 있음이 쉽게 발견된다. 첫 단추를 제대로 끼우는 것이 중요하다. 목표 시장을 명확하게 하고, 이에 맞는 비즈니스 코드를 완벽하게 준비해야 한다. 시행착오가 있을 수 있으나, 완벽한 준비와 정확한 네트워크를 확보할수록 성공에 도달하는 시간을 줄여나갈 수 있다. 한국에서 통하면 글로벌 시장에서도 통할 수 있다고 할 정도로 한국의 IT 기반 기술은 이미 긍정적인 평가가 나 있기도 하다. 국내에서 안주하려고 하지 말고, 목표 시장에 적응할 수 있는 비즈니스 모델을 개발해야 한다. 동남아·중동 등에서 우리 스타트업을 원하는 국가들이 많고, 진입 장벽도 낮은 편이다. 그러나 냉정하게 현실을 살펴보면 해외 진출에 대한 의욕만 있지 실력을 겸비한 인재들이 그리 많지 않아 보인다. 해외 창업 혹은 취업을 하려면 기본적으로 갖추어야 할 소양들이 있다. 흔히들 LINCLanguage, IT, Network, Career를 이야기한다. 이 4가지는 해외를 지향하는 젊은이들에게 필요한 기본 자산이다.

젊은 토종 벤처들이 해외에서 빠르게 움직이고 있는 것이 감지된다. 40여 개 스타트업들이 미국 실리콘밸리에서 아메리칸 드림을 꿈꾼다. 뿐만 아니라 중국의 선전에서, 동남아 싱가포르 혹은 하노이에 이르기까지 글로벌하게 움직인다. 해외에 나가기만 하면 성공이 보장되는 것은 아니다. 대다수가 초기 단계부터 상당한 좌절과 시련을 맛보기도 한다. 도중에 포기하는 벤처도 있지만 철저한 인내로 견뎌낼 수 있으면 그만큼 결실을 볼 확률이 높아진다. 무엇이 잘못되어 있고, 어떤 것을 개선해야 하는지를 아는 것도 큰 수확이다. 해외 창업 인큐베이터 현장에서는 한국 스타트업에 대한 러브콜을 계속 보낸다. 궁극적으로는 목표 시장의 현지 인큐베이터에 입주해서 승부할 각오를 해야 한다. 해외 인큐베이터들도 이들을 외면하지 않는다. 일례로 미국에 와서 창업을 하고, 기업을 만들어 고용 창출하며 세금도 낸다면 미국 정부가 환영하지 않을 이유가 없다. 다국적 글로벌 기업이라는 목표를 상정해야 하고, 처음부터 비즈니스를 오픈하고 다른 인종과 섞일 수 있는 용기가 있어야 한다. 주목할 만한 사례로는 동남아, 일본 등 아시아 시장에 진출하여 성공 씨앗을 뿌리고 있는 우리 스타트업들이 속속 등장하고 있는 점이다. 근거리 무선통신 장치인 비콘기술을 개발한 얍컴퍼니는 홍콩 스타벅스 공급을 시작으로 태국·일본 등으로 영토를 확장해 나가고 있다. 차량 O2O 회사인 이지식스는 홍콩, 대만, 베트남 등지에서 현지 렌트카 업체와 제휴하여 플랫폼 서비스 사업을 진행 중이다. 캐시트리는 인도네시아에서 스마트폰 잠금 화면 광고 사업으로 재미를 보고 있다. 일본에서도 스포카라는 스타트업이 멤버십 포인트 적립 서비스인 도도포인트로 현지 팬케이크 전문점 등과 제휴하여 사업 영역 확대를 위해 분주하다.

우리 내부에도 벤처 1세대로 성공한 기업들의 신화가 적지 않다. 라스베이거스나 마카오의 카지노 모니터 시장을 석권하고 있는 코텍은 제품 다변화를 통해 2020년 매출 1조 원 달성을 눈앞에 두고 있다. 기존 제품에 추가하여 초음파 의료기기용에 초음파 모니터를 GE나 지멘스에 공급함과 동시에 전자칠판 시장에서도 1,000억 원의 매출을 올리는 등 3개 제품 세계 1위 목표를 향해 진군하고 있다. 아모텍은 대학 교수 출신 창업자가 1994년에 세운 기업이다. 스마트폰과 같은 IT 기기에 쓰이는 칩 배리스터Varister(정전기 방지용 부품)와 감전 방지 소자 분야에서 세계 1위를 달린다. 세라믹 소재 부품을 제대로 만들 수 있는 기업은 전 세계에서 TDK, 무라타제작소 등 일본의 초일류 부품·소재 업체를 제외하고는 한국의 아모텍이 유일하다. 현 매출은 3,300억 원(수출 2,150억 원)이나 차 전장 부품으로 사업 영역이 확대되면 5년 내 1조 클럽에 진입할 것으로 자신한다.

치과용 엑스레이 전문 업체인 바텍은 독일의 시로나와 핀란드의 플랜메카에 이어 글로벌 3위에 랭크되고 있는 기업이다. 과감한 R&D로 부품 국산화율을 93%로 높였으며, 엑스레이·CT·두부규격촬영 3가지 기능이 동시에 수행되는 '3in!'를 최초로 글로벌 시장에 출시하기도 했다. 한 우물을 파겠다는 승부수가 이러한 결과를 가져오고 있으며,

전체 매출의 약 80%인 1,760억 원이 수출액이다. 이들의 성공은 벤처 2~3세대들에게 좋은 귀감이 되고 도전에 자신감을 불어넣어 주기에 충분하다.

농업이
미래 먹거리의 핵심이다

FAO(UN 식량농업기구)는 2020년 식량 시장 규모가 자동차 시장의 6배, IT 시장의 2배로 커질 것으로 전망한다. 그리고 오는 2050년까지는 식량 시장 규모가 현재의 70% 이상 확대될 것으로 예상하고 있다. 문제는 고령화·경쟁력 약화·기상이변 등을 어떻게 극복할 수 있을 것인가가 미래 농업의 핵심 과제로 등장한다. 이에 따라 농업Agriculture과 ICT 기술Technology이 접목된 농업 테크, 즉 어그테크Agtech 시장이 본격적으로 부상하고 있다. 농업생명공학기술Ag Biotechnology, 정밀농업Precision Ag, 대체식품Innovative Food, 식품 전자상거래Food E-commerce 등을 아우르는 분야다. 다른 표현을 빌리면 '1차×2차×3차 산업'이 융합된 6차 산업이 4차 산업혁명 시대에 새로운 먹거리 이슈로 부상하고 있는 것이다. 자연스럽게 스마트팜·농업 빅데이터·식물 공장·로봇 농업이라는 개념이 전면에 등장한다. 미국이 선두자이나 최근 일본·중국·네덜란드·이스라엘 등 농업 선진국들이 미래 농업 시장을 선점하기 위해 신성장 전략 산업으로 육성하고 있는 중이다. 농업과 관련한 새로운 비즈니스 모델, 일자리 등이 다양하게 창조되고 있는 것이 글로벌 트렌드다. 농업을 기초로 한 가공식품, 외식 프랜차이즈 등이 국내 시장은 물론 해외 시장에서의 유망 비즈니스로 자리매김을 하고 있는 추세다.

제조업에 스마트 팩토리가 있다면 농업에는 스마트 팜이 대세다. 스마트 팜이란 농업에 스마트 기술을 접목한 것으로 글로벌하게 활성화되고 있다. 특히 4차 산업혁명의 핵심 기술인 사물인터넷과 블록체인을 접목시킨 플랫폼이 농업 생태계의 새로운 주류로 편입되고 있는 것이다. 종자에서 시장까지 아우르는 농업 전반을 포괄하는 선진기술로 가공과 유통에 초점을 맞춰져 있는 것이 특징이다. 국내에서도 이에 눈을 뜨고 본격적인 움직임이 나타나고 있다. 전국에 걸쳐 스마트 팜 혁신밸리가 조성되고 있기도 하다. 청년농에 대한 창업 자금 지원도 획기적으로 늘어나고 있다. 어그테크를 이용한 스타트업이 계속 생겨나고 있고, 새로운 일자리가 만들어진다. 농촌 고령화, 영농인구 감소와 이에 따른 휴경지 증가 등 급격한 환경의 변화로 농업 분야에서도 혁신이 불가피하게 진행되고 있는 것으로 보인다. 농민과 영농법인·식품 유통기업·지자체·대학·연구소 등의 현장 인재들이 협력하는 미래지향적인 생태계가 되어야 한다. 귀농 인구가 점진적으로 늘어나면서 이러한 생태계가 동력을 받을 수 있는 여건이 성숙되고 있다는 것은 그나마 희망적이다. 스마트 팜 등 어그테크의 본질은 농업의 기업화·규모화다. 단순한 1차 산품이 아니라 가공과 유통을 접목시켜 농업의 부가가치를 획기적으로 높이는 것이다. 그러나 농촌 현장에 가보면 이에 대한 인식 부족과 기존 농업 관련 단체들이나 상당수 농민들이 생태계의 변화를 거부하고 있는 것도 현실적인 문제다. 혼자 하는 농업이 아닌 같이 하는 농업으로 바뀌어야 한다. 4차 산업혁명의 핵심 키워드인 콜라보레이션이 농업에도 반드시 필요한 덕목이다. 함께하는 농업이 조기에 정착되려면 이와 관련한 혁신적 비즈니스 모델이 생겨나면서 성공 사례가 속속 나와야 한다. 좁은 국내 시장에만 집착하지 말고 해외 시장을 타깃으로 하는 큰 그림이 필요하다. 농업이 실물경제와 금융이 결합하고, 농업 스타트업에 청년 피가 대거 수혈되어야 한다. 단순히 농작물을 재배하는 것에 그치지 않고 시장의 아이디어와 기술이 결합되는 메커니즘이 시스템적으로 작동되어야만 바람직한 생태계로의 안착이 가능하다. 우리보다 한발 앞서가는 일본의 경우 정부가 농업 벤처와 손을 잡고 시장에 팔릴 수 있는 상품을 개발하여 동남아 등 해외 시장을 공격적으로 공략하고 있는 모습이 두드러진다.

농업 벤처, 국내와 해외를 연결하는 비즈니스 모델 필요

농업의 혁신을 기치로 하는 구체적인 융합 사례도 점차 가시화되고 있다. SK텔레콤이 제과 회사인 오리온·농업벤처기업 스마프와 제휴하여 감자 재배와 관련한 '지능형 관수·관비 솔루션'이라는 스마트팜 기술을 농가에 제공키로 했다. 오리온의 경우 생감자칩을 안정적으로 수급할 수 있게 되고, 농가는 안정적인 공급 채널을 확보하게 되었다. 향후 글로벌 시장에도 진출할 수 있는 길이 트일 것으로 예상된다. 한편 식품과 이업종 간의 이색적인 협업까지 생겨나고 있다. 대표적인 사례가 식품과 화장품이 결합한 형태인 푸드메틱Food + Cosmetic이다. 빙그레와 올리브영이 20~30대 여성 소비자를 겨냥하여 바나나맛 우유 화장품을 출시하여 성공을 거두었다. 이를 발판으로 딸기·멜론·커피맛 우유 모양의 보디워시·로션·핸드크림·립밤 등으로 제품군이 확대되고 있다. 또 식품과 패션 브랜드 간 협업도 생겨나고 있는 추세다. 해태의 브라보콘과 여성복 브랜드 올리비아하슬러, 이랜드 스파오와 서울우유, 팔도 왕뚜껑 라면과 모자 브랜드 햇츠온 등이 협업 상품을 내놓아 세간의 주목을 받고 있다.

농업 벤처의 해외 진출 가능성도 밝다. 혁신적인 기술이 있다면 해외에서 스마트 팜 기지를 만들 수 있는 기회가 활짝 열려 있다. 중국, 브라질, 인도 등에서 이런 실험들이 진행 중이다. 이런 일들이 성공적으로 추진되기 위해서는 해외에 진출한 우리 대기업과의 협력을 권장할만하다. 해외 소비자들도 웰빙 붐으로 건강한 식탁을 채워줄 더 좋은 먹거리와 인터넷 보급 확대로 외식 문화에 대한 기대치가 높아지고 있다. 해외에서 성공하려면 글로벌 트렌드에 대한 정확한 추적과 팔릴 수 있는 상품이 개발되어야 한다. 공산품과 마찬가지로 농산품에 있어서도 제품과 상품은 분명히 다르다. 안타깝게도 우리 농업은 상품화에 대한 인식이 글로벌 경쟁자들에 비하면 현저하게 낙후되어 있다. 글로벌 문화에 대한 이해도가 떨어지면서 나타나는 당연한 결과다. 실제로 우리 농업인들이 해외에 나가서 실망을 하고 돌아오는 이유가 100가지도 넘겠지만 요약해 보면 시장 수요와 괴리된 상품을 들고 나가기 때문이다. 브랜딩이나 포장·디자인 등도 국내 스타일만을 고집할 것이 아니라 해외에서도 먹힐 수 있도록 보다 철저한 연구와 노력이 필요하다. 앞서 언급했듯 상품화와 더불어 스토리텔링도 결코 무시할 수 없는 요소다. 스토리는 글로벌 문화에 자연스럽게 수용될 수 있는 보편적이면서도 독특한 매력적 포인트를 가지고 있어야 한다. 마지막으로 아무리 좋은 상품이라도 가격이 맞지 않으면 무용지물이다. 팔릴 수 있는 가격으로 상품을 세팅하는 전략은 해외 시장에 진출하려는 공급업자에게 있어 첫 단추 꿰기라고 할 수 있다.

한국 경제 걱정,
이제는 마지막이 되었으면 한다

원고를 마무리하는데 한국 경제와 관련된 우울한 소식이 또 들려온다. 제조업 가동률이 9년 만에 최저치에다 공장의 30%가 멈추어 섰다. 기업 재고율은 20년 만에 최고치다. 믿었던 수출마저 18개월 만에 감소세로 반전되었다. 작년도 수출증가율이 글로벌 1위였으나, 2018년 들어서는 중국, 일본에도 밀리고 있다. 1분기 기준 수출 증가율이 -1.5%에다 글로벌 순위는 7계단이나 내려앉아 8위로 떨어졌다. 활력이 넘쳐나는 도시보다 시들어가는 도시들이 더 많아진다. 실업률은 17년 만에 최고치를 경신하고, 청년 실업률은 갈수록 더 악화되는 추세다. 산업 현장 곳곳에는 빨간불이 켜진다. 생산과 투자가 동반 하락하면서 당장도 문제지만 갈수록 더 태산이다. 반도체, 스마트폰 등 일부 품목에 연명하는 경제의 한계를 적나라하게 보여주고 있다. 글로벌 경기의 완연한 회복세가 우리 경제를 1~2년은 가까스로 버티게 할 수 있을 것이다. 하지만 그 이후가 문제다. 아무런 처방 없이 현 상태를 지속된다면 일본이 경험했던 것보다 더 혹독한 잃어버린 20년의 터널로 빠져들 수 있다.

이런 상황을 인식이나 하고 있는지 정치권은 연일 공회전만 거듭한다. 생산성 없는 정치적 공방은 식을 줄 모르고 미래를 위한 논의와 준비는 실종된 지 오래다. 바깥세상 돌아가는 것에는 아예 눈과 귀를 막고 소모적인 편 가르기와 갈등만 부추긴다. 자칫 기업이나 개인 등 경제주체들이 모든 것을 단념한 채 자포자기에 빠질까 봐 심히 우려된다. 모두가 위기라는 것을 실감하고 있으면서도 대안은 어디에도 보이지 않는다. 엄두가 나지 않아 아예 외면하거나 포기하고 있다는 것이 더 정확한 표현이지 않나 싶다. 세계는 국가 간의 첨예한 이해관계와 사건·사고로 연일 바람 잘 날 없다. 하지만 은밀하게 내면을 들여다보면 모두가 자국의 경제 회생과 실리 챙기기를 국가 아젠다의 1순위에 올려놓고 있다.

한국 경제에 더 이상 요행수는 없다. 과거엔 우리를 위협하는 경쟁자 수도 적었고, 상대의 실수에 편승하는 경우도 있었다. 그러나 지금은 확연히 다르다. 한시도 마음을 놓을 수 없는 상황이다. 앞서가는 자들은 더 질주하고 있고, 뒤에서 추격하는 자들은 턱밑까지 치고 올라온다. 우리는 여전히 우물 안에 갇혀 있고, 과거에 함몰되어 미래에 대한 청사진을 그려내지 못하고 있다. 한국에 희망이 없다는 소리가 갈수록 더 크게 들린다. 기업·기술·인재·자금이 해외로 나가는 것에만 관심을 보인다. 세계 모든 나라가 이들을 유치하기 위해 안으로 들어오는 경제에 올인하고 있는 데 반해 우리는 밖으로 나가는 경제를 조장하거나 방치하고 있다.

밖을 내다보면 두 개의 기氣가 펄펄 살아 움직이고 있음이 보인다. 하나는 글로벌 경제 위기로 생겨난 뉴 노멀로 인해 사각지대에 놓인 청년들의 기를 살려주에 안간힘을 쓴다. 스타트업과 같은 창업을 부추기고, 대학이 플랫폼이 되어 미래 먹거리 개발의 중심에 청년들이 자리를 잡도록 하고 있다. 실패를 용인하면서 꿈을 실현할 수 있을 때까지 배려한다. 고기를 잡아주는 우리와 달리 고기 잡는 방법에 초점을 맞춘다. 다른 하나는 기업에 대해 기를 불어넣어 주는 것이다. 글로벌 경쟁의 전면에 나서 있는 기업이 경쟁력을 발휘할 수 있도록 모든 지원을 아끼지 않는다. 감세, 노동시장 유연성 확보, 각종 인센티브 지원 등 친기업 정책을 공공연하게 표명한다. 이를 통해 투자를 활성화하고, 일자리를 창출하면서 소비로 연결하는 경제의 선순환 구조를 만들어간다.

현 정부의 '소득주도 성장' 패러다임의 전환과 보완이 시급하다. 글로벌 경쟁자들과 상반된 우리만의 방식을 고집해서는 경쟁에서 결국 패퇴할 수밖에 없다. 사람 중심 경제는 당연하지만 이를 실현하기 위해서는 더 많은 파이가 창출되어야 한다. 현재 갖고 있는 파이를 나누는 데에만 급급하면 조만간 곳간이 바닥나기 마련이다. 지금 우리가 하고 있는 방식에 메스를 가하지 않을 수 없는 벼랑 끝에 서 있다. 미래 먹거리에 대한 프레임을 만들고 이를 실현하기 위한 디테일한 액션 프로그램과 로드맵이 만들어져야 한다. 경쟁자들이 하고 있는 것을 뛰어넘는 획기적이고 미래지향적인 것들을 담아야 한다. 국민적 공감대가 이루어져야 하고, 정권이 바뀌더라도 지속적으로 추진되는 일관성이 확보되어야 할 것이다.

정치나 남북문제 등 외교 부문에서도 서로 다른 의견이 있을 수 있다. 그러나 경제 살리기에는 찬반이나 흑백이 있을 수 없다. 정권은 바꾸면 되고, 외교 노선은 수정이 가능하지만 경제는 한번 무너지면 그 대가가 너무 크다. 그리고 이를 다시 살리려면 올라갈 때보다 더 많은 피, 땀, 눈물이 동반되어야 한다. 산업화와 민주화 이후 우리는 앞만 보면서 여기까지 왔다. 수차례 경제적인 위기를 겪었지만 불굴의 의지로 이를 극복해 왔다. 그래서 많은 사람들이 막연하게 잘될 것이라고 낙관하고 있는 지도 모르겠다. 하지만 지금 우리가 당면하고 있는 위기는 실로 심각하다. 우리의 먹거리를 조준하고 있는 중국·일본 등 경쟁자들의 도전이 날로 거세진다. 지구촌이 4차 산업혁명이라는 패러다임으로 옮겨가고 있는데 우리만 과거의 족쇄에 묶여 있는 것이 아쉽기만 하다.

출간을 앞두고 다시 공허함이 엄습해 온다. 이번 출간이 개인적으로 6회째다. 최근에는 매년 한 권씩 책을 내고 있다. 탈고하고 나면 개운하기보다 오히려 더 육중해지는 느낌이다. 다시 강조하지만 한국 경제가 전환기 시점의 마지막 항구에 도착하고 있다. 여기서 배를 갈아타지 않으면 한국호가 더 이상 항해하지 못하고 결국 침몰할 것 같다. 나름대로 미래 경제를 예측하는 한 사람으로서 감지되는 솔직한 고백이다. 그래도 다시 희망의 불씨를 지피자고 호소해본다. 지금까지 우리가 축적한 경험과 노하우, 잠재력을 여기서 내려놓기에는 아쉬움이 너무 많기 때문일 것이다. 단추만 잘 끼우면 아직도 우리에게 승산이 없는 것은 아니다.

스탠퍼드 대학 교수인 프랜시스 후쿠야마는 《트러스트》라는 저서에서 "사회 신뢰 수준이 국가경쟁력을 좌우한다"고 이야기한다. 그리고 한국을 비롯해 중국, 이탈리아, 프랑스 같은 나라를 저신뢰 국가로 분류한다. 신뢰의 핵심인 사회적 자본Social Capital이 다시 축적되지 않으면 추락하는 우리 경제를 되살릴 수 없다. 개인과 개인, 개인과 국가, 개인과 기업, 기업과 국가, 기업과 기업 간 신뢰 회복이 가장 시급하게 요구되고 있는 우리 경제의 숙제다. 자기 욕심만 채우려고 하면 결코 신뢰가 생겨날 수 없다. 한국 경제에 대한 근심과 걱정을 이제는 정말 내려놓고 싶다.

중국에 뺏긴 기술 패권 되찾아올 9가지 전략

스틸러: 잔혹한 약탈자

초판 1쇄 2018년 9월 9일

지은이 김상철
펴낸이 전호림
책임편집 오수영
마케팅 박종욱 김혜원
영업 황기철

펴낸곳 매경출판㈜
등록 2003년 4월 24일(No. 2-3759)
주소 (04557) 서울시 중구 충무로 2(필동1가) 매일경제 별관 2층 매경출판㈜
홈페이지 www.mkbook.co.kr
전화 02)2000-2642(기획편집) 02)2000-2636(마케팅) 02)2000-2606(구입 문의)
팩스 02)2000-2609 **이메일** publish@mk.co.kr
인쇄 · 제본 ㈜M-print 031)8071-0961
ISBN 979-11-5542-892-4(03320)

책값은 뒤표지에 있습니다.
파본은 구입하신 서점에서 교환해 드립니다.

이 도서의 국립중앙도서관 출판예정도서목록(CIP)은 서지정보유통지원시스템 홈페이지(http://seoji.nl.go.kr)와
국가자료공동목록시스템(http://www.nl.go.kr/kolisnet)에서 이용하실 수 있습니다.
(CIP제어번호: CIP2018026689)